부와 권력의 비밀, 지도력

부와 권력의 비밀,

地圖力

지도력

김이재 지음

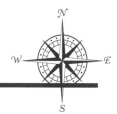

쌤앤파커스

지도를 펼치는 사람이
앞으로 100년을 이끌어간다

2020년 초, 눈에 보이지 않는 바이러스가 출현해 세상을 확 바꾸었습니다. 활기 넘치던 서울 도심의 거리가 한산합니다. 회식과 모임도 불가능해졌고, 결혼, 장례 문화마저 달라졌습니다. 장사가 안되니 폐업하는 가게가 늘어납니다. 주변에 확진자가 발생했다는 문자가 수시로 날아오고 마스크는 필수품이 되었습니다. 세계 경제는 마비되었고, 사람들의 이동은 제한되고 있습니다. 해외여행은 언제떠날 수 있을지 기약이 없고, 항공, 관광업계는 초토화되었습니다. 경제 성장률 예측 자체가 의미 없는 상황이 되니 경제학자들은 입을 닫아버렸습니다. 대신 트렌드 예측 전문가, 미래학자들, 의료진과 방역 전문가들의 목소리가 높아졌습니다. 기후 위기와 지구 환경파괴의 위험성을 경고해 왔던 환경론자들의 주장이 힘을 받습니다. 디지털 전환이 더 빨라질 것이고 세계 정치, 경제 질서가 달라지리라 예측하는 사람은 많지만, 미래의 모습을 구체적으로 제시하지 못하니 모두가 불안합니다.

저는 지난 30년간 지리학자로서 전 세계 100여 개 나라를 답사했는데, 그 나라의 현재 모습과 미래 전망을 단시간에 파악하는 나름의 노하우가 있습니다. 일단 저는 외국 공항에 도착하면 그 나라의 종이신문 몇 가지를 사서 읽어 봅니다. 보도 사진과 광고 지면만 대충 훑어봐도 그 나라의 특성과 쟁점이 파악되기 때문입니다. 시내에 도착해 숙소에 짐을 풀면 저는 서점부터 찾아봅니다. 그 도시에 서점이 얼마나 많고, 또 어디에 있는지를 살펴보면 그 지역 주민들의 지적 수준을 바로 가늠할 수 있답니다. 또 서점에 가서 베스트셀러 목록을 살펴보면 그 나라 사람들의 관심사와 정신세계를 들여다보는 느낌입니다. 그런 후, 그 나라의 지리 교과서와 교육 현장을 살펴보면서 그 나라 국민들이 주로 보는 지도를 분석합니다. 그 나라의 미래를 그려볼 수 있기 때문인데요, 다양한 경험이 쌓이면서 제 예측의 정확성은 조금씩 높아지고 있습니다.

개인과 국가의 운명을 좌우하는 지리의 힘

지리학자의 관점에서 역사를 되돌아보면 '지리가 국가와 사회의 흥망을 좌우'했던 사례는 차고도 넘칩니다. 나폴레옹은 청년 시절 지도를 잘 읽는 군인이었고, 미국 건국의 아버지들은 토지 측량사 출신이 많았습니다. 이튼 칼리지, 킹스 스쿨, 해로우 스쿨 등 영국의 전통적인 명문 사립학교에서 지리는 필수과목이었고, 윌리엄 왕세손은 대학에서 지리학을 전공했습니다.

　하지만 통치를 받아야 하는 계급, 예를 들어 노예들은 지도는 물론, 지도 읽는 법을 제대로 배울 수 없었습니다. 심지어 가부장제가 심했던 중국에서는 20세기 초까지 딸들에게 전족을 강요해 여성의 힘을 통제하고 이동의 자유를 억압했습니다. 미국이 원자폭탄을 투하해 일본을 굴복시킨 후, 미국식 사회과 교육을 강요하며 교육과정에서 지리를 폐지한 사례 역시 '지리의 힘'을 방증합니다. 반면, 지리적 상상력이 풍부한 지도자는 지도 속에서 생존과 번영의 길을 찾아냈습니다. 지도력地圖力과 현실에 대한 통찰력을 길러주는 지리학이 '통치자의 학문'인 이유입니다.

실제로 세계사의 흐름을 바꾼 전쟁과 혁신의 배경에는 지리가 있었습니다. 하늘이 무너져도 솟아날 구멍이 있다는 속담의 '솟아날 구멍'이 바로 '지도를 읽는 능력'이 아니었을까 싶을 정도죠. 국토가 좁고 주변에 강적이 많아 불리한 입지의 국가더라도 정확한 지도를 만들어 공유하고 잘 활용하면 위기를 기회로 바꿀 수 있었습니다. 지도와 지리가 힘이 되는 사례는 결코 국가에 한하지 않습니다. 정확한 지도 한 장으로 기업의 운명이 바뀌고, 인생 역전의 드라마가 펼쳐지기도 합니다.

우리는 일이 잘 안 풀리거나 운이 좋지 않을 때 사주팔자를 보러 가곤 합니다. 이는 미래에 대한 '예견'일 뿐, 미래를 바꾸거나 성공을 보장해주지 않습니다. 무엇보다 사주팔자는 내가 선택한 운명이 아니라 부모님에 의해 결정된 과거입니다. 하지만 '내가 어떤 지도를 보고 어디로 이동하느냐'에 따라 운명은 달라집니다. 즉, 나에게 적합한 지도를 선택해 내가 꿈꾸고 원하는 것들을 지도에 표시한 후, 과감하게 이동하면 운명의 방향이 바뀌고 새로운 세계가 펼쳐질 수도 있습니다.

개척자와 지도자의 필수품, 지도

'어느 나라가 지리 교육을 가장 잘하나? 세계에서 가장 미래 전망이 밝은 곳은 어디인가?'라는 질문을 종종 받습니다. 10여 년 전, 중국 북경 사범대 초청으로 국제 세미나에 기조연설을 하러 갔을 때 저는 그들의 지리 교과서를 보고 깜짝 놀랐습니다. 초등학교에서는 고향 지리를 배우고, 중학교에서는 매 학년 지리학의 기본 원리와 개념을 배우며, 고등학교에서는 지리 선택 과목만 8~9개 과목에 달했습니다. 자연재해 대처, 환경지리, 여행지리뿐 아니라 해양 지리, 심지어 우주 지리 과목까지 존재했는데, 2021년 현재 중국은 미국과 겨룰 정도로 무섭게 성장하는 나라가 되었습니다.

균형 잡힌 정책으로 많은 나라의 롤모델이 되는 북유럽 국가들 또한 지리 교육이 강합니다. 핀란드의 어린이들은 자연 속에서 함께 뛰어놀며 지리를 배우고 체력과 도전 정신을 기릅니다. 초등학생들은 '학교 근처 호수에서 수영하기', '우리 마을 지도 그리기' 등 다양한 야외 활동을 하며 창의성과 생존 능력을 높입니다. 실제로 우리 뇌에서 종합적 사고력을 담당하는 해마는 야외에서 이동하고 길을 찾는 과정에서 활성화됩니다.

'인성과 능력을 겸비한 탁월한 인재는 자연에서 성장한다'는 믿음을 공유하는 사람들은 남녀노소 모두 지도를 들고 여행과 탐험을 떠납니다. 특히 지리학의 메카인 영국에서 지리학은 공기와도 같습니다. 지리학자는 정치, 경제, 사회, 문화, 예술, 복지 등 다양한 분야에서 활약하고 있고, 거의 모든 영국 대학에서 지리학은 통섭을 주도하는 기초학문으로서 위상이 공고합니다. 21세기 음식, 패션, 스포츠, 현대미술, 컴퓨터게임 등 다양한 영역을 넘나들며 흥미로운 학문으로 진화 중인 지리학은 각 분야의 지도자들에게 꼭 필요한 '리더의 학문'이기도 합니다.

물론, 지금이 편안하고 행복한 사람들은 지도를 볼 필요성을 못 느낄 수도 있겠습니다. 그러나 지도는 언제나 보지 못했던 '무언가'를 볼 수 있도록 만듭니다. 지도는 미래의 먹거리를 확보하기 위해 늘 전진하는 '개척자'의 필수품이기도 합니다. 앞으로 등장할 '절망 속에서도 포기하지 않고 다시 일어선 지도자, 군인, 정치인, 사업가, 투자자, 창업자'는 모두 지도와 지리의 힘을 믿고 움직여서 역전의 기회를 잡은 주인공들입니다.

구한말, 자신이 거지의 사주팔자이며 관상마저 최악임을 알고 좌절했던 한 청년이 있었습니다. 하지만 감옥에서 세계지리를 공부하고 지도를 펼치며 운명이 달라집니다. 우선 국내 각지를 여행하며 동지를 규합한 후 상하이에 임시정부를 세워 민족의 지도자가 되었죠. 항일 투쟁을 할 수 있는 환경이 점점 더 열악해지자 중국 내에서 임시정부 수도를 계속 옮겨가며 독립운동의 명맥을 유지한 김구 선생은 지리적 상상력을 발휘해 자신의 운명을 개척하고 후대에 생존의 길을 열어준 대표적 사례입니다.

현장에 강한 실용적 학문, 지리학

지리학이 다른 학문과 차별화되는 점 중 하나가 바로 '현장성' 아닐까 생각합니다. 저는 대학의 연구실에만 머물러 있으면 전문가 바보가 되는 느낌입니다. 생생한 연구 현장에 가야 진짜 세계를 만날 수 있고 새로운 영감도 떠오릅니다. '현장에 답이 있다'는 명탐정 셜록 홈스의 명언은 모든 분야에서 통찰을 얻고 대안을 모색하려는 사람들에게 적용될 수 있다고 봅니다. 오감을 열어 현장을 체험하고 현지인을 만나야 현실을 제대로 파악할 수 있기 때문입니다.

실제로 옥스퍼드, 케임브리지, 더럼 등 지리학의 전통이 강한 영국 명문대학이나 지리학자 훔볼트Alexander von Humboldt의 유산을 물려받은 독일 대학의 지리학과 교수들은 일찌감치 현지 조사의 중요성을 간파하고 현장으로 달려가 연구와 교육을 병행해 왔습니다. 한편, 지리학은 이론적 틀에 갇히지 않고 자유롭게 연구 지역이나 대상을 선정하는 '실용'의 학문이기도 합니다. 지리의 힘으로 세계를 제패했던 영국에서 지리학과는 대학에서 의대 다음으로 취업률이 높은 전공으로 인기가 많습니다.

서구의 명문대학에서는 공허한 이론가보다는 제3세계의 오지로 나아가 새로운 연구 영역을 개척하는 학자, 과학자들이 학계에서 높은 평가를 받고, 사회적 인정과 존경의 대상이 됩니다. 한국에도 잘 알려진 세계적인 석학들 중에는 대학 연구실에서 벗어나 낯선 세계를 탐험하고 도전적인 연구를 수행하는 분들이 많습니다. 예를 들어, 《총, 균, 쇠》의 저자인 제러드 다이아몬드Jared Mason Diamond는 현재 UCLA 지리학과에서 학생들을 가르치는데, 한국에서는 그를 인류학자라고만 소개해 아쉽습니다. 《랩걸》의 저자 호프 자런Anne Hope Jahren 역시 야생의 자연에서 현장 조사를 했던 경험이 풍부하죠. 반면, 수치와 통계 분석에만 의존하고 현장을 멀리하다 보니 현실과 동떨어진 분석을 하거나 미래 전망이 빗나가 망신을 당한 학자(특히 계량경제학 분야)도 의외로 많습니다.

급변하는 세상에서 생존하려면 유목민처럼 살아가는 게 아무래도 유리합니다. 어린 시절부터 다양한 공간적, 문화적 경험을 하면서 지리적 상상력을 길러 놓아야 위기를 기회로 만들 수 있습니다. 책상이 아닌 진짜 세상을 무대로 일하는 사람들에게 현장의 생생한 정보가 담긴 지도는 강력한 무기가 됩니다. 물론 아무 생각 없이 지도만 본다고 해서 지도력地圖力이 저절로 생기지는 않겠지요. '문맹'에게 책은 아무 의미가 없듯이 '지도맹', '지리 문맹'에게 지도는 무용지물입니다. 아무리 오래 지도를 들여다봐도 그저 암호로 가득한 종이에 불과하니까요. 지도에 나오는 지명, 기호를 익히고, 이후 지도의 문법, 즉 지리적 용어와 개념을 이해해야 비로소 지도를 제대로 읽어낼 수 있게 됩니다. 또한 같은 지도라도 지도를 읽는 사람의 지식, 경험, 관점에 따라 전혀 다르게 해석될 수 있습니다.

최근 '지도를 쥐는 자, 21세기를 쥘 것'이란 주장이 대두되고 있습니다. 다가올 4차 산업혁명의 패권을 가름할 열쇠는 지리 데이터이며 초정밀 지리정보시스템GIS 데이터를 조금 손질하면 4차 산업혁명을 이끌 강력한 플랫폼을 만들 수 있다는 통찰입니다.[01]

현장과 지도를 연결하는 지리적 상상력이란?

그렇다면 현장의 경험과 정보, 지식을 어떻게 지도와 연결할 수 있을까요? 지도력을 기르려면 세상의 모든 것을 공간적으로 분석하고 평소에도 주변 경관을 창의적으로 해석하는 '지리적 상상력'을 집중적으로 훈련할 필요가 있습니다. 지리적 상상력은 구체적 현실과 경험에 기반해 사고를 확장해 나간다는 점에서 허구를 다루는 판타지 문학의 상상력과는 다릅니다. 또한 지리적 상상력은 자연환경과 인문 요소를 통합해 사고하도록 돕고, 세상의 모든 문제가 서로 연결되어 있다는 것을 깨닫게 합니다.

예를 들어, 19세기 유럽의 자전거 발명은 인도네시아의 화산 폭발과 관련되어 있습니다.

1815년, 인도네시아에서 대규모 화산이 폭발하면서 화산재가 대기를 덮어 지구 전체의 환경이 확 달라졌습니다. 평균 기온이 낮아지고 유럽의 곡물 생산량이 급감하자 굶주림에 시달리던 유럽인들은 당시 중요한 운송수단이던 말을 잡아먹게 되었습니다. 말이 부족해 수송 문제가 심각해지자 이를 해결하기 위해 독일의 카를 폰 드라이스가 자전거를 고안했죠. 유럽 전역에서 말 대신 자전거가 인기를 끌면서 사회적 변화도 촉진되었습니다. 특히 여성들이 자전거를 타면서 이동의 자유가 확대되었고, 바지를 입게 된 여성들은 교육권, 투표권 등 더 많은 권리를 적극적으로 요구하기 시작했습니다.

또한 지리적 상상력은 나의 사적 지리와 공적 지리를 연계하거나, 공간적 의사결정을 내릴 때 유용한 도구가 됩니다. 지리적 상상력을 적용해 다양한 스케일에서 특정 주제를 지도화하면 나와 지역, 국가, 세계가 어떻게 연결되어 있는지를 한눈에 파악할 수 있지요. 나아가 같은 문제라도 '지리적 상상력을 어떻게 발휘하느냐'에 따라 현실은 전혀 다르게 해석됩니다. 예를 들어, 한국에서 방글라데시를 '홍수와 자연재해에 시달리는 저개발국', '인구과밀국'이라는 고정관념에 갇혀 부정적으로만 바라보지 않고 '지구 온난화와 해수면 상승에 관한 최신 연구를 수행하기에 좋은 현장', '앞으로의 성장 가능성이 큰 젊은 나라' 등으로 인식한다면 방글라데시에서 새로운 기회를 찾을 수도 있습니다.

그동안 우리는 미국과 유럽을 부러워하면서 그들을 따라잡기 위해 열심히 달려왔습니다. 그런데 지금, 세상의 중심이었던 서구의 대도시에서 코로나19 확진자가 급증하고 전염병 관리가 잘 안 되고 있습니다. 우리가 늘 어떤 문제의 해답을 물었던, 소위 서구 선진국들이 오히려 우리보다 어려운 상황입니다. 특히 글로벌 연결성이 높고 인구밀도가 높은 대도시일수록 타격은 더 컸습니다. 봉쇄 조치가 계속되자 샌프란시스코, 뉴욕, 런던처럼 잘나가던 대도시 도심의 사무실 임대료부터 하락하기 시작했습니다. 재택근무가 확산되고 온라인 수업이 늘어나며 교육, 가족, 사회, 문화 전반에 걸쳐 급격한 변화가 일어나고 있습니다. 디지털 경제가 급성장했고 환경문제에 대한 대중의 관심도 부쩍 높아졌죠. 팬데믹이 사회 변화의 속도를 5~10년 앞당긴 셈입니다.

　게임의 규칙이 180도 바뀌고 기존 질서가 모두 무너져 혼란스러운 상황이지만 이제 세상이 바이러스가 없던 시절로 돌아갈 수 있을지 의문입니다. 하지만 준비된 사람은 새로운 변화를 두려워할 이유가 전혀 없습니다. 모두가 허둥대고 있을 때 중심을 잡고 미래를 예측할 수 있는 사람에게는 위기가 오히려 절호의 기회일 수 있습니다. 즉, 변화의 방향을 미리 파악한 사람, 특히 코로나 이후 바뀌게 될 세계지도를 정확하게 읽어낸 사람은 앞으로 다가올 세상의 변화를 주도할 수도 있습니다. 무엇보다 급변하는 세상을 정확하게 표현한 새로운 지도는 불리한 환경에서 고전하던 약자들에게 큰 힘이 됩니다. 위기 속에서 기회를 찾는 지리적 상상력으로 인생 역전의 주인공이 될 수도 있으니까요.

　그렇다면 세계사를 바꾸고 세계 경제를 주름잡아온 리더들은 어떻게 지리의 힘을 활용하고 지도력을 길렀을까요? 내 삶을 바꿔줄 비밀을 전수하는 지리적 상상력 수업, 지금 바로 시작하려 합니다.

차례

PART 1

권력의 지도
호모 지오그래피쿠스의 승리

PART 2

부의 지도
그들은 돈이 흐르는 길목을 선점했다

PART 1

권력의 지도

호모 지오그래피쿠스의 승리

기후 변화가 극심하던 시기, 적극적으로 이동해 새로운 환경에 적응한 사피엔스는 생존에 성공했고, 익숙한 곳에 머물렀던 네안데르탈인은 멸종했습니다. 고고학자들의 연구에 의하면 네안데르탈인은 호모 사피엔스보다 뇌 용량도 더 크고 근육도 잘 발달해 체력적으로는 더 우월했다고 하니, 지리는 강자를 이기는 약자의 무기인 셈입니다. 현생인류 중에서도 지리적 감각이 좋고, 공간적 의사결정에 능했던 종만 살아남았으니, 우리는 모두 '호모 지오그래피쿠스(Homo Geographicus, 지리적 존재)'의 후예입니다.

01
생존을 좌우하는 '지도력'

내 자손들이 비단옷을 입고 벽돌집에 사는 날
내 제국은 멸망할 것이다.
_ 칭기즈칸

역사, 특히 한국 근현대사는 한국 사회에서 뜨거운 감자입니다. 특히 정치권에서 예민하게 반응하고 관심도 높은 것 같습니다. 정권이 바뀌면 아이들 역사 교과서부터 고치려 하니까요. 대학 입시와 취업 시장에서 한국사 시험이 중시되다 보니, 세계사 교육이 부실해졌다고 걱정하는 목소리도 들립니다.[02] 글로벌 시대에 세계사를 잘 가르치지 않는다면 국민 교육을 포기하는 것과 마찬가지라는 한탄입니다. 그러나 한국에 지리 문맹이 넘쳐나고, 지리 교육이 부실한 현실에 대해서는 아무도 걱정하지 않는 것 같습니다. 세계사를 제대로 공부하려면 세계 지리를 먼저 배워야 하고, 복잡한 국제 정세를 이해하려면 세계에 대한 기초 지식이 필수입니다.

지리적 상상력이 풍부한 지도자는 위기 속에서도 기회를 찾지만,

지리 문맹이 이끄는 국가와 민족은 길을 잃고 몰락할 운명입니다. 실제로 세계사를 돌아보면 지도자의 지도력이 국가의 운명을 좌우한 사례가 많았습니다. [03]

지도를 그리며 발달한 문명, 지도를 소유한 통치자들

영국의 역사학자 아놀드 토인비Arnold Joseph Toynbee는 '인류의 역사는 도전과 응전의 수레바퀴에 의해서 진행된다'라고 보았습니다. [04] 자연조건이 지나치게 좋거나 안락한 환경보다는 가혹한 환경에서 문명이 발생했다는 주장입니다. 실제로 세계사를 돌아보면 변방에서 시작해 거대한 제국을 만들거나, 고달프게 떠돌아다니던 유목민이 세계사를 바꾼 경우가 많았습니다. 세계 4대 문명을 배운 기억이 있으신가요? 세계사가 워낙 서구 중심적이다 보니, 아시아의 황하, 인더스 문명보다는 서구의 이집트, 메소포타미아 문명이 더 익숙하죠. '큰 강을 끼고 농업과 도시가 발달한 지역에서 문명이 꽃피었다'고 교과서에 나와 있습니다. 고대 문명 역시 기후가 건조해지면서 강 주위로 사람들이 몰려들면서 시작되었다고 하는데, 이집트 문명과 메소포타미아 문명을 사례로 지리적 관점에서 각 지역의 특징을 간단히 살펴보려 합니다.

약 6,700km에 달하는 나일강은 세계에서 가장 긴 강 중 하나입니다. 이집트 문명은 나일강의 축복을 받았습니다. 1년을 주기로 일정한 시기에 수위가 올라가고 낮아지는 나일강은 관리가 쉬웠고,

모든 일은 예측 가능했습니다. 나일강은 가늘고 긴 사막의 오아시스와 같았습니다. 매년 강이 알아서 범람하니 비료를 주지 않아도 농경지는 비옥했고, 강에는 물고기가 넘쳐났죠. 바다와 사막이 자연스럽게 외적의 침입을 막아 주는 환상적인 입지 덕분에 이집트 왕조는 나일강을 무대로 수천 년간 이어졌습니다.

나일강과 달리 티그리스, 유프라테스강은 유로가 자꾸 변동되어 관리가 어려웠습니다. 주변에 높은 산이 없는 평원에서 살아가던 사람들은 언제 어디서 이민족이 침략할지 몰라 불안했습니다. 항상 긴장하는 가운데 성을 쌓고 무기를 만들며 전쟁에 대비해야 했죠. 강수량도 들쭉날쭉했고 매우 건조한 환경이었기에 4대 문명 중에서 가장 생존하기 어려운 환경이 아니었을까 싶습니다. 그런데 생활환경이 가장 열악했던 메소포타미아 지역에서 문명이 꽃폈고, 모든 분야에서 혁신도 빨랐습니다. 메소포타미아 지역에서 기원한 수메르 문명이 보유한 '39가지 최초 기록'을 소개한 《역사는 수메르에서 시작되었다》라는 제목의 책이 나올 정도로, 법, 문학, 예술, 학교, 의술, 원예학, 세금 제도까지 거의 전 분야에서 정교한 문명이 발달했습니다.

특히 메소포타미아 문명에서는 지도가 중요했는데, 축척이 적용된 정교한 점토판 지도는 성을 쌓고 백성을 통치하던 지도자의 필수품이었습니다. 왕은 성안에 사는 사람들을 외적으로부터 보호해 주는 대가로 세금을 부과했는데, 자신의 통치 영역을 표시하고 추후 분쟁의 소지를 없애려면 정확한 지도가 필요했습니다. 또한 성 안팎의 구획을 나누고 농지를 표시한 바빌론의 점토판 지도는 일종의 땅문서 역할을 했는데, 요즘으로 이야기하면 등기 권리증인 셈입니다. 정확한 측량을 거쳐 제작된 지도는 통치자들이 세금을 거두는 근거로 활용되기도 했습니다. 또한 메소포타미아 지역의 통치자들은 주변 세력의 동태를 살피고 전쟁에 대비하기 위해 인근 지역의 최신 정보를 담은 정확한 지도를 그려야 했습니다. 바빌론 제국에서 현존하는 세계에서 가장 오래된 세계지도가 만들어진 배경입니다.

반면, 이집트 문명의 지리적 상상력은 나일강에 갇혀 빈약했습니다. 실제로 이집트 사람들은 풍요로운 나일강 근처에 머물렀고, 강 너머의 세계를 상상하거나 새로운 지역으로 진출하고 영토를 확장하겠다는 의지도 부족했습니다. 나일강 덕분에 큰 어려움 없이 풍

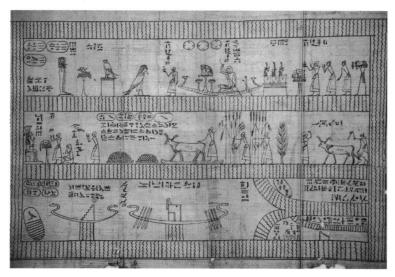

나일강의 축복을 받은 이집트인들은 사후여정을 그린 상상의 지도에 열광했다.

족하게 살았던 이집트 지도자들은 개척자 정신을 발휘해 새로운 지도를 제작하기보다는 신전이나 무덤을 짓는 게 우선이었습니다. 매년 주기적으로 범람하는 나일강 주변의 토지를 측량하고 농사지을 땅을 나누기 위한 지도면 충분했지, 외부 세계에 관심을 갖고 최신 정보를 수집하거나 정확한 세계지도를 제작할 절실한 이유가 없었던 겁니다. 현세의 안락함을 내세에도 누리고 싶었던 이집트 지도자들은 현실 도피적인 종교 생활에 열중했고, 사후 세계의 여정을 담은 상상의 지도에 집착했습니다. 그 결과 나일강 문명은 창조성과 학문, 기술혁신 측면에서 메소포타미아 문명에 뒤지게 되었습니다. 결핍된 환경이 문명의 발달을 촉진한 셈이니, '없는 게 오히려 메리트'가 된 것이죠.

뼈는 많지만 고기는 부족한 땅에서 꽃핀 문명

지리학에 능통했던 프랑스 역사학자 페르낭 브로델Fernand Braudel은 지중해 연안, 특히 그리스의 자연환경에 대해 '뼈는 많지만 고기는 부족한 땅'이라고 기술했습니다.[05] 실제로 그리스는 경작지가 부족한 가운데 메마르고 척박한 산과 섬들이 연속되어 있습니다. 강우량도 들쑥날쑥 일정하지 않고 특히 식물의 성장기인 여름이 건조해 농업에 불리한 조건이었습니다. 건조한 여름을 견딜 수 있는 작물은 고작 포도나 올리브 정도였기 때문에 그리스인의 주식이었던 빵을 만들기 위한 밀이 항상 부족했죠. 그리스인들은 부족한 식량을 외지에서 수입하기 위해 경쟁력 있는 수출 상품을 적극적으로 개발했습니다. 올리브와 포도 재배뿐 아니라 수출품을 담을 도자기 산업도 함께 전성기를 누렸죠.

무역과 항해술에 능했던 페니키아인 못지않게 개척자 정신이 충만했던 그리스 사람들은 늘 새로운 세상을 상상하고 지역 정보를 수집해 지도력을 길렀습니다. 실제로 그리스 사람들이 수백 년 동안 구전하며 발전시켜 온 세계 최초의 서사시, 《일리아드》와 《오디세이아》에는 다양한 지리 정보가 담겨 있습니다. 이 책은 신과 영웅들의 여정을 보여주는 문학작품일 뿐 아니라 당시 그리스인이 여행한 세계에 대한 정보가 담긴 지리 교양서이기도 합니다. 이들은 기원전에 지중해뿐 아니라 이미 북해로 진출했고, 영국을 거쳐 아이슬란드 근처까지 갔다는 기록이 있을 정도로 탐험가 마인드가 강했습니다. 한편, 도시polis는 그리스 문명의 요람이었는데, 좁은 폴리스에 안주하지 않았던 그리스 인들은 배를 타고 나가 원거리 무역을 주도하며 조선업과 해운업을 발달시켰습니다.

고대 로마제국의 지식인, 키케로Marcus Tullius Cicero에 의해 역사학의 아버지로 불리게 된 헤로도토스Herodotos는 기원전 484년에 소아시아에 위치한 할리카르나소스에서 태어났습니다. 30세 무렵 그는 그리스 세계뿐 아니라 이집트, 메소포타미아, 페니키아, 스키타이(현재 우크라이나 지방)를 두루 답사한 후 《역사Historia》를 집필하기 시작합니다. 당시 '역사historia'는 '탐구' 또는 '조사'란 뜻이었습니다. 헤로도토스는 실제로 일어난 사건을 현장에서 조사(탐구)한 후 기술

하는 새로운 분야를 개척했는데, 실제로 그가 조사한 내용과 연구 방법을 보면 이를 역사책보다는 지리책으로 분류해야 하지 않을까 싶습니다. 페르시아 전쟁을 주제로 넓은 지역을 답사하며 수집한 다양한 정보들, 자연환경과 인문환경, 사람들의 이야기와 그의 감상을 기록한 '답사 노트'의 성격이 강하게 드러나기 때문입니다.

02
리더의 학문,
영웅의 지도

나는 어려움에 부딪히면 세계지도를 보고 《손자병법》을 읽는다.
_ 손정의, 소프트뱅크 그룹 회장

알렉산더 대왕의 스승이자, 그리스의 대학자인 아리스토텔레스는
'학문의 아버지'로 불립니다. 그는 다양한 세계에 호기심을 갖고 과
학적 연구를 수행한 '폴리매스polymath'이자 인문과 자연과학을 넘나
드는 통섭형 지식인이었습니다. 말만 번지르르한 소피스트들을 혐
오했던 아리스토텔레스는 추상적인 철학의 세계를 넘어 현실 세계
를 탐구하는 데 열정을 쏟아 현장에 강한 학자가 되었습니다. 마케
도니아 왕실의 의사였던 아버지의 영향으로 의학에 대한 지식이 풍
부했던 그는 산, 평야, 강, 바다 등을 돌아다니며 식물과 동물의 생
태를 관찰했는데, 특히 나비와 철새 연구에 몰입해 별명이 '나비를
쫓아다니는 사람'이었다고 하네요. 늘 이동하는 나비와 철새를 따
라다니며 익숙한 장소에서 벗어나 다양한 지역을 답사하고, 과학적

탐구와 조사의 경험이 쌓이면서 아리스토텔레스의 지리적 상상력은 날카로워지지 않았을까요?

아리스토텔레스의 작품, 알렉산더 대왕?

그리스의 변방이던 마케도니아에서 태어난 알렉산더 대왕은 페르시아에서 온 손님에게 그곳의 도로와 지리를 물을 정도로 호기심이 많았다고 합니다. 10대 중반 이후부터는 같은 마케도니아 출신의 학자였던 아리스토텔레스에게 교육을 받았죠. 알렉산더 대왕이 왕위에 오르고 13년 동안 끊임없이 전쟁을 치렀으니 20세도 안 되어 왕위에 오른 그가 33세에 숨을 거둘 때까지 숨 가쁘게 이동하며 놀라운 업적을 이룬 셈입니다. 그 배경에는 10대 시절 그의 스승이자 멘토였던 아리스토텔레스의 조언과 가르침이 있었을 것으로 추정됩니다. 실제로 아리스토텔레스는 동방 원정 초기부터 자신의 조카를 알렉산더 대왕의 최측근으로 파견하고 조언을 제공하는 등 알렉산더 대왕에게 절대적인 영향력을 행사했으니까요. 어쩌면 '알렉산더 대왕의 원정'이라는 대하드라마의 주인공은 알렉산더이지만, 애초에 이를 기획하고 연출한 사람은 아리스토텔레스였다고 볼 수도 있지 않을까요?

　추상적인 이론과 이상적 세계에 집착했던 플라톤이 아닌 아리스토텔레스가 스승이었던 것도 알렉산더 대왕에게는 행운이 아니었을까 싶습니다. 당시 플라톤은 아테네에서 서쪽에 위치한 시칠리아

섬에서 정치적인 이상 국가를 세울 꿈에 취해 있었고, 아리스토텔레스는 동쪽의 아시아로 향해 과학적 탐구에 매진했으니까요. 계속 이동하며 동방에 대한 새로운 지식을 수집하고 다양한 현장을 탐구해온 아리스토텔레스는 알렉산더 대왕의 동방 원정에 실질적인 도움이 되는 정보와 지식을 제공할 수 있었을 겁니다. 스승 아리스토텔레스가 한창 현장 조사에 열중하던 무렵 특별 레슨을 받았던 소년 알렉산더는 의학, 생물학, 동물학, 지정학, 해외 지역연구의 탄탄한 기초를 닦게 됩니다. 특히 아리스토텔레스가 수업할 때 함께 배웠던 친구들이 알렉산더 대왕의 동방 원정에 참여한 것도 그에게는 큰 힘이 되었을 것입니다.

보통 신화학자들은 알렉산더 대왕이 신화를 읽어서 위대한 리더가 되었다 하고, 인문학자들은 그가 신에게 제사를 지내는 등 종교적 소통을 잘한 점을 주목합니다. 또는 솔선수범하고 용감하게 전투에 앞장선 리더십을 강조하는 사람도 있습니다. 하지만 이러한 측면이 그가 머나먼 인도까지 진출한 이유를 충분히 설명하지는 못합니다. 어쩌면 그는 권력에 미친 전쟁광이기보다는 지리학자의 마인드로 원정에 임했을지도 모릅니다. 새로운 지역을 발견하고 그지역의 특성을 알아가며, 현지 조사를 통해 정확하고 새로운 지식을 얻고 지도화하는 과정을 즐긴 것이지요.

그는 전투를 벌이기 전 적진에 첩자를 보내 정확하고 새로운 정보를 수집하려 최선을 다했습니다. 항상 지도를 펼치고 전투를 벌일 장소와 식량, 무기를 확보할 최적의 루트를 기가 막히게 찾아냈죠. 기습작전을 감행하기 위해 염소 염통에 풍선처럼 바람을 불어 넣어 강을 건너기도 하고, 순식간에 다리를 놓아 진군하는 등 탁월한 공간 전략을 구사했습니다. 특히 그의 대담한 지리적 상상력을 보여주는 일화는 당시 지중해 무역의 중심지였던 티레Tyre섬 공략이었습니다. 사실 그에게는 해군이 없었고 기마병과 보병이 전부였습니다. 요새로 둘러싸인 난공불락의 섬이자 지중해 무역의 중심지였던 티레섬을 공략하기 위해 알렉산더 대왕은 섬을 육지와 연결해 버리는 과감한 공간 전략을 펼쳤고 이는 적중했습니다.

더욱이 알렉산더 대왕의 전체적인 원정 루트는 그의 치밀한 공간 전략을 반영합니다. 즉, 적당한 시기에 멈추고 적당한 시기에 진격

알렉산더 대왕은 공간 전략을 활용해 당시 지중해 무역의 중심지였던 티레 섬을 차지했다.

하면서 병사들이 배불리 먹고 충분히 휴식을 취하게 했지요. 이집트에 조성된 신도시, 알렉산드리아Alexandria를 비롯해 그의 원정 루트를 따라 70개에 달하는 '알렉산드리아' 신도시가 생겼습니다. 그는 깨끗한 식수원과 기름진 농토가 있는 전략적 요충지를 점령한 후 부상을 당하거나 은퇴한 군인들에게 땅을 나누어주었습니다. 그리스인들에게 넓은 평원과 비옥한 농토는 매력적인 정착지로 인식되었고, 은퇴 후 정복한 신도시에서 편안하게 살고 싶은 군인들에게는 큰 혜택이었습니다.

그는 현지에 대한 정확한 최신 정보를 수집해 지역의 특성을 파악하고 필승의 전략을 구사했는데, 행군의 과정에서 아리스토텔레스와 계속 연락하며 도움을 받았습니다. 알렉산더 대왕은 새로운 식물이나 동물을 보면 표본을 만들게 해서 스승 아리스토텔레스에게 보냈고 초창기 중요한 의사결정을 내릴 때 유용한 조언을 구했다고 하네요. 또한 식물학자, 지리학자, 의사, 역사가 등이 원정에 함께 했고 약초와 의술로 부상병들을 적극적으로 치료했습니다. 하지만 평생 사치와 안락을 누리며 살만한 권력과 물질을 충분히 얻은 후에도 알렉산더 대왕이 고생스러운 행군을 계속하니 부하들은 저항했습니다. 인도의 무더운 기후와 낯선 환경도 부담스러웠던 알렉산더 대왕은 1만 6,000km에 달했던 10년간의 원정을 마칩니다.

정확한 현지 정보를 담은 지도를 확보한 곳에서 알렉산더 대왕은 천하무적이었습니다. 하지만 지도가 없고 그 지역의 환경 정보를 제대로 알기 어려운 인도 부근에서 그는 고전했습니다. 현재 파키스탄에 해당하는 산지에서 자신의 애마 부케팔로스가 죽자 크게 상심한 그는 인도 너머에 바다가 아닌 땅이 있다는 정보를 확인하는 데 만족해야 했습니다.

하지만 그는 귀환길에 위대한 키루스 대왕도 정복하지 못한 게드로시아 사막을 건너는 루트를 일부러 선택했습니다. 죽음의 사막에서 알렉산더 대왕과 부하들은 더위와 목마름에 지쳐갑니다. 준비한 물이 다 떨어지고 탈수로 죽을 위기에 처하자 부하들이 어렵게 투구에 물을 모아 그에게 바칩니다. 하지만 알렉산더 대왕은 자신의 생명을 연장시켜줄 귀한 물을 바닥에 버리고 '나는 그대들과 운명을 함께 하겠다'고 선언하는 비범함 리더십을 보여줍니다. 부하들과 끝까지 동고동락하겠다는 알렉산더 대왕의 굳은 의지와 고귀한 기상에 부하들은 감동합니다.

결국 사막 횡단에 성공한 알렉산더는 지도의 빈칸을 메꿀 수 있었습니다. 그의 원정 결과를 참고해 수백 년 후에 알렉산드리아 도서관장이었던 프톨레마이오스Ptolemaios는 지리학을 집대성하고, 당대에 가장 정확했던 세계지도를 만듭니다. 알렉산더 대왕이 정복한 땅과 로마의 무역 파트너였던 아시아가 그려진 지도입니다. 현재도 같은 이름으로 불리는 이집트의 알렉산드리아는 지도가 제작되던 당시 세계에서 가장 바쁜 무역항이자 경제 중심지였습니다. 특히 외국 선박이 알렉산드리아에 정박하려면 가지고 있는 모든 책을 선先 제출해야 했기에 알렉산드리아는 세상의 모든 정보가 모이는 인류의 거대한 도서관 같았습니다.

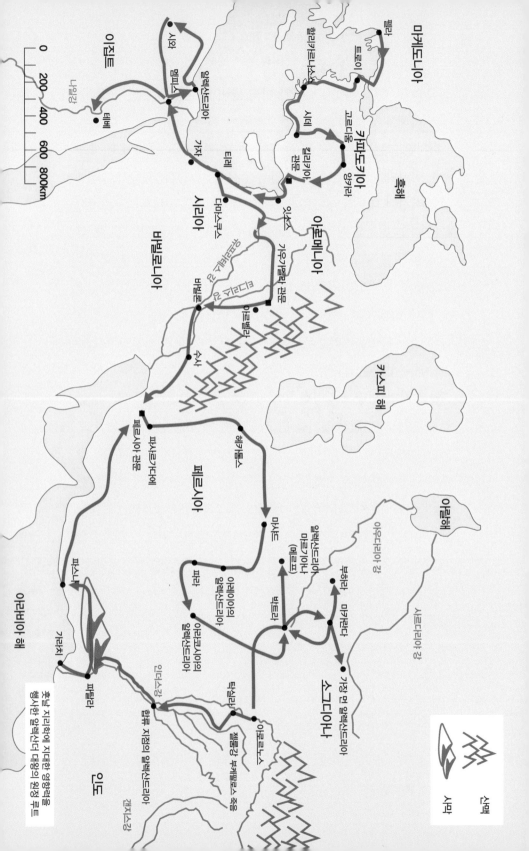

흑해 지리학에 지대한 영향력을
행사한 알렉산더 대왕의 원정 루트

프톨레마이오스의 세계지도를 낳은 제국의 인프라

개방적이고 유연했던 로마제국은 그리스와 페니키아가 확장해 놓은 인프라를 거의 그대로 활용해 지중해의 패권을 차지했습니다. 특히 '모든 길은 로마로 통한다'는 말에서 엿볼 수 있듯이 고대 로마의 도로는 서양 토목기술의 최대 걸작품입니다. 375개에 달하는 주요 간선도로, 총 8만km에 이르는 방대한 가도는 로마와 세계를 연결하는 대동맥이 되어 로마 제국의 발달된 문명과 라이프스타일을 전파했죠. 로마제국 전역에는 길뿐 아니라 상하수도, 공중목욕탕, 원형 경기장 등이 포함된 사회간접자본이 구축되었는데, 로마제국에 편입된다는 것은 글로벌 물류 네트워크에 접속해 거대 경제권의 일원이 되는 것을 의미했습니다.

　알렉산더 대왕의 공간 전략을 도입한 로마군은 점령지나 목적지에 도착하면 우선 숙영지부터 건설했는데, 매뉴얼에 따라 천막을 설치하고 청소하고 식사를 준비했습니다. 로마군의 숙영지 건설 매뉴얼은 서구 도시 설계의 기본으로 활용될 정도로 효율적이고 정교했죠. 또한 로마인들은 군대에서 병역을 수행하며 지형을 읽는 능력과 건축 기술을 익혔습니다. '로마군은 곡괭이로 싸우고 병참으로 이겼다'라는 평가가 있을 정도로 로마군은 작전에 필요한 교량이나 도로 같은 인프라 건설에 능했습니다. 각종 토목공학 지식을 접하고 실습 경험을 풍부하게 쌓은 로마군은 군대에서 퇴역하면 바로 엔지니어로 투입될 수 있을 정도였습니다.

또한 로마인들은 학교에서 배우는 고상한 이론보다는 현실의 체험을 중시했습니다. 로마의 명문가 젊은이들은 20대에 군대에서 지휘관으로 복무하고 말단 행정직부터 시작해 단계적으로 공직을 수행하며 지도력을 검증받았죠. 현실과 유리된 이상에 빠진 선동가가 지도자가 되면 공동체에 큰 해가 된다고 생각했기에 현장에 강한 인재 육성코스를 마련했습니다. 알렉산더 대왕이 확장한 세계와 로마제국 치하의 영토에서 수집된 지리 정보는 프톨레마이오스의 세계지도로 집대성되었습니다.

그러나 관료제가 비대해지며 개척자 정신을 잃어버린 로마제국은 쇠퇴했습니다. 새로운 세계를 탐험하기보다는 중국과 인도의 사

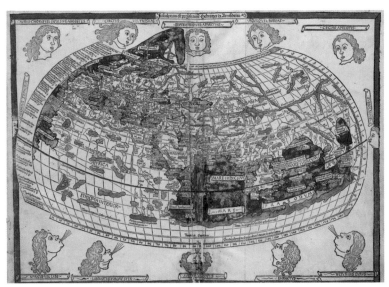

알렉산더 대왕이 확장한 세계와 로마제국 치하의 영토에서 수집된 지리 정보는 프톨레마이오스의 세계지도로 집대성되었다.

치품을 열광적으로 소비하는 로마인이 늘어나자 프톨레마이오스의 세계지도는 서서히 잊혀 갑니다. 이후 1,000년이 넘도록 유럽에서는 지리학과 세계지도 제작이 정체되었고, 서양이 인식할 수 있는 세계도 알렉산더 대왕이 도달했던 그 지점에서 멈췄습니다.

《손자병법》에 담긴 지도력

그렇다면 당시 아시아는 어땠을까요? 고대 중국에서 지도는 하늘에 지내는 제사에 쓰이는 신성한 물건이었습니다. 왕은 자신이 다스리는 지역의 정확한 지도를 신에게 바치며 권위와 정당성을 인정받았습니다. 중국의 주례를 보면 '직방씨는 천하의 지도를 손에 쥐어 천하의 지리를 장악한다'는 말도 나오는데, '직방씨'는 지방 행정과 외교업무를 담당했던 관직을 의미합니다.

또한 제갈량은 "무릇 지형은 용병의 대들보다. 적을 헤아려 승리를 제어하고 지형의 험난함과 위험함, 멀고 가까움을 계산하는 것은 상장군의 도리다. 지형을 잘 알아서 전쟁에 활용하는 자는 반드시 이기고, 지형을 알지 못하면서 전쟁에 활용하는 자는 반드시 진다"고 단언했습니다. 《삼국지연의》에는 제갈량이 유비의 삼고초려를 받아들여 그를 위해 일하기로 마음을 먹는 장면에서 지도가 등장합니다. 제갈량은 유비에게 서천의 54개 고을 지도를 보여주며 '천하삼분계'로 국력을 키워 천하를 통일할 수 있다고 설명하는데요, 전략가였던 제갈량이 평소 지도를 얼마나 가까이하고 공간적 사고를 중시했는지 짐작할 수 있습니다.

《손자병법》에 나오는 '천시天時는 지리地利만 못하고 지리는 인화 人和만 못하다'라는 말 때문에 우리는 그간 인간관계에만 초점을 맞추고 지리의 힘을 간과해 왔는지도 모르겠습니다. 그러나 천시, 지리, 인화 모두 지리의 구성 요소로 해석할 수 있습니다. 천시는 기후와 날씨, 지리는 지형과 같은 '자연지리physical geography'적 요소, 인화는 '인문지리human geography'적 요소에 해당하니까요.

《손빈병법》에는 '용병과 작전에 능한 장수는 유리한 지형을 선점하고 유리한 태세를 갖추어 전투를 주도한다'는 말이 나옵니다. 실제로 전쟁터의 지형과 상황에 적합한 맞춤형 전술을 구사해야 전쟁에서 주도권을 잃지 않고 공세적 위치, 능동적 위치에서 싸울 수 있습니다. 《손자병법》에서는 단호하게 말합니다. '지세를 효과적으로 활용하면 작전을 유리하게 전개할 수 있다. 전장의 지세를 살리지 못했는데 전쟁에서 이긴 장수는 일찍이 존재한 적이 없다.' 결국 장수가 갖춰야 할 필승의 지도력指導力은 지도력地圖力, 즉 지도 읽는 능력이 아닐까요?

그동안 한국에서 대통령을 뽑을 때 후보자들의 이력과 역사관은 철저히 검증해 왔지만, 후보자의 지도력地圖力을 제대로 평가하지는 않았습니다. 전염병 창궐, 기후 위기 등 복잡하고 어려운 고차방정식을 풀려면, 세계지도 읽는 능력이 기본 아닐까요? 앞으로 모든 분야에서 지도자를 뽑을 때 그의 공간적 경험과 지도력, 나아가 지리적 상상력까지 꼼꼼히 체크하면 좋겠습니다.

03
패권의 비밀은
지도에 있다

병사의 숫자보다 전의가 더 가치 있다.
그리고 전의보다는 유리한 지세를 얻는 편이 승전으로 이어지기 쉽다.
_ 마키아벨리, 이탈리아의 역사학자이자 정치이론가

지도에는 한 시대의 가치관과 철학, 종교와 문화가 담겨 있습니다. 중세 시대 사람들은 세계를 아주 단순하게 이해했고, 사후 세계에 관심이 많았습니다. 중세의 대표적 지도인 'TO 지도'는 성경에 근거해 아프리카, 유럽, 아시아를 매우 단순하게 표현했습니다. 프톨레마이오스의 세계지도가 탄생한 곳이 맞나 싶을 정도로 유럽인들의 지리적 상상력은 축소되었습니다. 종교적 이유로 순례나 십자군 원정을 떠나는 사람들도 일부 있었지만, 대부분은 자신이 태어난 마을과 도시에서 벗어나는 것을 두려워했습니다. 반면, 이슬람 세계에서는 지도 제작이 활발했습니다. 프톨레마이오스의 지리학과 세계지도가 아랍어로 번역되었고 탐험가와 지리학자들이 세계를 누볐습니다. 여행과 무역이 활발해지자 학문과 예술, 과학도 발전했습

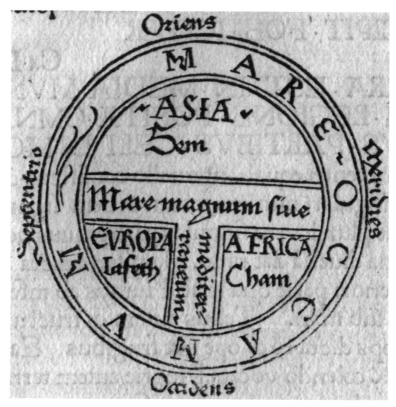

중세의 대표적 지도인 'TO 지도'는 성경에 근거해 아프리카, 유럽, 아시아를 매우 단순하게 표현했다.

니다. 이슬람에 이어 칭기즈칸이 세계를 정복하고 제국을 건설하자 유라시아 대륙의 동서를 잇는 교통, 통신망이 확장되었습니다.

한편, 동로마제국의 수도, 콘스탄티노플과 가까웠던 베네치아는 지도 제작의 중심지였습니다. 다양한 정보와 물품이 모여들었던 베네치아는 중개 무역을 통해 부를 쌓았습니다. 베네치아 상인이었던 아버지를 따라 몽골제국을 여행한 마르코 폴로는 원나라에서 보고 경험한 일들을 소개한 《동방견문록》을 남겨 인류 역사에서 성경 다음으로 많이 팔린 베스트셀러의 주인공이 됩니다. 콜럼버스를 비롯해 《동방견문록》을 읽은 유럽인들은 마르코 폴로처럼 동방으로 향하는 꿈을 꾸었고, 지도를 펼치며 대항해시대를 열었습니다.

대항해시대의 주역, 엔히크 왕자와 이사벨라 여왕

유럽에서도 풍요로운 땅과 먹거리가 넘쳐났던 중심 국가는 프랑스와 이탈리아였습니다. 이베리아반도의 포르투갈과 스페인은 유럽의 변방 국가로 인식되었죠. 중세에는 이슬람 세력이 이베리아반도까지 영토를 확장해, 현지 기독교 통치자들은 이슬람 세력을 몰아내기 위한 '레콩키스타(Reconquista, 국토회복운동)' 전쟁을 수백 년 동안 벌여야 했습니다.

이베리아반도에서도 서쪽 끝에 위치한 포르투갈은 불리한 환경을 딛고 대항해시대의 선두주자로 부상했습니다. 포르투갈의 국운을 바꾼 지도자는 엔히크Henrique 왕자입니다. '아프리카 항로의 개척자'로 명성이 높았던 엔히크 왕자는 포르투갈의 항구도시, 포르투에서 영국 출신 왕비의 셋째 아들로 태어났습니다. 기사단장으로서 종교적 사명을 다하기 위해 평생 독신으로 살았던 그는 동방으로 가는 새로운 항로 개척에 자신의 인생을 올인했습니다. 비록 그가 직접 위험한 바다를 항해하진 않았지만, 지도와 지리 탐사의 중요성을 잘 이해하고 실천한 지도자였습니다.

엔히크 왕자는 리스본 인근 대서양 연안의 사그레스에 지도 학교를 세우고 지도 제작자, 지리학자, 과학자, 항해 기술자, 선박 제조업자 등 항해와 관련된 전문가들을 불러 모았습니다. 특히 '포틀란 세계지도'를 제작한 것으로 추정되는, 당대 최고의 지도전문가였던 유대인 아브라함을 사그레스 학교의 교장으로 영입하기도 했지요. 포르투갈은 아프리카 서해안 탐험을 통해 정교한 지도를 그려나가고 항해 기술도 발전시킵니다. 바스코 다가마Vasco da Gama는 아프리카를 돌아 인도로 가는 항로를 발견하고, 포르투갈은 유럽의 변방이 아닌 세계의 중심 국가로 우뚝 서게 됩니다. 동방으로 가는 항로를 개척하며 포르투갈의 국운은 무섭게 상승했고, 한동안 포르투갈은 꽃길을 걸었습니다.

포르투갈에 비해 이슬람 세력의 축출이 늦었던 스페인도 탐험과 지도 제작에 뛰어들었습니다. 특히 이사벨Isabel 여왕은 이베리아반도에서 이슬람 세력을 몰아내고 내부 분열을 수습하는 데 앞장섭니다. 지도를 읽고 상황을 판단하는 능력이 출중했던 여왕은 급한 사안이 생기면 밤새 말을 타고 달려가 기회를 포착하는 행동파 여왕이었죠. 1492년, 레콩키스타를 완수하자마자 이사벨 여왕은 콜럼버스의 원정에 대한 전격적인 지원을 단행했습니다.

원래 이탈리아 제노바 출신이었던 콜럼버스는 포르투갈의 명문가 딸과 결혼한 후 동방으로 갈 기회를 엿봅니다. 콜럼버스는 리스본을 중심으로 지도 제작자 및 항해사로서 경력을 쌓았지만 포르투갈에서는 후원자를 구하기 어려운 상황이었습니다. 당시 포르투갈

왕실은 아프리카를 통해 동방으로 가는 항로 개척에 집중하던 상황이라 서쪽으로 항해할 계획을 세운 콜럼버스까지 지원할 여력은 없었죠. 더군다나 그가 제시하는 루트가 비현실적이라는 판단도 더해졌습니다. 콜럼버스는 동생을 통해 프랑스, 영국 왕실과도 접촉했지만 별 성과가 없었습니다.

결국 콜럼버스는 스페인에서 기회를 찾는 데 집중하기로 합니다. 그는 이사벨 여왕의 고해성사를 담당하는 성직자가 있는 수도원을 일부러 찾아가는 등 6년 넘게 공을 들인 끝에 기회를 잡습니다. 비록 콜럼버스는 원래 목표로 했던 인도에 도착하지는 못했지만 아메리카 신대륙을 발견해 스페인에 새로운 기회를 제공하고 자신도 세계사에 이름을 남겼습니다.

반면, 당시 포르투갈을 통치한 마누엘Manuel 1세는 엔히크 왕자가 어렵게 모은 창의적 인재들을 쫓아냅니다. 종교재판을 열어 지도를 잘 읽고 지리와 상업에 밝은 유대인들을 탄압하고 학살하죠. 당대 최고의 기술과 경험을 보유했던 항해 전문가들, 지도 제작자들이 외국으로 이주하면서 포르투갈의 국운은 내리막길을 걷습니다. 이처럼 창의적인 인재들과 이민자들을 포용하는 개방적인 사회는 역동성을 유지하고 계속 발전하지만, 편협한 세계관을 가진 지도자가 법과 규제를 늘리고 소수자를 차별하면 그 사회는 몰락의 길을 걷게 됩니다.

세계 무역을 주도한 네덜란드의 지도 열풍

1600년대 유럽의 용감한 탐험가들은 배를 타고 세계로 진출했습니다. 포르투갈과 스페인에 이어 영국과 프랑스도 해외 원정을 떠나죠. 16세기 말 스페인의 식민통치를 받던 네덜란드는 독립을 위한 투쟁을 시작합니다. 그리고 17세기 초 유럽의 무역 중심지로 깜짝 부상한 네덜란드는 인도와 동남아, 일본과 호주까지 진출합니다. 바다보다 낮은 땅에 우중충한 날씨가 계속되는 열악한 환경이었지만 상인과 주민들이 힘을 모아 지도를 제작하고 공유하며 힘을 키웠습니다. 일종의 '대국민 지도운동'을 벌인 셈인데요, 그들은 집마다 벽에 네덜란드 지도와 세계지도를 붙여 놓고 지리적 상상력을 길렀습니다.

네덜란드의 전성기를 이끈 블라외Blaeu 가문은 지도 제작 명가로 유명합니다. 시조인 윌리엄 블라외W. Blaeu는 덴마크의 저명한 천체물리학자였던 티코 브라헤Tycho Brahe에게 지도학의 기초를 배운 후, 1599년 암스테르담에서 지도 제작 사업을 시작했습니다. 블라외는 '네덜란드 지도(1604)', '상세 세계지도(1605~1606)'에 이어 '항해의 빛(1606)' 등을 연달아 히트시킵니다. 그의 지도는 네덜란드 가정의 필수품이 되었고 주요 미술 작품에도 소품으로 자주 등장합니다.

블라외는 해도(바다에 관한 모든 상황을 정확히, 일목요연하게 표현한 항해용 안내지도) 중심 지도첩 제작에 능했는데요, 그의 지도들은 각 나라의 언어로 번역되어 출간될 정도로 유럽 전역에서도 폭발적인 인기를 끕니다. 특히 윌리엄 블라외가 그의 아들들과 함께 발행한 '세

지리학에 관심이 많았던 네덜란드 화가 요하네스 베르메르가 그린 지리학자

계의 무대theatrum Orbis 혹은 새로운 지도첩(1635)'이 당대 최고의 아틀라스로 인정받게 되면서 그는 동인도회사 수로 학자로 임명되는 영예를 누렸습니다.

　네덜란드 델프트 출신 화가였던 요하네스 베르메르Johannes

Vermeer는 '진주 귀걸이를 한 소녀'로 잘 알려져 있습니다. 자녀를 10명이나 둔 가장으로 가정 형편이 넉넉지 않았던 그는 비록 평생을 델프트에서 살았지만, 그 어떤 화가보다 지도를 많이 그렸습니다. 당시 네덜란드 가정의 실내 장식과 풍속을 사진처럼 정확하게 묘사한 베르메르의 그림에는 블라외 가문이 출간한 지도가 단골 소품으로 등장합니다. 그의 작품 중 '천문학자', '지리학자'를 비교해보면 베르메르의 지리학자에 대한 존경심과 부러움을 엿볼 수 있습니다. 금보다 비쌌다는 청금석, 즉 라피스 라줄리Lapis-lazuli를 재료로 하는 푸른색 물감을 듬뿍 써서 지리학자를 돋보이게 했으니까요.

네덜란드의 전성기에 유행했던 세계지도에는 당시 유럽에서 핫한 상품이었던 향신료가 생산되는 인도네시아의 섬들이 크고 자세하게 묘사되어 있습니다. 고위도 면적이 확대된 영국식 세계지도에서는 적도 부근의 인도네시아가 아주 작게, 캐나다나 뉴질랜드가 크게 표현되어 있죠. 네덜란드는 영국보다 먼저 차지한 바타비아(현재의 자카르타) 항구를 중심으로 인도네시아 지역을 식민지배하면서 실속을 챙깁니다. 향신료에서 시작해 이후 커피 원두를 네덜란드 동인도 회사를 통해 전 세계로 수출하며 막대한 부를 축적합니다. 네덜란드 동인도 회사의 본부가 있던 암스테르담은 17세기 초 세계 다이아몬드 거래와 금융업의 중심지로 부상하죠.

이처럼 지도를 중심으로 국민들이 마음을 합치고, 돈벌이가 될 만한 곳을 정확하게 표시한 최신 지도를 공유하면서 네덜란드는 부

동남아의 향신료 생산 제도가 크고 자세하게 표시된 네덜란드의 고지도

자 나라가 되었습니다. 영국, 프랑스 등 라이벌 국가를 따돌리고 광대한 인도네시아(남한 면적의 19배, 현재 네덜란드 면적의 약 50배)를 선점함으로써 수백 년 동안 안정된 부의 기반을 닦았습니다. 비록 나중에 영국이 세계 무역의 주도권을 빼앗아가긴 했지만 네덜란드는 미리 개척한 항로를 오가며 무역에 힘썼죠. 21세기에도 네덜란드는 여전히 상품, 서비스, 데이터(정보)의 글로벌 연결성 지수가 높은 나라, 경제 영토가 넓은 나라로 꼽힙니다. 지리적 상상력으로 우뚝 선 강소국, 네덜란드야말로 지리의 힘을 실증하는 대표적인 사례가 아닐까요?

04
지도강국,
세계를 장악하다

나는 그 누구도 가본 적이 없는 곳까지 가겠다는 포부를 가졌고,
실제로 그렇게 멀리 갈 수 있었다.
_ 제임스 쿡, 영국의 탐험가

엘리자베스 1세 여왕 시대 영국이 스페인의 무적함대를 무찌른 것
은 우연이라기보다는 당연한 결과였는지 모릅니다. 엘리자베스 1세
여왕은 지도를 통치에 적극적으로 활용한 지도자였습니다. 그녀는
국내지도 제작을 통해 왕권을 강화하고 자신의 60세 기념 초상화
에 지구본을 소품으로 활용할 정도로 지리의 힘을 이해하고 있었습
니다. 또한 당시 영국은 스페인보다 함대는 적었지만 이를 능가할
만큼 우수한 항해 전문인력을 보유하고 있었습니다. 영국은 군함을
배치할 때도 철저히 지도에 기반한 작전을 수립했고, 바다에서 다
양한 경험을 쌓은 백전노장들을 지휘관으로 발탁해 전략적으로 배
치했습니다.

반면, 스페인 국왕은 해전의 경험이 전무하고 내륙에서 사냥하는

지도 위에 그려진 엘리자베스 여왕의 초상화

것이 취미였던 파르마 공작을 총사령관으로 임명했습니다. 파르마 공작은 탁월한 행정가이자 조직 관리의 달인이었지만 전투 지역에 대한 이해가 부족했고, 특히 지리를 몰랐습니다. 중간 보급기지를 확보하거나 병참을 구축하는 실전 전략에는 구멍이 숭숭 뚫려 있었고 전투의 이동 경로를 예측하는 데 필요한 거리 감각도 부족했습니다. 아무리 화력이 높은 대포를 장착한 대규모 스페인 함대라도 정확한 지도에 기반해 빠르게 이동하는 영국 함대를 따라잡기는 역부족이었습니다.

특히 스페인의 메디나 공작이 자신들의 함대 '아르마다Spanish Armada'의 운영 매뉴얼을 네덜란드에서 출간해 전 유럽에 배포한 것은 엄청난 실수였습니다. 그때나 지금이나 고급 정보가 적에게 노출되지 않도록 보안을 유지하는 것은 전쟁 수행 능력의 기본입니다. 그런데 메디나 공작은 본격적인 전투를 시작하기도 전에 적에게 내부 상황과 정보를 공개해버렸던 것이죠. 《손자병법》에서도 정확한 정보와 첩자의 중요성을 강조하는데, 전쟁의 기본을 몰랐던 셈입니다. 공간 전략과 실전 경험이 부족한 지도자가 지휘하는 스페인 함대는 현장의 다양한 변수를 고려한 작전을 실행하지 못했고 결국 대패했습니다. 영국에게 해상 항로와 무역의 주도권을 빼앗긴 스페인은 점점 더 쇠락의 늪에 빠져들게 됩니다.

세계지도의 아버지, 제임스 쿡

영국에서 지도를 통해 자신과 국가의 운명을 바꾼 또 다른 주인공은 제임스 쿡James Cook입니다. 제임스 쿡은 스코틀랜드 인근에서 가난한 농부의 아들로 태어나 소년 시절부터 배를 탔습니다. 비록 정규 교육을 제대로 받지는 못했지만, 독학으로 지도 그리는 법을 익혔습니다. 그가 그린 정확한 지도는 영국이 북미 해안에서 프랑스와 전투를 벌일 때 큰 도움이 되었습니다.

그의 지도 그리는 능력을 높게 평가한 영국 왕실은 쿡을 선장으로 전격 발탁합니다. 그에게 태평양에서 금성을 관측하는 과학 탐사 과제가 맡겨졌지만 사실 더 중요했던 비공식 임무는 미지의 세계를 탐험해 세계지도를 완성하는 일이었습니다. 당시에는 배를 오래 타면 선원들이 괴혈병에 걸리거나 각종 전염병으로 사망하는 비율이 높아서 다들 멀리 가는 항해를 두려워했습니다. 그러나 제임스 쿡 선장이 이끄는 1차 항해에서는 단 한 명의 사망자도 발생하지 않았기에 2차 항해 때는 영국 최고의 학자들, 예술가들이 대거 승선하게 되었습니다.

제임스 쿡의 항해로 영국 사회는 한 단계 도약했습니다. 정확한 세계지도가 완성되었고 영국인은 전 세계로 진출하기 시작했습니다. 특히 2차 항해에 동행한 화가들이 그린 '남극의 거대한 빙산, 이국적인 펭귄과 캥거루, 호주와 뉴질랜드의 원주민' 그림들이 신문에 실리면서 영국 대중들의 신세계에 대한 호기심은 증폭되었죠. 곧 호주, 뉴질랜드 등지로 이주하는 사람들이 늘어났습니다. 비록 제임스 쿡은 3차 항해 때 하와이에서 현지 주민의 공격을 받고 목숨을 잃었지만, 오늘날 '영국의 캡틴'이자 영국의 번영을 이끈 영웅으로 추앙받고 있습니다.

지도를 잘 그려 인생역전의 주인공이 된 제임스 쿡

대영제국의 심장, 왕립지리학회

18세기 영국 사회에는 지도 열풍이 불었습니다. 그랜드 투어를 준비하는 영국인들의 모습을 그린 그림에도 지도가 소품으로 자주 등장합니다. 영국인에게 지도는 교양의 상징이었고, 지도를 배경으로 가족의 초상화를 그리는 것은 요즘으로 치면 근사한 가족 기념사진을 찍는 것과도 같았습니다. 지금도 뼈대 있는 영국 가문에서는 자신들의 조상이 관리하던 영지를 그린 고지도 하나쯤은 집에 걸어둡니다. 또한 지구본이 등장하는 초상화를 통해 자신들이 지도력이 탁월한 명문가의 자제라는 것을 은근히 자랑하는 것이죠.

오늘날에도 지리 교육 전통이 뿌리 깊은 영국은 상류층 자제일수록 고생스러운 험지 여행을 마다하지 않습니다. 스코틀랜드의 명문 세인트 앤드류스 대학에서 지리학을 전공한 윌리엄 왕세손은 '갭 이어gap year' 동안 중미 벨리즈에 있는 정글에서 군사훈련을 받았고 칠레의 오지에서 10주 동안 아이들에게 영어를 가르치는 봉사활동을 하는 모범을 보였습니다.

전 세계로 영토를 확장해 나간 대영제국의 심장은 영국 왕립지리학회였습니다. 그중에서도 '지도실map room'은 식민통치에 필요한 지리 정보가 가득한 보물창고였습니다. 특히 영국은 네덜란드처럼 상업적인 목적으로만 지도를 제작하지 않았습니다. 전혀 돈이 될 것 같지 않은 지식들을 다양하게 수집해서 정확한 지도를 제작했습니다.

영국은 섬나라이기 때문에 바다 건너 대륙으로 가려면 반드시 배를 타야 했습니다. 영국인들에게는 해외로 나가는 것 자체가 목숨을 건 도전이었습니다. 풍랑이 이는 거친 바다를 안전하게 건너려면 사전에 많은 준비가 필요했습니다. 정확한 해도와 함께 튼튼한 배를 제작해야 했고, 언제 일어날지 모르는 해상에서의 위험한 상황에 대비해 스스로 안전을 지키는 능력을 길러 놓아야 했죠.

지금도 영국에서는 매년 옥스퍼드 대학과 케임브리지 대학 학생들이 조정 경기를 벌이는 등 배와 관련된 수상 이벤트가 인기입니다. 풍랑이 계속되는 거친 바다를 건너고 해상에서의 사고를 예방하기 위해 리더들부터 안전교육과 비상훈련에 앞장선 셈입니다. 나아가 외국의 낯선 환경에서 안전하게 여행하려면 미리 현지 지역 정보를 수집하고 정확한 최신 지도를 입수하는 게 중요했습니다.

해외 식민지에 파견할 관료들을 양성하던 명문 사립학교에서 지리는 필수과목이었고, 다양한 환경에서 지도를 읽고 위험에 대처하는 법을 답사를 통해 배웠습니다. 영국 가정에서는 집집마다 다양한 지도를 구비해 놓았고 잠자리에서는 엄마가 아이들에게 세계 지리 동화책을 읽어주며 지리적 상상력을 자극했습니다. 이렇게 길러진 영국인의 지도력 덕분에 영국은 19세기 최강국으로 부상했으니 '해가 지지 않는 대영제국'의 기초는 지리 교육이 담당한 셈입니다.

05
조선에도 아프리카까지 표시된
혁신적인 세계지도가 있었다

일찍이 행성의 비밀을 발견하고, 지도에 없는 땅을 찾고,
인간 정신에 새로운 지평을 열어준 사람 중에서 비관론자는 아무도 없다.
_ 헬렌 켈러, 미국의 작가

한국은 세계 최강대국 중국에 맞서며 내공을 쌓고 맷집을 길러온
나라입니다. 고구려는 만주 일대를 차지하며 중국의 수나라와 대
등하게 싸운 동아시아의 맹주였습니다. 백제는 왜(일본)와 교류하며
문화를 전수했고, 신라는 당나라와 연합해 삼국을 통일했죠. 고구
려, 백제에 비해 신라는 가장 불리한 입지였습니다. 산지가 많아 농
업생산에 불리했던 신라는 당대 최강국이자 경제, 문화 선진국이었
던 중국과 교류하려면 먼 바닷길을 거쳐 가야 했습니다. 하지만 신
라는 당과 연합해 백제, 고구려를 차례로 물리치고 한반도를 통일
했고, 중동 지역에서는 '황금의 나라'로 알려질 만큼 해외 무역에도
적극적이었습니다.

또한 팔만대장경을 조판할 정도로 높은 문화 수준을 보인 고려는

인삼과 도자기를 수출하는 등 대외 무역에 개방적이었습니다. 몽골의 침입을 받은 고려 왕실은 강화도로 천도하면서 끝까지 싸웠지만 결국 항복했죠. 이후 원과 형제국 지위를 유지하면서 긴밀하게 교류했던 고려와 조선 왕실의 지배층들은 국제 정세에 밝았습니다. 당시 전 세계의 교통과 물류 네트워크를 장악하고 글로벌 무역을 주도하던 원나라로부터 최신 세계지도와 해외 지역 정보를 입수하기도 했고요.

조선 초기에 제작된 '혼일강리역대국도지도'는 아시아, 인도, 중동뿐 아니라 아프리카까지 표시된 혁신적인 세계지도였다. (출처: 서울대학교 규장각 한국학연구원)

조선 초기 태종2년(1402)때 제작된 '혼일강리역대국도지도'는 중국, 일본, 인도, 중동뿐 아니라 아프리카까지 표시된 혁신적인 세계지도였습니다. 포르투갈이 아프리카 대륙 남쪽 희망봉에 닿기 전에 제작된 혼일강리역대국도지도는 당시 조선의 왕실과 통치자들의 높은 기상과 국제화 수준을 보여줍니다.

김정호는 왜 제임스 쿡이 되지 못했나?

하지만 이후 조선은 관료제가 두터워지고 유교적 질서가 강화되며 리더들이 '지도력'을 잃어갑니다. 고려 시대까지는 천문과 더불어 중시되었던 풍수지리가 조선에서는 폄하되었고, 당쟁을 일삼던 조선의 사대부들은 세계지도에 무관심했습니다. 유교 경전이 중요한 과거 시험을 통해 관직에 오른 사대부들은 편협한 우물 안 개구리가 되어 국제 정세의 변화에 둔감했습니다. 편안한 중심부에 안주하는 관료, 지배층이 늘어나고 보수적인 세력이 사회를 장악하면 해외로 나아가려는 도전 정신은 사라집니다. 새로운 부가 창출되지 않으니 국내의 제한된 자원을 두고 벌이는 경쟁은 더 치열해질 수밖에 없겠죠.

임진왜란, 병자호란을 거치며 농토가 버려지고 민중들의 고통은 커졌지만, 왕과 통치자들은 자신들의 기득권을 지키는 일에만 몰두했습니다. 국가가 번영하면 법과 규정을 중시하는 관료 계층이 두꺼워집니다. 비대해진 관료 계층은 혁신과 경제 발전을 가로막고 사회의 낙관적 전망을 위축시키는 부작용을 낳습니다. 초기에는 효율적으로 운영되던 로마제국도 말기에 이르면 관료제가 비대해지고 세금이 높아지면서, 무거운 세금 부담을 피해 고향을 떠나는 농민들이 증가하며 몰락의 길을 걸었습니다. 조선 역시 '무거운 세금—농촌 황폐화(생산성 저하)—세수 감소—군사비 증가—무거운 세금'의 악순환에 빠져들어 국운이 쇠퇴합니다.

18세기 실학자 성호 이익은 "선비라면 지도를 그릴 줄 알아야 한다"며 지도력의 중요성을 언급했지만, 대부분의 사대부는 지도보다는 유교 경전에 심취했습니다. 심지어 정약용 같은 위대한 실학자마저 유배지에서 변방에 있는 자신의 신세를 한탄하며 아들에게 '꼭 서울 십 리 안에 살아야 한다'고 당부할 정도였습니다. 19세기 당시 내부 권력 다툼에 열중하던 사대부들은 산해경의 괴물들이 살아가는 공간을 묘사한 상상 속의 '천하도'에 빠져 있었고, 관료들은 세금을 거둘 때 도움이 되는 국내지도에만 관심을 가졌습니다.

19세기 김정호라는 탁월한 지도 제작자가 '대동여지도'라는 정확한 국내지도를 편찬했지만, 사회적인 인정을 받거나 국가의 지원을 제대로 받지는 못했습니다. 오히려 그가 언제 어디서 죽었는지도 기록이 남지 않을 정도로 천대받았던 것 같습니다. 만일 김정호가 영국의 제임스 쿡처럼 국가의 지원을 받아 해외로 원정을 떠나 다양한 세계지도를 제작하고 백성들에게 보급했다면, 조선의 운명도 달라지지 않았을까요? 당시 김정호가 배를 타고 독도에 가서 정확한 지도를 제작했다면 일본이 독도를 '다케시마'라고 표시하고 자

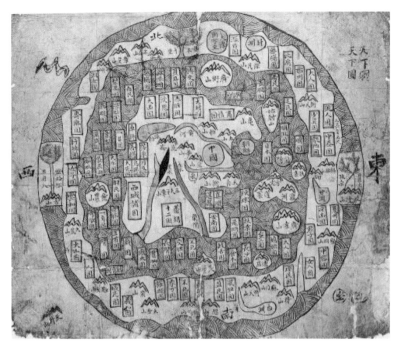

19세기 사대부들은 산해경의 괴물들이 살아가는 공간을 묘사한 상상 속의 '천하도'에 심취해 있었다.
(출처:서울역사아카이브)

기네 땅이라고 우기지 못했을 것 같습니다.

6·25 이후 경제 발전기 최고의 베스트셀러 《김찬삼의 세계여행》

6·25 전쟁이 일어난 후에는 한반도 지도가 중앙에 그려진 지도 달력, 지도력地圖曆이 큰 인기를 끌었습니다. 피난을 가서 나와 가족들의 안전을 도모하려면 자세한 국내지도가 필수였기 때문입니다.

이렇듯 우리나라 1인당 GNP가 300달러(약 34만 원)도 채 되지 않던 1950~1960년대에 용감하게 돈도 얼마 없이 세계 배낭여행을 다녀와 책까지 쓴 사람이 있습니다. 바로 여행가이자 지리 교사였던 김찬삼입니다.

컬러 사진과 흥미로운 이야기가 담긴 《지리학자 김찬삼의 여행기》는 당대 최고의 베스트셀러였습니다. 가난한 신혼부부가 이불이나 옷장과 함께 결혼을 준비하며 반드시 장만해야 하는 혼수품으로 《김찬삼의 세계여행》 전집을 꼽을 정도로 그의 책은 당대의 세계 지리 국민 교과서였습니다. 산악인 박영석을 비롯해 한비야, 김영하 작가 등이 그의 책을 읽으며 세계여행을 꿈꾸었다고 할 정도로 한국 사회에서 지리학자 김찬삼의 영향력은 대단했습니다.

김찬삼은 지도와 카메라만 있으면 세계 어디든 갈 수 있다고 믿고 세계 160여 개 나라를 답사하고 여행기를 계속 펴냈습니다. 정보가 부족한 가운데 떠난 세계 무전여행은 고난의 연속이었고, 지구를 32바퀴 도는 긴 여정 중에 생명의 위기도 여러 번 넘겼습니다. 실제로 여행 전, 그는 매번 가족들에게 유서를 써놓고 떠났을 정도로 여행에는 위험과 변수가 많았습니다. 김찬삼이 이렇게 위험한 세계 여행을 감행한 데에는 6살 많던 큰형의 영향이 컸다고 합니다. 고등학생 시절 국내 자전거 여행을 하다 안타깝게 사고로 죽은 형의 일기장에 적혀 있던 '남미의 안데스산맥을 꼭 가보고 싶다'는 꿈을 자신이 대신 이뤄주고 싶었다고 하네요. 또한 지리 교사로서 학생들을 자신 있게 가르치려면 낡은 지식이 담긴 교과서에 의존하기보다는 오감을 동원해 직접 세계를 탐험하고 싶은 마음도 컸습니다.

영국 첫 여성 지리학자, 이사벨라 버드 비숍이 관찰한 조선

이사벨라 버드 비숍Isabella Bird Bishop은 여성이 자유롭게 여행하기 어려웠던 19세기 영국 빅토리아 여왕 시대에 아픈 몸과 편견을 딛고 세계를 여행했습니다. 그녀가 쓴 여행기들이 베스트셀러가 되고 해외 지역에 대한 이해가 깊어지면서 그녀는 빅토리아 여왕의 지리 선생님으로 활약했습니다. 그녀는 1894년 겨울부터 1897년 봄 사이 환갑이 넘은 나이에 한반도와 만주 지역을 샅샅이 답사한 후 《한국과 그 이웃 나라들》이라는 책을 써 영국 왕립지리학회로부터 최초의 여성 지리학자로 인정받기도 했습니다.

영국 지리학자의 눈에 비친 구한말 조선 왕조는 위태로웠고 백성들의 삶은 고달팠습니다. 그는 '한국은 특권계급의 착취, 관공서의 가혹한 세금, 총체적인 정의의 부재, 모든 벌이의 불안정으로 (…) 중산층이 진출할 수 있는 길이 열려 있지 않다. 그럼에도 불구하고 한국의 희망은 바다에, 땅에, 강인한 민족성 속에 있다'며 한국인의 잠재력을 높게 평가했습니다. 19세기 베테랑 영국 지리학자가 내놓은 한국 사회에 대한 분석과 통찰은 21세기에도 여전히 큰 울림이 있을 정도로 깊고 날카롭습니다.

06
사랑의 지도,
쾌락의 공간

전쟁에는 여러 사람이 필요 없다.
전쟁은 단 한 사람이 좌우한다.
_ 나폴레옹, 프랑스의 황제

프랑스 지도 제작의 역사는 영국과는 다른 양상으로 전개됩니다. 프랑스의 루이 13세는 왕실의 지도 제작사를 따로 둘 정도로 지리를 중시했습니다. 또한 5세 때 왕위에 올라 산전수전을 다 겪은 태양왕 루이 14세는 정확한 프랑스 지도를 제작해 강력한 중앙집권 체제를 구축하고자 했죠. 17세기 후반, 그는 이탈리아의 카시니 가문에게 최신 천문학 도구를 활용해 프랑스 국내 영토를 삼각측량하고 정확한 국내 지형도를 제작할 것을 요청합니다. 또한 루이 14세는 미지의 아시아, 북미 지역을 탐험하고 세계지도를 그리게 합니다. 하지만 통치 후반기 베르사유 궁전 건축과 정원 조성에 국력을 쏟기 시작하면서 프랑스의 해외 원정과 세계지도 제작은 흐지부지 됩니다.

루이 15세 통치기 베르사유 궁전을 중심으로 지방 귀족들이 거주할 수 있는 단지가 조성되고 바로크 양식이 유행하며 사치스러운 왕실 문화가 본격적으로 발달합니다. 파리 외곽 사냥터에 조성된 베르사유 궁전에서 호화로운 파티를 즐기던 왕과 귀족들에게 해외 탐험이나 세계지도는 그저 먼 나라 이야기가 아니었을까요?

영국이 제임스 쿡 선장을 중심으로 각 분야의 전문가들이 목숨을 건 항해에 참여해 정확한 세계지도를 그릴 때 프랑스 왕실의 지도 제작자였던 당빌은 기존 지도를 짜깁기한 지도를 아름답게 제작하는 데 열중했습니다. 전쟁과 무역에서 승패를 좌우하는 지도의 정확성이 떨어지면 그 나라의 국운은 쇠퇴합니다. 오래된 지도는 현장 적합성이 떨어질 수밖에 없고 위험하기까지 합니다. 전쟁과 같은 결정적 상황에서 잘못된 판단을 내리게 할 수도 있으니까요.

노련한 절대 군주 루이 14세와 달리 궁전에서 과보호를 받으며 자란 루이 16세는 '자물쇠 만들기'가 취미였던 내성적인 소년이었습니다. 루이 16세가 지도를 보고 있는 그림이 있긴 하지만 실제로 그가 지도를 통치에 제대로 활용할 수 있었는지는 의문입니다. 지도를 보는 것과 지도를 읽는 것은 전혀 다른 차원의 문제이기 때문이죠. 왕실과 귀족들의 향락과 사치가 극에 달했던 시절, 다양한 현장 경험이 부족했을 어린 왕에게 지도는 그저 이해하기 어려운 그림에 불과하지 않았을까요?

프랑스는 유럽의 여러 나라가 부러워하던 경제, 문화, 예술의 중심지입니다. 비옥한 농토에서 다양한 농산물과 와인이 생산되는 등 음식문화가 발달했고 궁전에서는 화려한 패션과 예술이 꽃폈습니다. 그러나 왕실과 귀족들의 호화로운 생활을 뒷받침하기 위해 프랑스 국민들은 가혹한 세금을 감당해야 했습니다. 쾌락의 세계에 탐닉하던 지도자들은 프랑스 민초들의 고단한 삶의 현장과 멀어지고 프랑스의 국운은 쇠퇴하게 됩니다. 지도를 소홀히 하고 개척자 정신이 부족했던 프랑스는 유리한 입지와 풍요로운 환경에도 불구하고 늘 유럽의 2인자에 만족해야 했습니다. 흉작이 계속되며 굶주림에 시달리던 민중들의 불만이 폭발하면서 1789년에 결국 프랑스 혁명이 일어납니다.

영국이 세계지도를 보며 식민지를 개척해 나가던 시대, 프랑스

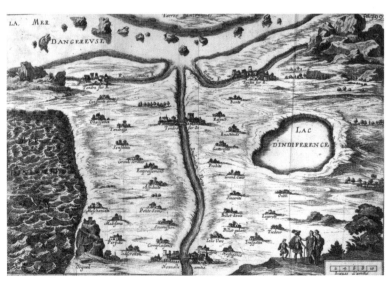

소설 속 상상의 공간을 그린 프랑스의 '사랑의 지도'

사람들이 열심히 들여다본 지도는 '사랑의 지도'였습니다. 지금도 프랑스 국립도서관에 가면 원본을 볼 수 있는데, 이 지도는 실제 땅을 그린 것이 아니라 소설에 등장하는 상상 속 공간을 그린 것입니다. 사치와 쾌락에 탐닉했던 18세기 프랑스 상류층은 사랑의 지도에 열광했지만, 탐험과 개척을 위한 정밀한 지도에는 무관심했습니다. 21세기에도 사랑의 지도는 제품 광고에 등장할 정도로 프랑스, 이탈리아에서는 꾸준한 인기를 누리고 있죠.

지도로 인생 역전의 기회를 잡은 나폴레옹

프랑스 혁명이 일어난 후, 단두대에서 수천 명의 목숨이 날아가는 가운데 혜성처럼 등장한 영웅은 코르시카섬 출신의 프랑스군 장교, 나폴레옹이었습니다. 나폴레옹은 '지리가 운명'이라는 말을 남겼을 정도로 전쟁에서 공간 전략의 중요성을 잘 알고 있었습니다. 1804년 스스로 황제에 즉위한 나폴레옹은 정복 전쟁을 통해 당시 유럽에서 가장 강력한 제국을 건설했죠. 다재다능한 데다 평소 잠을 6시간만 잘 정도로 일벌레였던 나폴레옹은 수많은 업적을 남겼습니다.

파란만장했던 그의 삶에 대한 평가는 극단적으로 나뉩니다. 자신의 의지와 능력만으로 권력의 중심에 선 야심가, 25세에 장군이 된 불세출의 군사 전략가, 근대 유럽의 기획자, 프랑스 교육과 문화의 기반을 닦은 위대한 정치인, 나폴레옹 민법전을 편찬한 지식인, 알렉산더 대왕을 흠모했던 정복자, 21세기 정치인보다 더 여론의 중요성을 잘 알고 통치에 활용한 정치 선전의 귀재라며 긍정적으로 평가하는 프랑스인도 있지만 부정적 평가를 하는 사람들도 많습니다. 프랑스 대혁명으로 이뤄낸 공화정을 뒤엎은 배신자, 여성 인권을 억압하고 노예제를 부활시킨 독재자, 무고한 인명을 희생시킨 전쟁광으로 그를 폄하하는데, 실제 나폴레옹이 치른 전쟁으로 숨진 민간인과 군인의 수는 325만 명에서 650만 명으로 추산됩니다.

나폴레옹의 공과에 대한 논란은 그의 사후 200주년인 2021년에도 현재 진행형이지만 지리학자의 관점에서 보면 그의 복잡한 삶이 깔끔하게 정리됩니다. 즉, 지도를 열심히 보던 전성기, 지도를 멀리하고 허세만 부리던 쇠락기로 뚜렷이 구분되는데, 지금부터 나폴레옹의 인생을 공간적 측면에서 분석해보겠습니다.

군사학교에서 지도 읽는 법을 배운 나폴레옹은 공간 전략의 달인이었습니다. 비록 그가 등고선 지도를 발명하지는 않았지만, 그는 등고선 지도를 전쟁에 도입한 최초의 인물로 유명합니다.[06] 특히 툴롱 전투는 나폴레옹 군사 전략의 성공 사례로 자주 인용됩니다. 나폴레옹은 툴롱의 등고선 지도에서 '레귀예트'라는 작은 요새를 발견하고 군대를 배치했는데, 이곳은 항구가 내려다보이는 절벽 위에 있는 요새로 전투의 승기를 잡을 수 있는 결정적 지점이었습니다. 포병장교였던 나폴레옹은 10년 전 개발된 가벼운 대포를 절벽 위로 올리는 방식으로 전투를 벌여 적을 섬멸하고 완벽한 승리를 거둡니다. 프랑스 남부 해안에 입지한 툴롱의 지형은 나폴레옹의 고향인 코르시카섬의 아작시오와 매우 유사했기에 자신 있게 작전을

툴롱 공상전에서 지도를 보고 있는 젊은 나폴레옹. 나폴레옹은 등고선 지도를 전쟁에 도입한 최초의 인물이다.

짤 수 있었죠.

나폴레옹은 전투에서 이길 수 있는 결정적 지점을 찾으면서 군대를 제빠르게 배치하는 전략에 능했습니다. 하지만 결정적 지점을 찾지 못하면 계속해서 군대를 움직이며 틈새를 찾았죠. 실제로 툴롱에서 승리를 거둔 나폴레옹은 이탈리아 원정 때 투린과 밀라노 주요 도시들을 그냥 지나쳤습니다. 그곳에서는 어떻게 이겨야 할지 감을 잡기 어려웠기 때문입니다. 대신 그는 별로 중요해 보이지 않는 장소에서 연속으로 6번의 전투를 벌여 승리했습니다.[07]

지도에서 확인할 수 있듯이 지중해 연안의 남부 유럽은 그에게 익숙한 환경이었고 지도를 보며 철저한 현지 조사를 거쳤기 때문에 자신 있게 전투를 지휘할 수 있었습니다. 실제로 나폴레옹이 대승을 거둔 지역은 스페인, 이탈리아, 오스트리아 등 남부 유럽이 대부분을 차지합니다. 프랑스 혁명 이후 혼란스러운 상황이 전개되는 상황에서 나폴레옹은 승승장구합니다. 전성기의 나폴레옹은 규모가 어마어마하게 큰 군대를 만나도 기죽지 않고 거의 모든 전투에서 승리했죠. 등고선 지도와 경량포는 그의 비밀 병기였습니다. 특히 알렉산더 대왕을 흠모했던 나폴레옹은 과학자, 고고학자들을 이끌고 이집트에 도착하는데 지도 제작과 과학 탐사를 진두지휘해 지적인 지도자로 명성을 높입니다.

현장형 지도자 vs 독선적 이론가

나폴레옹은 자신에게 불리하게 배열된 힘들 사이에서 자신의 길을 찾아내는 명수였습니다. 모든 경험과 지식, 감각이 통합되어 완성되는 찰나의 혜안, '제7의 감각'은 그의 탁월한 지도력地圖力에서 비롯되었다고 보아도 무방합니다. 나폴레옹은 늘 지도를 가까이하며 예기치 못한 사건마다 유연하게 진로를 수정해왔죠.

하지만 스스로 황제의 자리에 오르고 궁전의 사치와 쾌락의 세계에 익숙해진 그는 전투 현장을 멀리합니다. 이탈리아 오페라 가수를 비롯해 많은 여성들과 염문을 뿌리다 보니 책과 지도를 읽을 시간이 절대적으로 부족했고, 매일 아침 독일 콜롱산 향수를 2통이나 뿌릴 정도로 낭비도 심했습니다. 나폴레옹은 계속되는 전쟁과 호화로운 궁전 생활, 특히 황후 조세핀의 의상비로 국가 재정이 극도로 어려워지자, 루이 14세 시절 확보한 북미의 루이지애나Louisiana를 미국에 팔아버립니다. 현재 프랑스 영토보다 3배 이상 넓은 땅을 확보한 미국은 서부개척에 박차를 가하게 되었고, 신대륙에서 프랑스의 영향력은 급격히 축소됩니다. 통치자가 지도 대신 법전 문구에만 집착하면 그 나라는 망조가 듭니다.

나폴레옹은 전투와 법전 편찬에는 능한 천재였을지 몰라도 경제 정책이나 공간적 의사결정에 있어서는 실수가 많았습니다. 특히 영국을 견제하기 위한 조치였던 대륙봉쇄령은 밀무역을 증가시키고 유럽 각국이 프랑스에 반발하게 하는 등 부작용이 많았습니다.

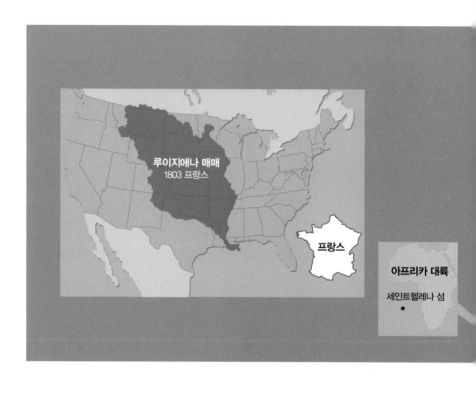

1812년은 불운이 시작된 해였습니다. 나폴레옹은 초심을 잃고 자만에 빠져 자신의 능력을 맹신하죠. 러시아 원정을 계획했지만 나폴레옹은 준비가 부실했고, 체중이 많이 늘어 예전과 같은 기동성도 잃어버렸습니다. 특히 프랑스와는 달리 겨울이 매섭게 추운 러시아의 지리적 환경에 익숙하지 않았고 정확한 러시아 지도를 확보하지 못했던 나폴레옹은 전략적 실수를 반복합니다.

현지의 자연환경, 즉 기후 및 지형과 적군의 동향에 대한 정보가 부족했던 나폴레옹과 60만 군대는 혹독한 추위와 부족한 식량에

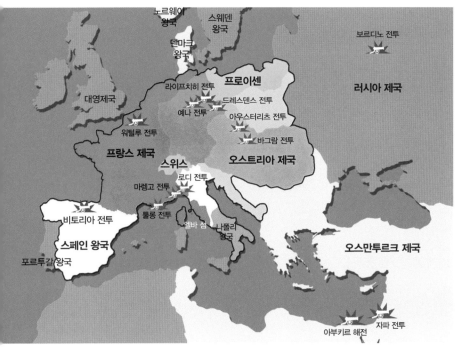

나폴레옹의 전투지역(오른쪽)과 미국에 팔아버린 루이지애나(왼쪽).
빨간색은 승리한 전투, 파란색은 패배한 전투, 보라색은 결과가 불분명한 전투지역이다.

고전했습니다. 마키아벨리는 "군량이 부족한 군대는 적과 무기를 맞대기 전에 이미 지고 있는 것이다"라고 설파했죠. 식량 보급이 원활하지 않아 굶주려 있는 병사에게 정신력이나 애국심만 강조한 다고 해서 전투에서 승리할 수는 없는 법입니다. 특히 동유럽 일대의 카자크Kazak 기병대는 잔인하게 프랑스 군인을 학살했고, 나폴레옹의 군사는 겨우 1만 명 정도만 귀환할 수 있었습니다. 호기롭게 출발한 러시아 원정이 완벽한 실패로 끝나면서 나폴레옹은 고향 코르시카섬 바로 옆에 있는 작은 섬 엘바의 황제로 격하되는 수모를 당합니다. 나폴레옹이 리더십을 상실한 채 유배지에 머물자 프랑스는 다시 혼란의 소용돌이에 빠져듭니다. 그리고 엘바섬 주민의 도움으로 감시에서 풀려난 나폴레옹이 파리로 진격해 다시 정권을 쟁취하자, 바짝 긴장한 영국과 유럽 국가들은 연합군을 결성합니다.

1815년 6월 18일은 햇살이 눈부시게 내리쬐는 토요일이었습니다. 이날 반反프랑스 동맹을 결성한 연합군과 나폴레옹의 군대는 벨기에의 '워털루'라는 작은 마을에서 유럽의 운명을 결정지을 최후의 일전을 앞두고 있었습니다. 당시 연합군을 지휘했던 웰링턴은 46세였고, 나폴레옹은 45세였습니다. 두 사람 모두 바닥부터 시작해 최고의 자리에 오른 자수성가형 지도자였지만 지휘 스타일은 전혀 달랐습니다.

웰링턴은 회색 프록코트형 군복을 입고 전투에 참여했고, 방어 전략에 능했습니다. 그는 '내가 통제할 수 없는 선까지 작전이 확대되는 것은 싫다'고 선언하고 전투 현장에서 늘 선두에 섰습니다. 부하들은 스스로 위험을 감수하는 웰링턴을 존경했고, 그를 '코주부'라는 친근한 별명으로 부르며 믿고 따랐습니다.

현장형 지도자 웰링턴에 비하면 나폴레옹은 독선적인 이론가에 가까웠습니다. 나폴레옹은 전투의 청사진을 그리고 부하들이 실행하는 방식을 선호했고, 무엇보다 방심한 것 같습니다. 나폴레옹은 웰링턴을 '인도 용병 지휘관'이라고 조롱하며 웰링턴의 전투 방식을 검토조차 하지 않았으니까요. 반면 웰링턴은 나폴레옹의 전투 방식을 검토하고, 전투 현장을 꼼꼼히 사전 답사했습니다. 그는 언덕 뒤

경사와 융기선의 이용가치를 최대한 활용할 수 있는 전략적 지점을 발견한 후 자신의 병사들을 그곳에 집중적으로 배치했습니다.

밤에 폭우가 내리자 다음 날 아침 나폴레옹은 공격 개시를 늦췄습니다. 사실 진흙탕은 사소한 장애물에 불과했고 더군다나 그가 공격할 시점에는 전혀 문제가 되지 않을 수도 있었습니다. 그러나 북부 유럽의 날씨에 익숙하지 않았던 나폴레옹은 공격 시간을 가늠하기 어려웠던 것 같고, 특히 춥고 습한 유럽 북부 지역의 환경은 그의 고질병이었던 치질과 방광염을 악화시켰습니다. 결국 나폴레옹이 현장의 지형을 꼼꼼하게 살피지 않고 내린 집중사격 명령은 연합군에게 큰 피해를 입히지 못했습니다.

오후가 되어 블뤼허 장군이 지휘하는 프로이센Preussen 군대가 합류하여 연합군에 힘을 보태자 나폴레옹의 군대는 사면초가에 빠졌습니다. 나폴레옹은 인생의 마지막 기회를 허무하게 날려 버렸고, 프랑스의 자존심은 무너져 내렸습니다. 3만 2,000명의 프랑스군, 2만 3,000명의 연합군이 죽거나 부상당한 워털루 전투를 웰링턴은 '아슬아슬하게 겨우 이긴 전투'라고 평가했습니다.

그렇게 파리로 돌아와 황제 자리에서 폐위당한 나폴레옹은 미국으로 도망치던 중 영국군에게 잡히는 수모를 당합니다. 그렇게 서구 근대사의 이슈메이커였던 나폴레옹은 아프리카 인근 대서양의 영국령 세인트헬레나Saint Helena섬으로 유배되죠. 그렇게 1821년 5월 5일, 52세의 나이로 나폴레옹은 유배지에서 쓸쓸히 숨을 거두었습니다.

07
전쟁은 최고의
지리 교사

설령 지나가는 바람이라 할지라도 그 냄새를 맡아봐야 한다.
그럼 그 바람이 어디에서 왔는지 알 수 있다.
_《탈무드》

베스트셀러 《지리의 힘》은 영국의 저널리스트 팀 마샬이 21세기 세계정세를 알기 쉽게 풀어쓴 교양서입니다. 하지만 대학에서 지리학을 전공하지 않고 고등학교만 마친 저자가 평범한 대중의 이해를 돕기 위해 쓴 책이라는 한계도 분명해 보입니다. 동유럽과 구소련 지역 등 본인이 직접 취재한 지역을 제외한 나머지 지역, 특히 아시아에 대한 서술이 빈약하고 지리학 분야의 최신 이론과 쟁점도 반영되지 않았습니다. 그리고 '미국은 원래부터 축복받은 땅이고 미국인들은 운이 좋았다. 미국은 될놈될의 나라였다'는 식의 설명은 위험해 보입니다. 미국이 현재의 넓은 영토를 확보하는 과정 자체를 간과하는 시각이기도 하고, 미국의 역사와 지리에 대한 잘못된 개념을 심어줄 수도 있으니까요.

탐험과 지도를 통해 성장한 나라

미국은 더 나은 삶을 꿈꾸며 바다를 건너온 이민자들의 나라였습니다. 종교의 자유를 찾아, 또는 가난과 배고픔에서 벗어난 삶을 찾아 유럽 사람들은 지도를 보며 이주했죠. 하지만 미국이 처음부터 지금처럼 넓은 땅을 차지하고 번영을 누렸던 것은 아닙니다. 19세기 미국의 국경은 계속 변했고, 전쟁이 끊이지 않았습니다. 영국과의 독립전쟁을 시작으로 스페인, 멕시코 등 외부의 적을 물리쳐야 했을 뿐 아니라 내부 갈등도 심했습니다. 노예 해방을 원치 않는 남부와 공장에서 일할 노동자가 필요해 노예 해방을 지지했던 북부 사이의 전쟁이 전개되자, 생존을 위해서라도 미국인들은 지도를 봐야 했습니다. 또한, 탐험가, 상인, 농민, 투기꾼, 선교사들이 참여한 서부개척 과정에서도 오래전부터 북미에서 살았던 아메리칸 선주민과 갈등이 불가피했습니다. 한편 많은 흑인 노예들은 '퀼트 지도 (작은 천 조각들을 이어 붙인 퀼트로 만든 지도)'를 보면서 자유를 찾아 남부에서 북부로 이동하기도 했습니다.

'전쟁은 최고의 지리 교사'라는 말이 있을 정도로 모든 전쟁에서 유리한 고지를 점령하기 위해서는 지도력이 필수입니다. 미국이 20세기 최강국이 된 것은 18~19세기에 열심히 지도를 보며 미국을 탐험하고 개척한 선조들 덕분입니다. 특히 미국 건국 초기 지도자들의 '지도력地圖力'이 위기를 기회로 만들었습니다. 일단 미국의 초대 대통령인 조지 워싱턴의 첫 직업은 토지측량사였는데, 그는 미국 연방정부의 수도가 된 워싱턴 DC의 도시계획에 참여할 정도로 공간 감각이 좋았습니다. 미국의 기초를 닦은 지도자로 존경받는 3대 대통령 토머스 제퍼슨Thomas Jefferson 역시 토지측량사 집안 출신이었습니다. 프랑스 파리에서 외교관으로 복무하며 지리책을 수집하고 지도력을 기른 제퍼슨 대통령이 프랑스와의 루이지애나 영토 거래를 과감하게 성사시킨 것은 미국 입장에서는 복권 당첨과도 같은 횡재였습니다. 전쟁 없이도 넓은 땅을 확보했을 뿐 아니라 뉴올리언스 항구도 얻었으니까요.

하지만 제퍼슨 대통령 역시 루이지애나 영토 매입 후 한동안 불안감에 시달렸습니다. 너무 비싸게 구입한 것은 아닌지 걱정스러운 마음에 미국 서부로 탐험가를 비밀리에 파견할 정도였으니까요. 제퍼슨 대통령은 서부개척을 위한 원정대를 파견해 루이지애나 일대와 서부 지역의 정확한 지도를 주문합니다. 또한, 지하자원의 매장 가능성과 경제적 가치도 함께 탐색하도록 지시했습니다.

미국은 이민자들에게 황금의 땅이었고, 서부의 미개척지는 자영농과 투기꾼 모두에게 젖과 꿀이 흐르는 기회의 땅으로 인식되었습니다. 저렴한 토지는 투기의 대상이 되었고, 미국 건국의 아버지들 역시 부동산 재테크에 적극적이었습니다. 초대 대통령이었던 조지 워싱턴은 미시시피 회사를 설립해 토지 매수에 열중했고, 벤자민 프랭클린Benjamin Franklin도 일리노이의 25만km²에 달하는 토지 투기에 참여할 정도였습니다. '명백한 운명Manifest Destiny'이라는 구호 아래 서부개척이 진행되면서 토지 거래를 통해 막대한 부가 형성되었죠. 유럽 출신의 가난한 이민자들은 농기계와 종자 등을 구입하기 위해 돈이 필요했고, 지역 은행은 은행권을 발행해 개척민에게 돈을 빌려주며 금융업이 발달했습니다.

미국은 어떻게 영국을 추월했나?

미국은 철도를 물류의 대동맥으로 활용하며 서부개척에 박차를 가했습니다. 골드러시가 일어나자 샌프란시스코를 중심으로 한 태평양 연안에도 철도 건설 열풍이 불었습니다. 1861년부터 시작된 남북 전쟁으로 대륙 횡단 철도 건설이 주춤했지만 거대국가의 인프라로서 철도망의 중요성은 계속 강조되었습니다.

　1862년, 태평양 철도법을 근거로 동에서 서로 향하는 철도 건설을 담당하는 유니언 퍼시픽 철도, 1864년에는 서에서 동으로 철도를 건설하는 센트럴 퍼시픽 철도회사가 설립되었습니다. 철도는 미국의 지도뿐만 아니라 운명까지 바꾸었습니다. 철로는 제철업을 일으켰고, 기관차 제조는 기계 산업을 발달시키는 등 중공업이 비약적으로 성장했죠. 그 결과, 미국은 1860년에 세계 4위에 불과하던 공업 생산액이 급증하면서 영국을 추월했고 1900년에는 세계 1위 공업 국가로 도약했습니다. 석유 재벌 록펠러, 철강왕 카네기 모두 지도를 펼치고 철도의 시대에 재빨리 적응해 큰돈을 번 미국의 대표적 기업가입니다.

19세기부터 유럽에서 미국으로 이주한 4,000만 명의 이민자는 철도를 타고 미국 내륙과 서부 오지를 개척해 나갔습니다. 남북 전쟁 후 30년 동안 서부 개척지의 인구는 2.5배, 농장 수는 3배나 증가했습니다. 오지에 있는 개척자의 허름한 오두막집에도 미국 지도가 걸려 있을 정도로 모두가 지도력을 기른 덕분에 20세기 미국은 전성기를 맞았습니다. 1900년 미국의 국민 총생산은 187억 달러(약 21조 원)로 100억 달러(약 11조 원)였던 영국의 2배 가까이 되었고, 공업 생산액도 세계의 23.6%에 달했습니다. 인구 역시 4,116만 명이었던 영국의 2배에 가까운 7,609만 명이 되면서 인구 대국으로 우뚝 섰습니다. 이렇듯 지리적 관점에서 보면, 수많은 탐험가와 공간적 의사결정이 뛰어난 지도자들, 지도를 보며 낯선 땅으로 이주한 개척민들의 노력으로 미국은 발전한 것입니다. 하지만 빛이 강하면 그림자도 짙은 법이죠. 오래전부터 북미 지역을 터전으로 살아가던 아메리칸 선주민 부족은 끝까지 저항했지만 지도가 없었기에 유럽의 이주민들에게 땅을 빼앗겼습니다. 서부를 개척하는 과정에서 선주민들의 저항이 거세지며 인명피해도 컸습니다.

처칠에게 지도력을 배운 루스벨트

미국을 경제 대공황의 위기에서 구하고 뉴딜 정책을 성공시킨 루스벨트 대통령은 지리의 힘을 잘 아는 지도자였습니다. 일자리가 없어 방황하는 도시의 청년들을 숲으로 보내는 공공근로 일자리 정책을 통해 그는 청년들의 건강을 회복시키고 경제와 환경도 살렸습니다. 소아마비 후유증으로 장애를 얻었지만 웜 스프링스의 수영장에서 수년 동안 재활에 힘써 결국 대통령에 당선된 그는 자신이 소유한 수영장을 소아마비 환자들에게 개방해 재활 의지를 북돋기도 했습니다.

2차 세계대전이 발발하고 태평양 전쟁이 본격화되자 그는 영국의 윈스턴 처칠 수상에게 세계 지도 읽는 법을 배웠습니다. 처칠은 장교 시절 전투지역을 직접 그리고 작전을 수행할 정도로 지도력이 대단한 지도자였습니다. 특히 처칠 수상이 늘 가지고 다니는 바퀴 달린 지도첩에 반한 루스벨트 대통령은 내셔널 지오그래픽 협회에 연락해 전쟁 지역을 포함한 자세한 대축척 지도를 당장 가져오라고 할 정도로 지리의 힘을 잘 알았습니다. 또한 그는 국민들에게 전쟁의 의미를 알리고 협조를 구할 때도 지도를 적극적으로 활용했습니다. 당시 내셔널 지오그래픽 잡지는 교양 있는 미국 중산층의 상징과도 같았고, 미국의 위대한 발명가이자 기업가인 그레이엄 벨은 내셔널 지오그래픽 협회의 지도자로 활약했습니다.

1941년, 루스벨트 대통령은 미국 국민들에게 세계 지도를 보면서 자신의 라디오 연설을 들을 것을 요청했습니다. 라디오 방송 며

칠 전부터 서점과 상점에서 세계 지도를 찾는 사람들이 길게 줄을 섰고, 라디오 방송 당일에는 지도가 매진되었습니다. 미국이 태평양 전쟁에 참여하는 배경을 설명하는 그의 노변담화는 '귀에 쏙쏙 들어오는 세계 지리 수업'과도 같았습니다. 전쟁을 '최고의 지리 교사'라고 한다면, 루스벨트 대통령은 미국인들을 위한 최고의 지리 선생님이 아니었을까요? 미국과 영국 정상 간에 지도를 중심으로 한 의견 교환이 잦아지면서 그는 지도의 왜곡을 줄이고 싶었습니다. 루스벨트 대통령은 거대한 지구본을 특별 제작해 처칠 수상에게 보내고 그 지구본을 보면서 작전을 수립할 정도로 지도력이 탁월한 지도자였습니다.

루스벨트 대통령의 '노변담화'는 귀에 쏙쏙 들어오는 세계 지리 수업이었다.

뒤늦게 재평가된 소신의 정치인

링컨의 라이벌이었던 수어드 국무장관은 지리의 힘을 아는 지도자였습니다. 그는 러시아로부터 알래스카를 구매해 미국의 영토를 확장합니다. 수어드는 1868년, 지리학자에게 의뢰해 작성한 보고서를 바탕으로 '미국이 알래스카뿐 아니라 아이슬란드와 그린란드까지 매입해야 한다'[08]고 주장했고, 정적들로부터 엄청난 공격을 받습니다. 그의 정적들은 알래스카를 '수어드의 얼음 상자'라고 놀리며 "수어드가 바보짓을 했다"고 비판했습니다.

이런저런 스트레스를 많이 받아서였을까요? 수어드는 알래스카를 매입한 지 5년 만에 사망하고 맙니다. 하지만 30년 후 알래스카에 엄청난 금과 광물 자원, 석유, 천연가스 등이 매장되어 있음이 밝혀졌고, 알래스카와 북극 지방의 전략적 가치가 높아지면서 그는 '소신의 정치인', '선견지명이 있었던 지도자'로 재평가되었습니다.

08
영국인은 모든 솔루션을
지도에서 찾는다

진실은 이 세상에 태어날 때 반드시 아픔과 시련을 동반한다.
그리고 모든 새로운 진실은 마지못해 받아들여진다.
_ 알프레드 러셀 월리스, 영국의 생물 지리학자

영국은 지도 제작자를 우대하는 나라였습니다. 체셔에서 태어난 스피드J. Speed는 런던에서 가업으로 이어받은 양복사업을 하며 틈틈이 지도를 만들었습니다. 시인이자 정치가였던 풀크 그레빌Fulke Greville은 엘리자베스 1세 여왕에게 그를 유능한 지도 제작자로 천거합니다. 왕실의 후원으로 지도 제작에 전념할 수 있게 된 스피드가 첫 번째로 내놓은 지도첩, '대브리튼 제국의 무대(1610)'는 잉글랜드와 웨일스 지방도를 개별적으로 담은 최초의 지도첩이었습니다. 아일랜드와 스코틀랜드 지도도 함께 수록되었는데 자신이 직접 측량하고 조사한 내용을 바탕으로 영국 각 지방과 도시 현황을 아름다운 삽화와 함께 편찬해 호평을 받습니다. 그의 두 번째 지도첩 '세계에서 가장 유명한 지역들'은 스피드가 죽기 2년 전인 1627년 출간되었는데 영국인이 제작한 최초의 세계 지도첩이었습니다. 스피드의 지도첩은 여행자를 위한 지도로 오랫동안 사랑받았고, 영국인을 하나로 묶고 세계로 진출시키는 기반이 되었습니다.

콜레라의 원인을 밝혀낸 존 스노 박사의 지도

전염병과 싸우는 전쟁, 방역에서도 지도는 유용한 도구가 됩니다. 코로나19가 발생하며 우리는 그 어느 때보다 세계지도와 국내지도를 자주 보게 되었습니다. 19세기 영국 의사 스노는 런던의 콜레라 환자 발생 장소를 지도화하며 전염병의 원인을 규명하기도 했습니다.

1854년 런던 소호에서는 콜레라 환자가 급증하면서 하루에 500명 이상이 사망하기도 했습니다. 당시에는 콜레라의 원인이 나쁜 공기일 것이라고 생각하는 사람이 많았습니다. 실제로 런던은 악취가 진동할 정도로 대기 오염이 심했거든요. 하지만 스노는 콜레라의 원인이 다른 곳에 있을지도 모른다는 생각에 콜레라 사망자가 집중적으로 발생한 곳을 용감하게 찾아 나섭니다. 나쁜 공기가 실제로 콜레라의 원인이라면 죽음의 위험을 무릅쓰고 위험한 현장을 제 발로 찾아간 것이지요. 스노는 탐정 셜록 홈스처럼 지리적 상상력을 발휘해 콜레라 환자 발생 지역을 지도에 표시하고 환자 수를 막대 그래프로 표시해 환자가 가장 많이 발생한 곳이 식수 펌프 주변이라는 점을 발견합니다. 결국 스노는 콜레라가 독기毒氣에 의해 전염

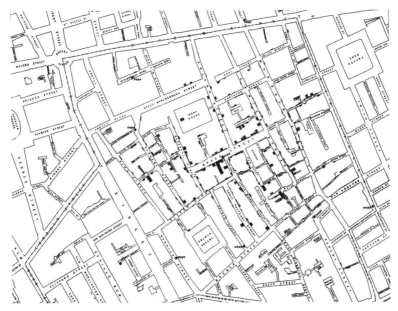

존 스노 박사는 지도를 활용해 콜레라의 원인을 밝혀냈다.

된다는 통설을 뒤집고 오염된 물을 통해 전염되는 수인성 전염병임을 밝혀내 현대 역학의 선구자가 됩니다. 전염병 발생지역에서 환자들의 분포를 지도화하면서 새로운 관점을 얻고 콜레라의 미스터리를 풀게 된 것입니다.

영국 사람들은 모든 문제를 지도로 푼다

유럽 대학에서 지리학은 주요한 학문으로 위상이 확고합니다. 특히 영국에서는 거의 모든 대학에 지리학과가 존재하는데, 지리학은 인문, 예술, 사회과학, 자연과학, 공학, 지역연구 등 다양한 학문을 연결하는 원조 '통섭' 학문, 다양한 지식과 배움의 기초가 되는 학문으로 인식됩니다. 또한 다양한 분야에서 정책을 수립하고 실행하는 과정에서 공간적 관점이 중시되고, 지리학자들이 미술관 건립, 환경 정책 평가뿐 아니라 보건, 복지, 의학, 특히 정신 의학 분야에서 전문성을 발휘하고 있습니다.

모든 정책을 지도와 함께 펼치는 영국의 수도 런던은 외상치료 전문의사인 이국종 박사가 가장 부러워하는 도시이기도 합니다. 닥터헬기가 24시간 뜨고 신속하게 환자를 이송할 수 있는 시스템을 갖추었기 때문인데, 영국인들은 세계 어디에서든 위험한 상황에서 자신의 안전을 스스로 지킬 뿐 아니라 위기에 처한 이들을 구조하는 활동에도 앞장섭니다.

2004년 크리스마스 무렵, 영국의 초등학생, 틸리 스미스는 부모님과 함께 태국 푸켓으로 여행을 가 있었습니다. 그녀는 바닷물이 부글부글 끓는 현상을 목격하죠. 휴가 오기 몇 주 전 지리 시간에 선생님께 배운 쓰나미 현상을 떠올렸고, 대피 요령을 숙지했던 소녀는 주변 사람들에게 높은 곳으로 올라가라고 소리칩니다. 틸리의 빠른 대처 덕분에 해안가에 있던 사람들이 대피할 수 있었고 단 한 명의 사상자도 발생하지 않았습니다. 많은 사람의 생명을 구한 소녀로 화제를 모은 그녀는 영국 지리협회로부터 표창장을 받기도 했습니다.

2018년에는 태국 북부 지역에서 동굴에 갇힌 축구단 소년들을 구조하는 과정에서 영국과 호주 출신 잠수 전문가들의 활약이 대단했습니다. 우리는 그저 소년들이 무사히 돌아오기만을 기원했지만, 영국에서는 실제 구조 활동이 가능한 일반인 탐험가들이 자원해서 현장을 찾았습니다. 특히 호주 브리즈번에 있는 제임스 쿡 대학 출신 의사 해리스는 잠수에 능한 의사였기에 가장 먼저 동굴 안에 들어가 소년들의 건강상태를 확인할 수 있었습니다. 그는 현장에서 구조가 시급한 소년부터 밖으로 내보내는 등 침착하게 조치를 취해 모든 소년을 안전하게 구출하는 데 결정적인 기여를 했습니다.

21세기에도 영국은 정치, 경제, 사회적 문제를 해결할 때 지도를 적극적으로 활용합니다. 영국에서 나오는 보고서에는 정확한 통계에 기반해 제작된 최신 지도가 삽입되는 경우가 많아, 한눈에 현황을 파악하고 조치가 시급한 문제 지역을 도출해 내기에 유리합니다. 영국의 각종 매체에서는 아름답고 정확한 지도를 적극적으로 활용해 시각적 효과를 극대화하기도 합니다. 또한 영국의 신문과 잡지를 펼치면 국제 뉴스가 전체의 80% 이상을 차지하는데, 한국 신문을 보면 국내 뉴스, 특히 정쟁을 다룬 기사가 대부분이고 국제 뉴스 비중은 10%도 안 되는 것 같습니다. 특히 영국을 대표하는 방송사 BBC는 전 세계 어디서든 재난이나 특별한 사건이 발생하면 현장에 특파원을 급파해 깊이 있는 전문가의 해설과 함께 생생한 보도를 주도함으로써 세계인이 믿고 보는 방송사로 국제적인 명성이 높습니다.

전염병이 수시로 창궐할 미래, 지리적 해법이 중요해진다

'유한한 지구에 무한한 성장이 가능하다고 믿는 사람은 미친 사람이거나 경제학자일 것'이라는 농담이 있습니다. 2021년 현재 지구상의 약 77% 땅이 이미 인간에 의해 개발되었고, 23%만이 자연 상태로 남아 있습니다. 100년 전만 해도 지구의 80% 이상이 자연 상태였지만 급속한 인구 증가와 개발로 인해 지구는 몸살을 앓고 있습니다. 기후 위기는 인간뿐 아니라 지구의 모든 생명체에게 심각한 위협입니다. 지금도 세계 인구는 계속 증가하고 있고 자연은 계속 파괴되고 있으니 또 어떤 바이러스가 인간의 공간으로 뛰쳐나올지 모를 일입니다.

일부 건축가는 인간은 여전히 대도시를 선호할 것이고 건축을 통해 대안을 마련할 수 있다고 주장합니다. 하지만 대도시의 조밀한 아파트에 발코니를 추가로 만드는 정도의 땜질식 처방으로는 지구환경의 위기를 해결할 수 없습니다. 건축적 해법을 넘어 보다 근본적인 문제의 원인을 파헤치고 지속가능한 대안을 제시하려면 공간적 처방과 지리적 상상력이 필수입니다.

전염병의 수시 창궐을 정해진 미래로 보는 상황 속에서 산업 구조와 도시공간은 변화하고 있습니다. 이미 서구 대도시는 도심 부동산 가격이 급락하고 교외의 마당 넓은 주택 수요도 높아지고 있습니다. 재택근무가 늘어나면서 도시의 흥망성쇠에도 영향을 끼칠 것으로 예상됩니다.

최근 기후 위기가 심화되는 가운데 변이를 계속하는 코로나 바이러스가 백신에 의해 잠잠해지더라도 또 언제 다른 전염병이 창궐할지 모르는 상황입니다. 바이러스 입장에서 인구가 밀집된 대도시의 환경은 증식에 환상적인 조건을 제공합니다. 코로나는 전염률은 높지만 치사율이 낮은 전염병입니다. 만일 치사율까지 높은 전염병이 발생한다면 대도시를 중심으로 발달한 문명은 몰락할 수밖에 없습니다. 세계에서 가장 인구밀도가 조밀한 나라에 속하는 한국은 더 큰 위험에 노출되어 있습니다.

코로나19 발생 초기에 한 대학생이 급하게 만든 코로나 앱 지도가 폭발적인 인기를 누렸습니다. 이러한 현실은 그동안 한국 정부가 공간적 사고에 서툴고 방역에서 지도를 제대로 활용하지 않았다는 것을 방증하는 사례가 아닐까요? 스팸 광고처럼 수시로 오는 지역 확진자 알림 문자는 지도에 비하면 가독성과 효율성이 떨어질 수밖에 없습니다. 반면에 이미 수백 년 전부터 지도를 활용해 전염병과의 싸움에서 이기고, 세계 경제를 주름잡아 본 영국은 지리의 힘을 활용해 다양한 문제 해결을 주도해 나가고 있습니다.

09
백신 개발의 주역 중에 유독 유대인이 많은 이유

가장 좋은 배움은 거리에서 세상을 보는 것이다.
거기서 실제로 무슨 일이 일어나고 있는지 밑바닥부터 보고 배워야 한다.
_ 짐 로저스, 로저스홀딩스 회장

이스라엘은 세계에서 가장 빨리 코로나19 백신을 확보하고 전 국민을 대상으로 접종을 시작한 나라입니다. 유대인이 많은 미국과 영국도 백신 접종률이 높은 나라로 꼽히죠. 백신 개발을 주도한 제약회사에 유대인들이 많았던 점도 백신 확보에 도움이 되었겠지만 이스라엘 정부와 첩보 기관 모사드의 정보 수집력이 세계 최고 수준임을 입증한 사례가 아닐까 싶습니다.

 '한 명의 유능한 정보 요원이 수만 명의 군사보다 낫다'는 말이 있을 정도로 해외 정보 수집은 중요합니다. 최신 정보에 뒤처지면 방역뿐 아니라 외교, 경제, 기술 등 모든 국제 분야에서 국가 경쟁력이 떨어질 수밖에 없습니다. 지역 상황에 정통하고 현장에 강한 전문가들은 국가 차원에서나 기업 차원에서나 점점 더 중요해지고 있지만, 서구 유명저널에 실리는 영어 논문만 중시하는 학계의 평가 기준과 대학의 경직된 행정 체계로 인해 한국은 해외 지역전문가가 활동하기 어려운 나라가 되어 갑니다.[09] 코로나19로 급중한 비대면 회의는 한계가 분명하고, 현장에 가서 사람을 만나야 고급 정보를 얻을 수 있습니다. 특히 길거리에서 수집한 정확한 최신 정보는 돈이 될 뿐만 아니라 우리의 생존까지도 좌우합니다.

운명을 바꾸는 여정, 이스라엘 청년들의 빅 트립

이스라엘 벤처기업의 수는 인구 1,540명당 1개꼴로 세계 최고 수준입니다. 탐구력과 역발상, 도전정신으로 똘똘 뭉친 유대인들에게 창업은 일상이죠. 이런 역동성을 바탕으로 수많은 스타 기업이 탄생했습니다. 복제약 세계 1위 기업인 테바TEVA, 컴퓨터 방화벽으로 유명한 IT 기업 체크포인트 등 미국 나스닥에 상장된 이스라엘 회사만 100여 개가 넘습니다. 팔레스타인과 정치적 갈등을 겪고 있고 건조한 사막이 대부분인 열악한 환경에서 살아가는 이스라엘 국민들은 지도를 보고 지리적 상상력을 발휘해 생존의 길을 스스로 개척해 나가고 있습니다.

이런 이스라엘의 청년들은 군대를 다녀온 후 인생을 바꿀 '빅 트립Big Trip'을 떠납니다. '위대한 여정'이라고도 하는 여행을 통해 낯선 환경에서 자신이 누구인지를 발견하고 진짜 현실을 체험하는 일종의 통과 의례를 거치는 겁니다. 그런데 이스라엘 청년들의 장기 배낭여행, 빅 트립의 목적지가 아주 흥미롭습니다. 52%가 아시아, 15%가 남미, 12% 중미, 11%가 아프리카, 8%가 호주, 뉴질랜드에 가고 미국, 유럽 등 안락한 선진국을 선택하는 경우는 2%에 불과하다고 하네요.[10] 맛집을 순례하고 사진찍기 좋은 유명 관광지 중심으로 코스를 짜는 한국 대학생들과는 여행에 임하는 자세가 많이 다릅니다. 대부분의 이스라엘 청년들은 6개월에서 1년가량 이어지는 고생스러운 오지 여행을 통해 세상을 배우고 진로를 탐색합니다. 다양한 환경에서 지도를 읽으며 위험에서 자신을 지키는 법을 익히고 혁신적인 사업 아이디어도 얻어 오죠.

실제로 '여행travel'의 원래 어원은 '트러블trouble' 즉, '고생, 고난'입니다. 그동안 한국 청년들 역시 해외로 많이 나가긴 했습니다만 '수박 겉핥기' 식으로 선진국, 특히 유럽의 관광 명소를 대충 훑어보고 기념사진만 찍고 오는 경우가 많은 것 같습니다. 최근 한국 고등학교에도 진로 선택 과목으로 '여행 지리'가 개설되었으니, 앞으로는 청년들이 좀 더 의미 있는 여행을 준비할 수도 있지 않을까 기대해 봅니다.

타고난 지리적 본능과 유목민 마인드

코로나19 극복을 위한 백신 개발 과정에서도 유대인의 활약이 돋보입니다. 화이자 CEO 앨버트 불라와 백신 개발팀을 이끈 미카엘

돌스텐, 모더나의 최고 의료 책임자 탈 작스 역시 이스라엘 벤구리온 대학 출신 유대인이죠. 유대교는 거룩한 장소에 임할 때는 반드시 손을 씻어야 죽음을 면할 수 있다고 가르칩니다. 청결을 중시하고 가정을 가장 중요한 성소로 여기는 유대인들은 귀가하면 반드시 손을 씻었고, 전염병에 덜 희생되었습니다. 늘 길거리에서 이동해야 했던 유대인들은 청결이 건강과 직결된다는 것을 본능적으로 깨달았던 것 같습니다. 실제로 1347년 베네치아에 페스트가 창궐해 인구의 3분의 1이 사망했을 때도 유대인 희생자는 상대적으로 적었습니다.

'세계를 고친다'는 뜻의 '티쿤 올람Tikun Olam' 사상에 따라 유대인들은 하나님이 창조한 세상을 보다 완벽하게 만드는 의료직을 선호합니다. 자립적인 생활을 해야 했던 중세 랍비는 주로 의료와 무역업에 많이 종사했고 1492년 포르투갈에서 추방당한 유대인 중에도 의사가 많았습니다. 이후 프랑스의 유대인 발데마르 하프킨은 콜레라 백신을, 미국의 유대인 조나스 솔크는 소아마비 백신을 개발했습니다. 21세기 이스라엘 정부도 바이오산업과 면역학 연구를 집중적으로 육성하고 있고, 이스라엘 와이즈만 연구소는 최첨단 면역학 연구 중심지로 부상했습니다.

주식 투자의 중요성을 대중에게 널리 알리고 동학 개미 운동을 일으켜 '존봉준'이라 불리는 존 리 대표는 금융 문맹 탈피를 위해서는 유대인의 교육법을 배워야 한다고 늘 힘주어 말합니다. 돈의 가치와 중요성을 가르치는 문화와 함께 경제적 독립을 장려하는 '성

인식' 전통에 주목하죠. 워낙 유대인들이 학계, 교육계에서 높은 성취도를 보이고 노벨상 수상자도 많다 보니 유대인 교육법에 찬사를 보내는 전문가들도 많습니다. 유대인 교육의 기초로 성경과 탈무드를 강조하기도 하고, '후츠파' 정신을 유대인의 성공비결로 소개하기도 합니다. 어떤 이는 유대인의 창의성은 끊임없는 대화와 질문법에서 나온다며 '하브루타 교육법'을 전파하기도 합니다.

저는 지리학자로서 유대인의 특별한 교육 방법, 즉, 길거리에서 배우는 지리적 본능과 감각, 지도의 중요성을 알고 지리 정보에 빠삭한 민족성, 늘 이동을 준비하는 유목민 마인드와 지도력에도 주목해야 한다고 생각합니다. 유대인들이 필수로 읽는 성경에는 다양한 지명과 지리 정보가 등장하고, 아브라함, 모세 등 위대한 유대인 선조들은 모두 유목민이었죠. 21세기에도 유대인들은 세탁소, 보석상 등 언제든 쉽게 짐을 싸서 떠날 수 있는 업종에 종사하는 경우가 많습니다.

한편, 이스라엘에서는 매년 '33일절' 행사를 치르는데, 어린이들은 큰 불을 피우는 절기 행사를 준비하며 한 달 동안 주변을 탐색하고 관찰력을 기릅니다. 집 근처 공터, 창고, 슈퍼마켓, 쓰레기장, 공사판을 돌아다니며 모은 땔감을 태우는 과정을 통해 주변 환경을 탐색하고 위험한 불을 다루는 법도 자연스럽게 경험하는 셈입니다.

또한 '미츠바'로 불리는 성인식을 마친 유대인 청소년들은 앞서 소개한 '빅 트립'을 통해 적성과 진로를 발견하고 자기 자신을 깊게 이해하는 기회를 가집니다. 기업가 정신, 창의력, 경제 감각은 유대인처럼 교실이 아닌 길거리에서 배워야 하는 것이 아닐까요?

'일자리 전광판'보다 '일자리 세계지도'가 필요한 시대

유럽 최고의 석학으로 불리는 미래학자, 자크 아탈리Jacques Attali 역시 유대인입니다. 그는 2003년 출간된《호모 노마드 유목하는 인간》에서 "앞으로 인류는 의사, 교사, 공무원 등 한 곳에 소속된 노동자인 '정착민'과 새롭게 부상하는 최상류층인 '하이퍼 노마드', 비자발적 이주민으로 가난한 '인프라 노마드' 등 세 부류로 나뉠 것"이라는 전망을 내놓았는데요, 그의 예상은 적중했습니다.

실제로 디지털 경제가 급성장하고 긱 이코노미가 심화되며 중산층이 몰락하고 빈곤층이 급증했고, 빈부 격차도 계속 커지고 있습니다. 반면, 세계지도를 들고 자유롭게 국경을 넘나들며 재능을 펼치는 '하이퍼 노마드'들에게는 큰돈을 벌 기회가 활짝 열리고 있죠. 아탈리는 "인공지능과 4차 산업혁명으로 업무의 내용과 형식이 급변하는 노동환경에서 살아남으려면 그 누구도 할 수 없는 나만의 일을 가져야 하고, 내 분야에서 대체 불가능한 사람이 되어야 한다. 창의성을 발휘하려면 자유로운 환경이 중요하고, 자기 자신이 되기 위해 필요한 것이 바로 교육이다"라고 조언합니다.[11]

나아가 "농업, 교육, 의료, 건강, 식품, 관광 등에서 수백만, 수천만 개의 새로운 일자리가 창출되고 있는데 '실업률이 높다'거나 '일자리가 부족하다'는 것은 현실을 제대로 보지 못하는 것"[12]이라며 일자리의 수요와 공급을 매칭하는 지리적 상상력을 요구하고 있습니다. 한국 정부가 청와대에 '일자리 전광판'만 설치할 게 아니라 '일자리 세계지도'를 제작하고, 2022년 개정할 국가 교육과정에서 지도력을 기르는 지리교육을 강화해야 하는 이유입니다.

PART 2

부의 지도

그들은 돈이 흐르는 길목을 선점했다

우리는 지금 '부의 지도'가 급변하는 혁명의 시대를 살아가고 있습니다. 특히 2020년 코로나19가 전 세계로 확산되며 변화의 속도는 더 빨라졌습니다. 이 럴 때일수록 방향을 잘 설정하여 '정확한 지도'를 봐야 새로운 기회를 제대로 포착할 수 있습니다. 나아가 금융 문맹과 함께 지리 문맹을 탈피하면 부자가 될 확률도 높아집니다. 속도보다 방향이 중요하다는 생각으로 나만의 '꿈의 지도'를 그리고, 새로운 미래를 착실히 준비해 나가면 좋겠습니다.

10
로스차일드의 정보력과
금융 제국의 확장

미래를 내다봐야 백만장자가 된다. 지구상에 존재하는 나라 중
현재와 같은 국경과 정치 체제를 200년 이상 이어 온 나라는 하나도 없다.
_ 짐 로저스, 로저스홀딩스 회장

프랑스가 16세기 이후 유럽의 2등 국가에 머문 가장 결정적인 요
인은 '재정의 실패'였다고 볼 수 있습니다. 계속되는 전쟁과 사치로
국가의 재정이 극도로 부실해진 거죠. 프랑스 대혁명 이후 혼란을
수습하고 절대 권력을 쥔 나폴레옹은 교회가 소유한 자산을 매각하
고 새로운 통화를 도입하는 등 국가 재정을 튼튼히 하려 했습니다.
특히 네덜란드, 이탈리아 등 점령지에 높은 세금을 부과해 전쟁 비
용을 충당하려 했지만 프랑스 국채금리는 6% 이하로 떨어지지 않
았습니다. 라이벌 영국보다 국채금리가 2~3% 높았으니, 프랑스는
이미 영국과의 경제 전쟁에서 패배하고 있었던 것입니다.

여기서 세계사의 방향을 바꾼 워털루 전투를 다시 살펴보도록 하

겠습니다. 로스차일드Rothschilds 가문의 영국 지부를 맡은 셋째 아들 네이선Nathan은 전쟁의 결과가 유럽 증권 시장에 엄청난 영향을 미칠 것이란 사실을 간파하고 있었습니다. 영국이 승리하면 유럽의 지배자로서 영국 공채가 급등하고, 반대로 영국이 패하면 프랑스 공채가 급등할 것을 예상했습니다. 영국과 프랑스 중 어느 쪽에 투자할 것인가로 승패가 갈리는 거대한 도박판에서 제대로 돈을 건 사람은 세계 금융의 지배자가 되고, 잘못 투자한 사람은 가산을 탕진하게 되는 상황이었습니다. 결국 승패를 가르는 결정적인 열쇠는 '누가 가장 먼저 워털루로 가서 가장 정확한 정보를 얻느냐'에 달려 있었죠.

나폴레옹과 웰링턴이 각자의 군대를 이끌고 워털루를 향해 진격해 나갈 때, 로스차일드 가문은 양쪽 진영에 모두 스파이를 심어 놓았습니다. 승부사 기질이 다분했던 네이선은 로스차일드 가문에서 가장 우수하고 유능한 정보원을 한 달 전에 미리 전장 주변의 전략적 요충지인 오스탕트, 겐트, 브뤼셀, 파리, 룩셈부르크에 파견해 양쪽 대군의 전투준비 상황을 보고하도록 조치해 놓았습니다. 또한 영국 해협을 사이에 두고 마주한 영국 도버항과 프랑스 칼레항에 5척의 쾌속선을 대기시켜 두고, 6명의 정보원을 종군상인으로 위장시켜 두 진영의 대군을 따라 워털루로 출동시켰습니다. 마차에 비둘기장을 하나씩 가지고 있었던 정보원들은 전쟁결과가 나오자마자 파리와 런던에 있는 제임스와 네이선의 거처로 전서구를 날려보낼 준비까지 마쳤습니다.

진짜 고급 정보는 현장에 가본 사람만 얻는다

6월 18일 오후 4시, 이전까지 전선에서 들려오는 소식은 영국에 불리한 것들뿐이었습니다. 그러나 오후 4시, 블뤼허 장군이 이끄는 3만 프로이센 지원군이 전장에 도착하자 전세는 역전되었고, 밤 8시 무렵에는 나폴레옹의 패색이 짙어졌습니다. 신중하기로 유명한 웰링턴은 연합군이 전투 현장을 접수하고 양측의 사상자 수를 정확히 파악한 후에야 최종 전보를 보내도록 엄명을 내렸습니다.

　워털루의 총포성이 잠잠해진 후 로스차일드의 정보원들은 움직이기 시작했습니다. 프랑스에 있던 제임스가 '믿을 만한 정보에 따르면 워털루 전투는 웰링턴 공작의 승리로 끝났으며 나폴레옹은 참패했다'는 내용을 담은 서신 6부를 작성해 영국으로 보냅니다. 첫 번째 서신을 담은 쾌속선이 도버항에 도착한 시각은 그날 밤 11시였습니다. 도버항 부두에서 기다리고 있던 네이선에게 서신이 전달되자 네이선은 아무 말 없이 도버의 임시거처로 돌아갔습니다. 사실 네이선은 이미 저녁 10시에 전장에 심어놓은 6명의 로스차일드 정보원으로부터 전서구, 즉 군용 통신을 위해 훈련된 비둘기 편으로 나폴레옹의 패전 소식을 받아본 상황이었습니다.

　6월 19일 오전 10시, 런던 증권거래소는 전투 결과를 기다리는 증권 브로커들과 투자자들로 인산인해를 이루었습니다. 전쟁 동안 영국 정부는 육중한 순양함을 이용해 전보를 전달했기 때문에 거래소에 모인 브로커들이 가진 최신 정보는 나폴레옹이 웰링턴에 일격을 가했다는 소식뿐이었죠. 거래소에는 먹구름이 드리워졌고, 모두 연합군이 나폴레옹 군대를 이겼을까 추측하기 바빴습니다. 이때 네이선이 거래소로 들어와 '로스차일드 기둥' 앞에 섰습니다. 순간 웅성대던 장내가 고요해지며 네이선에게로 시선이 쏠렸습니다. 무표정한 네이선이 자신의 대리인에게 그들만의 신호를 보내자 대리인들은 위탁창구로 달려가 영국 공채를 매각하기 시작했습니다. 다들 연합군의 패배를 확신하고 영국 공채를 팔았습니다. 헐값에 나온 영국 공채를 로스차일드 가문 대리인들은 모두 사들였습니다.

웰링턴이 전장을 정리하고 나폴레옹의 패배를 확정해 정부 공문을 하달한 것은 로스차일드 가문보다 무려 30시간이나 늦은 시간이었습니다. 연합군의 승리가 전해지자 영국 공채는 급등했고, 네이선은 엄청난 수익을 올렸습니다. 주도면밀한 준비로 1815년, 로스차일드 가문은 유럽 금융 시장에서 절대 강자로 부상했습니다.

'3단계 이익' 실현으로 다국적 금융 부호가 되다

지금부터는 이렇듯 놀라운 로스차일드 가문의 시작을 살펴보겠습니다. 10세가 된 로스차일드는 게토의 유대인 신학교에 입학합니다. 그는 학교 공부보다는 돈 버는 일에 더 관심이 많았는데, 부모님이 천연두에 걸려 돌아가시자 학교를 그만두고 하노버에 사는 외삼촌 댁에서 살게 됩니다. 하노버 오펜하이머 은행의 사환(관청이나 회사, 가게 따위에서 잔심부름을 시키기 위하여 고용한 사람)으로 취직한 로스차일드는 금융 산업의 가능성에 눈을 뜹니다.

　당시 은행가들은 1년에 서너 번만 자금거래를 해도 호화롭고 풍족한 생활이 가능했는데, 프랑스 대혁명으로 더 큰 돈을 벌었습니다. 루이 16세가 과중한 세금을 부과하자 반발하던 상인, 노동자, 농민들의 분노가 프랑스 혁명으로 이어지면서 이후 유럽 은행가들의 지위는 급상승했습니다. 사치스러운 생활을 하는 귀족들은 지출이 여전히 많은데 세금을 거두지 못해 수입은 적어지니 결국 융자를 받을 수밖에 없었던 겁니다. 귀족들은 토지나 세금, 보석, 또는 조상에게서 물려받은 성을 담보로 은행에서 돈을 빌렸고, 돈을 빌려준 은행가들의 힘은 커졌습니다.

　경제적 독립을 간절히 원했던 로스차일드는 하노버의 편안함을 포기하고 유럽의 상업 요충지 프랑크푸르트에서 창업을 결심합니다. 그는 먼저, 아버지가 물려준 프랑크푸르트의 낡은 집으로 돌아와 다시 길거리로 나섰습니다. 당시 전쟁 중이던 독일의 경제 상황은 최악이었고, 독일 한가운데 자리한 프랑크푸르트의 고립도 심해졌습니다. 마인강이 흐르는 수상교통의 요지였던 프랑크푸르트였지만 수차례 포위당하면서 식량은 동이 났습니다. 유대인들은 쓰레기장을 전전하며 먹을 것을 찾았고 로스차일드 역시 넝마주이 행렬에 동참했습니다. 그는 부잣집에서 내다 버린 쓰레기 더미를 뒤져 낡은 옷가지를 주운 뒤 깨끗하게 세탁해서 도시 빈민들에게 헐값에 팔아넘기며 생계를 유지했습니다.

　길거리의 쓰레기장을 뒤지고 전쟁터의 시체를 살펴 주화와 훈장을 수집하던 로스차일드는 성실하게 사업 기반을 닦습니다. 주화매매와 환전소 운영 외에도 운송업, 무역업으로 확장해 의류, 담배, 포도주를 거래했습니다. 1789년 프랑스 대혁명 전후 로스차일드는 운수 회사를 창업하고 당시 공업 선진국이던 영국으로부터 옷감과 공산품을 수입해 판매했습니다. 전쟁이 지속됨에 따라 유럽 대륙은 기초생활물자가 부족했고, 영국제품은 고가에 팔렸습니다. 로스차일드는 영국제 물품 주문량을 2~3배 늘리면서 유럽 시장에서 큰 수익을 올렸습니다.

1770년경 로스차일드와 결혼한 유대인 여성 구틀은 19명의 아이를 낳았는데 그중 5남 5녀가 생존합니다. 다섯 아들은 암셀, 살로몬, 네이선, 칼, 그리고 막내 제임스였는데, 큰아들은 본가를 지키고 나머지 사형제는 파리, 비엔나, 나폴리 등으로 파견됩니다. 자본뿐 아니라 인적 자원도 분산투자한 셈이죠. 로스차일드는 셋째 아들 네이선을 영국으로 보내 사업을 개척하게 합니다. 성격이 급했지만 전략적 사고에 능했던 네이선은 방직공업 중심지였던 맨체스터에서 6년을 보냈습니다. 아버지의 소개장과 사업자금 2만 파운드(약 3,200만 원)만을 가지고 영국에 도착한 21세 청년 네이선은 화산이 폭발하듯 사업가로서 잠재력을 발휘해 사업을 키웠습니다.

완제품 무역에 1~2년 종사하며 게임의 규칙을 익힌 네이선은 '3단계 이익'을 실현했습니다. 방직공장이 밀집해 있는 영국 남부의 작은 마을로 가서 가공하지 않은 천을 대량 구매한 후 다시 북부의 제조업자에게 보내 염색을 하고 무늬를 넣어 포목으로 만들고, 의류와 식탁보, 커튼 등으로 가공하여 직접 유럽에 수출하는 전략을 구사한 덕분입니다. 원료를 싼 값에 대량 구매 후 부가가치가 높은 후반부 생산 공정을 장악하죠. 결국 제품의 염색, 가공, 판매 세 단계에서 모두 이익을 남기며 빠른 속도로 재산을 불려 나간 네이선은 다국적 금융 부호로 도약할 토대를 마련했습니다.

'돈의 선지자'들이 8대에 걸쳐 부를 이어온 비결

로스차일드 가문은 나폴레옹의 대륙봉쇄령을 사업 확장의 기회로 삼았습니다. 풍랑이 거센 영국 해협에서 네이선의 밀수선은 프랑스 해군의 봉쇄선을 자유롭게 넘나들었습니다. 파산한 영국 상인들로부터 저렴하게 사들인 공산품을 유럽으로 실어 날랐고, 밀수품 판매는 독일의 로스차일드 본가가 맡았습니다. 어린 시절, 유럽의 골목골목을 누비며 행상을 했던 로스차일드는 유럽 각국의 상품유통 경로를 훤히 꿰뚫고 있었습니다. 네이선이 영국에서 보내온 밀수품은 유럽 연안국에 도착하자마자 로스차일드가 사전에 준비해 놓은 각국의 잡화상들에게 분배되어 유럽 각국으로 고가에 팔려나갔습니다.

　로스차일드 은행을 설립해 무역상에서 금융인으로 도약한 네이선은 금융업에서 가장 중요한 정보 수집 능력도 탁월했습니다. 네이선이 정보를 얼마나 중요히 여겼는지는 '설령 지나가는 바람이라 할지라도 그 냄새를 맡아봐야 한다. 그럼 그 바람이 어디에서 왔는지 알 수 있다'라는 탈무드의 명언으로 확인할 수 있습니다.

　네이선은 런던에서 채권거래를 시작했습니다. 채권은 정치적 상황과 밀접한 관련이 있었죠. 영국은 반反프랑스 동맹을 주도했는데, 반프랑스 동맹 연합군이 유럽에서 잘 싸우면 영국 공채가 상한가를 쳤고, 프랑스가 이기면 하한가를 쳤습니다. 1812년부터 반프랑스 동맹과 나폴레옹 군대의 생사를 건 전쟁이 시작되었죠. 시시각각 변화하는 전세 속에서 영국의 네이선은 유럽에 있는 다른 형제들과 긴밀하게 소통하고 정보를 교환했습니다. 나아가 네이선은 로스차일드 가문에서 통용되던 비밀서신 시스템을 한 단계 업그레이드시킴으로써 암호해독을 더욱 어렵게 만들었습니다. 경쟁자보다 한발 앞서 정보를 얻기 위해 네이선은 막대한 자본과 인력을 투입해 유럽을 가로지르는 효율적인 전용 정보망을 구축했고, 로스차일드 가문의 정보력은 유럽 각국 정부의 역참과 정보요원을 압도해 '모르는 게 없는 로스차일드'로 불렸습니다.

　유럽의 한 정치가는 회고록에서 그를 다음과 같이 묘사했습니다. '로스차일드 가문 전용 사신 마차는 유럽의 도로를 질주했으며, 로스차일드가 고용한 정보전달용 쾌속선은 잉글리시 해협의 풍랑을 뚫었다. 유럽 각국의 거리에 사람들이 밀집한 곳이면 어디든 로스차일드 가문 정보원들의 그림자가 신출귀몰했다. 푸른색 바탕에 노란 줄무늬의 제복을 입은 로스차일드 가문의 사신은 현금, 채권, 상업 서신, 정보, 특히 증권의 등락에 관련된 최신 독점정보를 전달했다.'

독일의 시인 하이네Heinrich Heine는 로스차일드 가문을 이렇게 표현했습니다. '만약 돈이 우리 시대의 하느님이라면 로스차일드는 돈의 선지자이다.' 천하를 평정하기는 쉬워도 지키기는 어렵다는 말이 있습니다. 그런데 로스차일드 가문 중 한 사람이 이와 비슷한 명언을 남기죠. '돈을 벌어들일 때보다 벌어들인 돈을 지키는 것에 10배 이상의 노력이 필요하다.' 아버지의 유지를 명심하기 위해 로스차일드 가의 형제들은 5개의 화살을 움켜쥔 손을 가문의 문장에 그려 넣었습니다. 로스차일드가 세상을 떠난 지 이미 200년 가까이 되었지만 로스차일드 가문은 여전히 대대로 충실하게 선조의 유훈을 지켜나가고 있습니다. '부자는 3대를 못 간다'는 징크스를 깨고, 8대까지 부를 이어온 경우는 로스차일드 가문밖에 없을 것입니다. 로스차일드 가문의 일원들은 21세기에도 여전히 세계를 누비며 맹활약하고 있죠.

로스차일드 가문은 전 세계로 진출해 소리 없이 신사업을 개척해 왔습니다. 금융뿐 아니라 포도주, 곡물, 호텔, 리조트, 광산 등 다양한 분야로 나아갔습니다. 한편, 로스차일드 가에는 특이한 취미를 가진 괴짜도 많습니다. 나비에 꽂혀 전 세계 나비표본을 수집하기도 하고, 심지어 '이'를 연구한 사람도 있습니다. 나폴레옹 군대가 러시아 원정에 실패한 원인 중 하나가 '전염병을 옮긴 이' 때문이라는 분석도 있으니, 작은 벌레라고 무시할 건 아닙니다. 21세기 로스차일드 가문의 8대손 데이비드 드 로스차일드는 플라스틱 페트병으로 만든 뗏목을 타고 샌프란시스코에서 호주 시드니까지 대양을 횡단한 환경운동가입니다. 1978년 런던에서 태어난 데이비드

드 로스차일드는 개인 자산이 약 2조 원이라고 알려져 있는데요, 내셔널지오그래픽 협회의 탐험가로 활약하며 지구 온난화 방지를 위한 환경단체 '어드벤처 에콜로지'를 설립하기도 했습니다. 로스차일드 가의 후손들은 여전히 각자 자신이 관심 있는 것을 찾아 세계 각지를 탐험하고 새로운 분야를 개척하는 지리학자 마인드로 살아가고 있는 것입니다.

11
마차부터 비행기까지, 교통 혁신에 올라탄 에르메스

여행은 생각의 산파이다. 움직이는 비행기나 배, 기차보다 내적인 대화를
쉽게 끌어내는 장소는 찾기 힘들다. 새로운 생각은 새로운 장소를 요구한다.
_ 알랭 드 보통, 영국의 작가

코로나 시대에도 흔들리지 않으며, 오히려 더 성장하고 있는 기업들
이 있습니다. 바로 명품 시장의 기업들이죠. 에르메스, 루이 비통,
샤넬과 같이 프랑스에서 시작된 명품기업들에 대한 인기와 선호도
는 계속해서 높아지고 있습니다. 비록 나폴레옹은 유럽 정복에 실패
했지만 프랑스 명품기업들은 여전히 파리를 패션과 문화의 중심지
로 기능하게 합니다. 오래가는 유럽 대표 명품기업들은 어떻게 대
를 이어 명성을 유지할 수 있었을까요? 그 배경에는 창업주들의 지
리적 본능과 혁신 DNA, 특히 길거리에서 길러진 '스트리트 스마트
Street Smart' 정신이 있습니다. 이들 명품기업의 로고나 성장 스토리
에 '말馬'이 들어가는 것은 단순한 우연이 아닙니다. 지금부터 명품기
업들의 성공 신화 뒤에 숨겨진 지리 이야기를 해보도록 하겠습니다.

에르메스 최초의 고객은 말?

에르메스Hermes의 창시자 티에리 에르메스Tierry Hermes는 독일 크레 펙트에서 여관을 운영하던 에르메스 가문에서 태어났습니다. 18세 기에는 독일의 경제 상황이 악화되었고 특히 노동 환경이 열악했기 에, 많은 독일인이 고향을 떠나 외국으로 향했죠. 19세기 말 비스 마르크Bismarck가 등장해 수백 개의 공국을 통합하기 전까지 독일은 유럽의 변방이었습니다. 19세기 독일 대학의 기초를 세운 훔볼트 형제, 특히 지리학자인 알렉산더 훔볼트가 등장하기 전까지 독일 학문의 수준은 영국, 프랑스에 비해 떨어졌습니다.

에르메스와 그의 가족들 역시 더 나은 삶을 위해 프랑스 파리로 이주했습니다. 에르메스는 장인정신으로 만든 마구, 안장, 고삐 등 말과 마차에 쓰이는 다양한 용품들을 판매하면서 조금씩 자리를 잡 아갔습니다. 파리 도심의 임대료가 급락하자, 외지인이었던 에르메 스에게도 파리 번화가에 마구상을 열 기회가 생겼고, 특히 1842년 루이 필리프 왕의 아들 오를레앙공작이 마차에서 떨어져 사망하는 비극적인 사건으로 에르메스의 인기와 명성은 더 높아졌습니다. 대 충 만든 엉성한 안장이 말을 계속 찌르면서 발생한 사고로 밝혀지 자 파리에서는 가격이 비싸더라도 튼튼하고 안전한 마구를 찾는 사 람들이 급증했기 때문입니다. 지금도 에르메스 가죽 제품에서 가장 중요한 디테일은 마구와 안장을 만드는 기술에서 출발한 튼튼하고 정교한 박음질입니다.

에르메스 회장을 역임한 장 루이 뒤마Jean Louis Dumas Hermes는 "에르메스 최초의 고객은 말이다. 말은 광고를 볼 줄도 모르고 세일이나 판촉 행사에 초대되지도 않는다. 오직 그들의 몸 위에 얹어진 안장이, 그들을 재촉하는 채찍이, 발에 신겨진 말발굽이 얼마나 편안하고 부드러운지에 따라 더 행복하고, 더 잘 달릴 뿐이다"라며 오직 품질로 승부하는 에르메스의 기업 철학을 이야기하기도 했습니다.

에르메스는 1867년 파리 세계 박람회에서 1등을 차지하며 국제적 인정을 받기 시작했고, 1878년 박람회에서 그의 아들 샤를 에밀 에르메스가 다시 우승하며 세계 최고의 마구 브랜드로 입지를 굳혔습니다. 당시 파리는 오스만 남작의 계획에 따라 공사가 한창이었고 샹젤리제 거리 역시 화려한 쇼핑가로 변모하고 있었습니다. 1880년 2세대 경영자 샤를 에밀 에르메스가 프랑스 대통령 관저인 엘리제궁 인근의 포부르 생토노레 24번가에 새로운 매장을 열자, 에르메스는 프랑스 상류층뿐 아니라 러시아의 니콜라스 황제까지 애용하는 마구 용품 제조회사로 도약했습니다. 채찍, 굴레, 마구 용품 수납 가방, 안장 로션, 안장 비누, 승마복 등 다양한 마구 용품을 생산해온 에르메스는 이후 말 재갈 모양의 실버 장식을 단 팔찌나 장신구, 스카프 등 말을 모티브로 한 다양한 제품을 개발하며 영역을 확장했습니다.

포드 자동차의 기술을 도입한 혁신적인 가방

시대의 변화와 여행 공간의 확장에 적응하기 위해 지속적인 혁신을 실천해온 에르메스는 20세기 대중화된 자동차가 불러온 혁명적 변화에도 적극적으로 대처합니다. 에르메스의 3세대 경영자 에밀 모리스 에르메스는 1차 세계대전 당시 프랑스 기병대 안장을 만들 가죽을 구입하기 위해 떠난 미국, 캐나다 출장에서 앞으로 다가올 기술 혁명의 거대한 물결을 감지합니다. 특히 포드 자동차 공장을 견학한 후 포디즘Fordism의 위력을 실감한 그는 이제 마차의 시대는 가고 자동차의 시대가 올 것을 확신하게 됩니다.

그는 미국 여행에서 본 차량의 지퍼를 가방에 부착해, 1923년 프랑스에서는 처음으로 지퍼를 단 여행 가방을 출시했습니다. 에르메스는 지퍼 특허권 소유자인 미국인 조지 에드워드 프렌티스와 미리 연락해 지퍼 사용권을 확보했기에, 프랑스에서 지퍼로 여닫는 획기적인 가방을 독점 생산할 수 있었습니다. 개발 당시에는 스포츠용품을 넣는 여행 가방으로 고안된 '부가티 백'은 1982년 무렵에는 프랑스의 경주용 차 '부가티Bugatti' 브랜드와 연계해 '자동차로 운반하기 좋은 여행 가방'이라는 이미지를 보강했습니다. 결국 에르메스는 자동차의 시대에도 성공적으로 적응해 자동차 여행 관련 물품들을 다양하게 생산하는 회사로 진화하게 됩니다.

에르메스를 상징하는 또 다른 아이콘은 바다를 오가는 교통수단인 배에서 비롯되었습니다. '샹 당크르Chaîne D'Ancre'는 프랑스어로

'닻줄'을 의미하는데, 에르메스의 세련되고 클래식한 느낌을 살리는 디자인으로 유명합니다. 에르메스 가문의 사위로, 경영에 참여하게 된 로베르 뒤마Robert Dumas는 수석 수집이 취미였기에 강과 바다를 탐색하며 예리한 관찰력을 길렀습니다. 건축가를 꿈꾸던 그는 에르메스의 디자인 혁신과 브랜드 재창조에 크게 기여합니다. 대서양을 횡단하는 여객선을 모티브로 활용한 에르메스의 샹 당크르는 '여행'의 이미지를 강화하고 바다의 향기를 떠올리게 하는데, 1938년 그가 바닷가 부두 근처를 산책하다가 배에 연결된 닻과 쇠사슬을 보고 영감을 받아 제작한 주얼리 소품이 샹 당크르 디자인의 시작입니다. 가방, 실크, 홈 컬렉션에도 활용되는 샹 당크르는 현재 에르메스 고유의 상징으로 뿌리내렸습니다.

에르메스 4대 회장에 등극한 로베르 뒤마는 군인들이 천에 지도를 프린트하여 손수건으로 사용하는 것에 착안하여 실크 스카프 '까레Carre'까지 개발합니다. 까레는 프랑스어로 '정사각형'이란 뜻인데, 유명한 실크 기술공들이 많은 지역 리옹Lyon의 공장에서 가로, 세로 90cm 정사각형의 여성용 실크 스카프를 생산하기 시작합니다. 에르메스의 첫 까레는 버스라는 새로운 대중 교통수단을 화려한 색감으로 프린트한 스카프였습니다. 1937년, 마들렌과 바스티유 간 버스 노선의 개통을 기념하여 만든 '쥬 드 옴니버스 에 담므 블랑쉐 Jeux Des Omnibus Et Dames Blanches'는 시대 변화에 능동적으로 대처해 온 에르메스의 정신도 살리고 스카프를 통해 새로운 대중 교통수단으로서 버스도 홍보하는 일석이조의 효과를 보았을 것 같습니다.

'에르메스 파리'를 만든 여행과 지리의 힘

상류층을 위한 마구 용품 브랜드로 시작된 에르메스는 말과 마차의 시대, 자동차의 시대를 거쳐 비행기의 시대까지 가장 비싼 명품 브랜드로 명성을 유지하고 있습니다. 세상의 변화와 기술 혁신에 성공적으로 적응해온 에르메스는 품질에 대한 자부심과 브랜드가치도 소중히 지켜냅니다. 공장의 대량생산 체제에 굴복하지 않고 전통적인 수공예 작업과 소량생산 원칙을 지켜온 에르메스는 '여러 명품기업 중에서도 보석 같은 브랜드'라는 평가를 받습니다. 글로벌 명품 대기업 '루이 비통 모엣 헤네시LVMH'로부터 경영권을 지키기 위해 최근 에르메스는 지주회사를 설립하기도 했는데, '파리'라는 도시명과 함께 말과 마차, 기수로 구성된 에르메스 로고에는 창업자의 정신과 유산을 잊지 않겠다는 굳은 의지가 담겨 있습니다.

파트릭 토마Patrick Toma 전 에르메스 회장은 〈파이낸셜 타임스〉와의 인터뷰에서 "우리는 그냥 에르메스가 아니라 '에르메스 파리'다. 에르메스 제품의 85%는 프랑스에서 만들어진다. 나머지 15%는 최고의 품질을 생산할 수 있는 곳(예를 들면 시계는 스위스)에서 만든다"며 '생산지의 지리'를 강조했습니다. 1987년 에르메스는 150주년을 기념하여 실내 건축가 르나 뒤마Rena Dumas, 피터 콜스Peter Coles와 함께 '피파Pippa' 시리즈를 선보입니다. 에르메스가 지속적으로 추구해온 테마인 '여행'의 이상을 구현하기 위해 유목민적 생활방식에 맞는 접이식 가구를 출시했다는 설명과 함께 말이죠. 또한 에르메

에르메스에게 영감을 준 화가 알프레드 드 드로의 그림

스는 매년 새로운 테마를 정하고 자신들의 지향점을 설정하는 과정
에서 이탈리아 북부의 꼬모 호수나 알프스 설원의 풍광을 배경으로

말과 마차, 기수로 구성된 에르메스의 로고에는 여행과 지리를 중시한 창업자의 정신이 들어 있다.

도입하는 등 다양한 지리적 상상력을 자유롭게 활용해 왔습니다.

어디를 가든 제품 혁신의 아이디어를 탐색하고 새로운 환경과 시장의 변화에 적극적으로 반응해온 에르메스. 에르메스의 '버킨 백' 역시 여행 중 탄생했습니다. 장 루이 뒤마가 1984년 비행기 여행 중 우연히 옆자리에 탄 제인 버킨과 대화를 나누던 중에 버킨 백 개발의 아이디어를 얻었다고 하니까요. 창시자 티에리 에르메스에 이어 6대 이후까지 이어온 가족 기업 에르메스의 힘은 품질에 대한 엄격한 기준과 함께 '여행'과 '지리'를 중시하는 기업 문화에서 비롯되지 않았을까요?

12
여행의 역사와 함께한
루이 비통

세계는 한 권의 책이다.
여행하지 않는 자는 그 책의 단 한 페이지만을 읽을 뿐이다.
_ 성 아우구스티누스, 철학자이자 사상가

루이 비통louis vuitton은 혼란기인 1821년 프랑스 남부 프랑슈콩테에서 태어났습니다. 스위스와의 국경 지역에서 대대로 가구를 만들어 팔던 집안 출신이라 아버지로부터 나무 다루는 법을 배웠죠. 어머니가 돌아가시고 새어머니 밑에서 구박을 많이 받은 소년은 14세가 되던 해 무일푼으로 가출을 합니다. 그의 고향에서 파리까지 400km 정도 되는 거리를 거의 2년 동안 걸어서 갔다고 하네요. 중간에 일손이 달리는 곳이 있으면 허드렛일을 도와주면서 숙박과 식사를 해결했다고 하니, 아마 길 위에서 인생을 배우고 사업의 기초를 닦지 않았을까요? 소년 루이 비통이 1837년 마들레인 지역 근처에서 포장용 상자를 제조하는 견습생으로 사회생활을 시작할 무렵 파리 생제르맹 철도선이 개통됩니다. 여행 방식이 역마차에서 철도로 바뀌었고, 교통과 운송의 혁신은 새로운 시장을 창출했습니다. 새로운 시장의 수요를 재빨리 포착해 여행 가방을 유행시키며 급성장한 명품기업이 바로 루이 비통입니다.

파리를 넘어 유럽의 귀부인들을 사로잡은 비결

19세기 이전 유럽의 상류층 여성들은 혼자 자유롭게 이동하는 것이 거의 불가능했습니다. 화려한 장식을 단 모자, 풍성한 드레스 외에도 고래 뼈와 강철 심에 넓고 뻣뻣한 천을 대 넓게 편 속옷까지 입어야 했으니 드레스의 무게만 해도 한 벌당 10kg이 넘을 정도였으니까요. 19세기 중엽 파리는 오트쿠튀르Haute couture 컬렉션의 시조인 영국 디자이너 찰스 프레더릭 워스의 전성기였는데, 15야드 이상의 옷감을 사용하는 그의 옷을 입고 싶은 귀부인들이 많아서 그를 한번 만나기 위해서는 신원보증까지 해야 했다고 합니다. 치마를 크게 부풀리는 일종의 속치마인 '페티코트'를 여러 개 겹쳐 있는 거추장스러운 패션이 유행하다 보니 귀부인이 여행을 한번 가려면 꾸려야 할 짐의 양이 상당했습니다.

　1850년대 프랑스 전역에 철도가 건설되고 장거리 여행이 확산되면서 파리에서는 새로운 직업이 등장했습니다. 귀부인의 여행을 도와주는 짐꾼, 특히 화려한 옷과 모자, 액세서리를 안전하게 운반하는 사람이 필요해진 것이죠. 온종일 귀족들의 여행 짐 꾸리는 일을 하던 루이 비통은 성실한 태도로 인정을 받기 시작합니다. 나폴레옹 3세의 부인인 스페인 출신 외제니 왕비도 짐을 쌀 때에는 꼭 루이 비통을 불렀을 정도입니다. 믿음직한 그에게 짐 운송을 맡기고 싶어 하는 귀족과 부자들이 늘어나며 루이 비통의 인기는 하늘을 찌르게 되었습니다.

1854년, 루이 비통은 외제니 황후의 전격 지원을 받아 방돔 광장 근처인 뇌브 데 카푸신 4번가에 자신의 가게를 오픈합니다. 파리 문화의 자부심을 상징하는 오페라 하우스와 최고급 호텔, 패션 매장과 보석 가게가 즐비한 곳에 첫 매장을 열었으니 입지 선정도 탁월했습니다. 당시 '유럽을 여행하는 부유한 영국인들이 고가의 트렁크 가방을 살 수 있는 큰 손'이라는 것을 간파한 루이 비통은 영국인 고객을 유치하기 위해 공을 많이 들입니다. 콧대 높은 프랑스 사람들은 영어를 무시하고 프랑스어를 고집했겠지만, 루이 비통은 달랐습니다. 부유한 영국인, 미국인 고객들과 원활하게 소통하기 위해 루이 비통은 어린 아들 조르주를 도버해협 인근 채널 아일랜드에 있는 영국 기숙학교에 보내 영어 공부를 시켰습니다. 또한 영국에서 온 디자이너 찰스 프레더릭 워스와 친하게 지내며 그와의 친분을 활용해 더 많은 귀부인을 고객으로 확보합니다.

당시 일반적인 트렁크는 뚜껑이 반원형이라서 마차 위에 차곡차곡 쌓기 불편했는데, 루이 비통은 뚜껑을 평평하게 디자인한 트렁크를 제작해 운송의 효율을 높였습니다. 트렁크 소재도 기존의 무거운 가죽 대신 은회색 방수 면 캔버스를 씌운 목재로 바꾸었죠.

1875년, 옷이 구겨지지 않도록 옷걸이와 서랍이 있는 의상 트렁크 제작했고, 트렁크를 열면 침대가 되는 획기적인 가방은 1878년 콩고 탐험가 피에르를 위해 제작되기도 했습니다. 또한 1885년에는 런던과 뉴욕에 루이 비통 전용 매장을 오픈해 루이 비통의 제국이 전 세계로 확장되는 기반을 마련했습니다.

1912년 타이타닉호의 침몰은 엄청난 비극이었지만 루이 비통 가방의 우수성을 알리는 기회가 되기도 했습니다. 사고 당시 루이 비통 가방은 방수도 완벽했던 데다가 바다 위를 둥둥 떠다닐 정도로 가벼웠으니까요. 이후, 루이 비통은 대표가 직접 튀니지 사막에 루이비통 가방을 가져가 내구성을 테스트하는 장면을 홍보하는 등 지구상의 어떤 환경에서도 루이 비통이 안전하게 물품을 보관하는 가방이라는 이미지를 형성해 갑니다. 제품과 서비스의 혁신도 루이 비통의 역사와 함께했는데, 트렁크에 자물쇠가 더해지면서 루이 비통 가방은 더 세련되어졌고 믿을 수 있는 제품이라는 이미지까지 얻었습니다.

루이 비통은 밀려드는 주문을 소화하기 위해 1859년 파리의 동북부 교외에 있는 아니에르에 새 작업장을 조성했습니다. 아니에르는 철도 교통의 요충지였던 데다가 센 강을 끼고 있어 원자재 수입과 제품 운송에 편리했습니다. 1층에서는 30명의 장인이 트렁크를 제작했고, 2층에서는 루이 비통 가족이 실제로 생활했습니다.

루이 비통 3세인 가스통 비통은 새로운 매장을 열기 위해 뉴욕, 런던, 니스 등을 여행하며 예술에 대한 안목을 키웠습니다. 또한 대서양 횡단 정기선, 오리엔트 익스프레스, 골드 애로우 혹은 트레인 블루와 같은 새로운 열차가 생기면 바로 타 보았습니다. 새로운 운송 수단을 직접 체험해보면서 새로운 사업 아이디어와 영감을 얻었고 이는 제품 개발과 디자인에 바로 활용되었습니다. 1914년 파리 샹젤리제 거리에 오픈한 루이 비통 부티크는 여행과 관련된 모든 제품을 판매하는 매장으로 유명한데, 지금도 이 매장 앞에는 '1854년에 설립된 파리의 트렁크 제조사, 루이 비통'이라는 안내문이 붙어 있습니다.

1940년 2차 세계대전의 소용돌이 속에서도 영업을 계속한 루이 비통은 종전 후 자동차 여행 시대가 열리자 작고 부드러운 가방을 만들기 시작합니다. 1966년 출시한 '파빌론 백'이 일본에서 큰 인기를 끌자 루이 비통은 1978년 개장한 일본 도쿄, 오사카 매장에서 시작해 전 세계 130개 매장으로 확장합니다. 중국 등 아시아 지역에서 루이 비통 매출이 급증했고, 지금은 프랑스 외에도 스페인, 미국 등지에서 루이 비통 작업장이 운영되고 있습니다.

억만장자들의 첫 번째 직업, 신문 배달부

미국 〈포브스〉 웹사이트(2010년 8월 2일)에 의하면 미국 억만장자들의 첫 번째 직업은 신문 배달부가 가장 많았고, 그 외에도 이들은 주유소나 상점 등 저임금을 받는 직장에서 비즈니스를 처음 경험했다고 합니다. 토머스 에디슨, 데이비드 사노프, 잭 웰치, 워런 버핏, 샘 월튼, 애플의 스티브 잡스와 팀 쿡 등 미국을 대표하는 기업인들은 모두 어린 시절 신문 배달을 하며 비즈니스 감각을 길렀습니다. 드와이트 아이젠하워, 마틴 루터 킹, 허버트 후버, 월트 디즈니, 존 웨인, 톰 크루즈, 데이브 토머스 등 미국 출신의 쟁쟁한 인물들도 마찬가지였죠. 세계 최대 증권사로 유명했던 '찰스 슈왑Charles Schwab'의 창립자 찰스 슈왑은 고향인 새크라멘토에서 호두, 계란, 닭 장사를 하며 비즈니스 감각을 기르기도 했습니다.

《왜 부자들은 모두 신문배달을 했을까》라는 책도 있는데, 그 책에서 저자는 '신문 배달이야말로 춥고 어두운 골목에서 배우는 진짜 비즈니스'라고 이야기합니다. 추운 겨울, 일단 몸을 일으켜 현관으로 나간다면 모든 일의 반은 이미 이루어진 것이고 신문을 배달하든, 전단지를 돌리든, 잔디를 깎든, 베이비시터를 하든, 자동차를 청소하든 자신의 힘으로 돈 버는 경험을 빨리하면 빨리할수록 좋다는 겁니다.

대우그룹의 김우중 회장도 어린 시절 신문을 배달하며 사업을 배웠다고 하는데요, 어린 신문 배달부는 '끈질기고 강인한 기업가 정신'을 대변합니다. 최신 정보 수집 능력과 공간 감각을 기르고 책임감과 경영 기법까지 배울 수 있는 신문 배달이야말로 부자가 되기 위한 가장 효과적인 조기교육이 아닐까 싶을 정도입니다.

이처럼 세상을 바꾼 영웅들은 어린 시절부터 스트리트 스마트와 지리학자 마인드로 다양한 세계를 탐색하고 야외에서 모험을 시도하려는 성향이 강했던 것 같습니다. '이글 스카우트'는 까다로운 21가지 조건을 충족시키고 리더십을 발휘한 극소수만이 도달할 수 있는데, 전체 보이스카우트의 4%만이 이글 스카우트 등급에 오른다고 합니다. 제럴드 포드 전 대통령, 렉슨 틸러슨 전 국무장관부터 마이클 블룸버그, 샘 월튼도 모두 이글 스카우트 출신으로 비행기 조종사 자격증을 소유했다는 공통점이 있죠. 방구석에서 책만 읽고 컴퓨터 화면만 보던 사람이 위대한 리더, 창조적 혁신가가 된 사례는 거의 없는 것 같습니다.

13

전쟁을 도약의 기회로 바꾼
버버리와 구찌

여행은 나의 디자인의 근원이다. 여행을 통해 문화의 다양성을 인정하고
끊임없이 받아들이는 것, 이것은 나에게 끊임없이 영감을 주었다.
_ 존 갈리아노, 영국의 패션 디자이너

양차 세계대전은 삶의 많은 부분을 바꿔놓았습니다. 그중에서도 패
션에 지대한 영향을 미칩니다. 앞에서 살펴본 에르메스와 루이 비
통이 교통수단의 변화나 여행의 변화에 맞춰 혁신했다면, 버버리와
구찌는 양차 세계대전을 통해 기회를 잡고 성장의 발판을 마련했다
고 볼 수 있습니다.

특히 버버리Burberry는 군인과 탐험가를 위한 트렌치코트에서 비
롯되었습니다. 거친 자연환경에도 굴하지 않고 전쟁터에서 말을 타
고 용감하게 전진하는 영국 군인의 강인한 전투력과 개척자 정신을
상징하는 옷이기도 하죠. 왕실의 지도자들이 전쟁 중에 입었던 트
렌치코트 패션에는 거칠고 힘든 환경에도 굴하지 않고 전쟁을 승리
로 이끄는 영국인의 기상이 서려 있습니다. 또한 버버리에는 거친

자연환경에서 빛을 발하는 영국인의 지도력, 늘 새로운 세계를 지향하고 변화를 주도하는 영국인의 개척자 정신과 지리학자 마인드로 살아가는 영국인의 생활 문화가 응축되어 있습니다.

전장에서 꽃핀 영국식 패션의 정수, 버버리

윈스턴 처칠, 영화 '카사블랑카'의 험프리 보가트 등 쓸쓸한 가을 남자의 상징처럼 여겨지는 트렌치코트의 원조는 영국입니다. 짧은 여름을 제외하면 우중충한 날씨가 계속되는 영국에서는 비바람을 막아주는 기능성 옷이 필수인데, 영국의 자존심을 세우는 트렌치코트의 정수가 바로 버버리입니다. 1890년에 포목상 청년 토마스 버버리Thomas Burberry가 개버딘(gabardine, 날실에 양털을, 씨실에 무명을 사용하여 능직으로 조밀하게 짠 옷감) 소재의 트렌치코트를 출시하면서 버버리의 역사는 시작되었습니다.

토마스는 방수성이 뛰어난 영국 농부의 작업복을 보고 아이디어를 얻었는데, 마 소재로 만든 농부의 작업복은 여름에는 시원하고 겨울에는 따뜻했습니다. 토마스 버버리는 이집트에서 수입한 면을 촘촘하게 직조하고 여기에 특수 방수 코팅을 한 뒤 '개버딘'이라고 명명했는데, 가벼우면서도 방수 효과가 탁월한 개버딘은 외투 소재로 큰 인기를 끌었습니다.

1차 세계대전이 발발하면서 버버리 트렌치코트는 전장의 필수품이 되었습니다. 공기가 잘 통하지 않고 무거운 고무 대신 가볍고 방수성이 좋은 새로운 소재를 사용해 옷을 만드는 것은 전쟁에서 군인의 건강을 지키고 활동성을 높이는 혁명적인 변화였습니다. 당시 연합군의 전쟁 사령부는 토마스 버버리에게 연합군 장교들이 입을 50만 벌의 코트를 주문했습니다. 개버딘 소재로 만들어진 코트는 방수, 방한 기능이 뛰어났을 뿐 아니라 전쟁터에서 유용한 기능이 추가되었습니다. D자형 고리를 달아 수류탄, 지도, 탄약통이 든 가방을 갖고 다닐 수 있도록 했고, 쌍안경과 방독면을 달기 위한 견장을 어깨 부분에 추가했습니다. 또한 오른쪽 가슴 부분에 천을 덧대어 장총의 개머리판(소총을 비롯한 소화기류에서 총신을 비롯한 여타 격발 구조물들이 부착되는 몸통)이 원단을 마모시키는 것을 방지하도록 하는 등 전시 상황에 적합하도록 트렌치코트를 디자인했습니다. 2차 세계대전, 영국을 승리로 이끌었던 영웅 윈스턴 처칠 총리는 트렌치코트를 입은 모습을 자주 언론에 노출했습니다.

영국 왕실의 패셔니스타였던 에드워드 7세는 영국 왕실에 버버리의 재킷과 코트를 만들어 정식으로 납품하라고 명령했고, 1950년 조지 6세의 방한복으로 버버리를 제작하는 등 영국 왕실의 버버리 사랑은 계속되었습니다. 1955년 영국 여왕의 품질 보증서인 '로얄 워런티'를 받은 버버리는 영국을 대표하는 브랜드로 옥스퍼드 사전에 등재되기도 했습니다. 버버리의 창시자인 토마스는 버버리 장인으로서의 긍지와 자부심을 이렇게 표현했습니다. "영국이 낳은 것은 민주주의와 스카치위스키, 그리고 버버리 코트다." 특히 말을 탄 기사를 상징화한 버버리 프로섬 로고는 비바람에도 꺾이지 않는 영국 군인의 강인한 기상을 표현합니다.

버버리 트렌치코트는 극한의 자연환경과 싸우는 탐험가들과도 함께했습니다. 1911년 12월 14일, 최초로 남극 탐험에 성공한 노르웨이의 탐험가 로알 아문센 선장은 머리부터 발끝까지 덮을 수 있도록 겹겹의 개버딘으로 만든 버버리의 아우터가 남극의 추위로부터 자신을 보호해 준 덕분에 남극 탐험에 성공할 수 있었다며 감사함을 전했습니다. 남극 탐험에 성공한 것을 동료 탐험가인 스콧 선장에게 알리기 위해 남극에 버버리의 개버딘 소재 텐트를 남겨두고 왔다는 이야기도 덧붙입니다. 아문센은 훗날 썰매를 끌고 극동 지방 탐험을 갈 때에도 버버리의 트렌치코트를 입었습니다. 탐험가뿐 아니라 선장, 산악인, 비행기 조종사들도 외풍을 막아주면서도 가벼운 버버리 트렌치코트를 선호했습니다. 1919년 최초의 대서양 횡단자인 알록 경 역시 버버리를 입고 비행에 성공한 후 버버리에 감사한 마음을 전했습니다.

전쟁 후, 1950년대에 들어서자 트렌치코트는 영화배우들의 필수 패션 아이템으로 등극했습니다. 로버트 테일러는 비비안 리와 함께 출연한 영화 '애수'에서 트렌치코트를 입고 워털루 다리 위에서 과거를 회상하는 장면을 연출했고, 영화 '한밤의 암살자'의 알랭 들롱, '언터쳐블'의 케빈 코스트너, '딕 트레이시'의 워렌 비티, '영웅본색'의 주윤발, TV 시리즈인 '형사 콜롬보'의 피터 포크 등 수많은 스타들이 트렌치코트를 입고 등장해 영화의 분위기를 살렸습니다. '티파니에서 아침을'의 오드리 헵번도 트렌치코트를 깜찍하게 소화해냈고, 1970년대 '크레이머 대 크레이머'의 메릴 스트립, 1980년대 '나인 하프 위크'의 킴 베이싱어도 트렌치코트가 잘 어울리는 배우였습니다.

구찌의 운명을 바꾼 여행자의 DNA

요즘 한국 젊은 층에서 '구찌스럽다'라는 말이 유행 중인데, '세련되면서 경쾌하고 멋지다'는 의미라고 하네요. 구찌는 한국에서도 젊고 세련된 명품기업의 이미지를 성공적으로 만들어가고 있는 듯합니다.

구찌Gucci는 구찌오 구찌Guccio Cucci가 이탈리아 중부의 토스카나 지방에 있는 피렌체에서 시작한 이탈리아 명품 브랜드입니다. 창립자 구찌오 구찌는 1881년 피렌체의 밀짚모자 만드는 집안에서 태어났습니다. 하지만 밀짚모자 산업에 미래가 없다고 판단한 구찌는 16세가 되던 1897년, 전 세계에서 가장 잘나가는 경제 중심지였던 영국의 수도 런던으로 향합니다. 그리고 그는 런던에서도 가장 비싸고 화려한 공간이었던 사보이 호텔에서 벨보이로 5년간 일하며 귀족과 상류층의 취향과 럭셔리 문화를 체험합니다.

부유한 호텔 고객들이 사용하는 가죽으로 만든 최고급 여행 가방에 매혹된 구찌는 1902년 고향으로 돌아와 '프란지Franzi'라는 가죽 공방에서 가죽 공예 기술을 배우기 시작했습니다. 사보이 호텔에서 일하며 접한 영국 귀족의 스타일에, 섬세한 가죽 공예로 유명한 이탈리아 장인의 기술을 결합해 가죽 제품을 만들기 시작한 것입니다. 그가 마흔이 되던 1921년에 피렌체에서 장갑, 부츠와 같이 승마에 필요한 패션 용품을 파는 '구찌'라는 가죽 제품 전문점을 개장한 것이 브랜드의 시작이었습니다.

구찌는 1940년대 이탈리아 파시스트 정권 말기의 경제 위기 상황을 지혜롭게 넘겼습니다. 2차 세계대전이 한창이던 시절 이탈리아 내의 모든 물자가 전쟁에 동원되었고 국제연맹은 이탈리아로 수출 금지령을 발표합니다. 제품의 주요 소재인 금속과 가죽이 부족해지자 구찌 가문의 장남 알도 구찌Aldo Gucci는 지리적 상상력을 최대한 발휘하여 대체품을 찾아냅니다. 전쟁의 동맹국이었던 일본으로부터 수입한 대나무를 손잡이 소재로 활용한 '뱀부 백Bamboo Bag'을 탄생시키거나, 나폴리산 대마와 삼마를 이용하여 작은 다이아몬드 형태로 직조한 소재를 활용한 여행 가방을 제작하는 방식으로요. 1947년 2차 세계대전은 끝났지만 패전국이었던 이탈리아의 물자 상황은 여전히 좋지 않았습니다. 게다가 많은 이탈리아 가죽 업체가 도산하자 원료 수급에 차질을 빚게 됩니다. 이에 알도 구찌는 일반적인 소가죽 대신 돼지 피혁(Pigskin, 스웨이드처럼 가볍고 부드러운 소재)을 활용하는 기발한 아이디어로 전쟁의 위기를 기회로 바꿉니다.

또한 이탈리아 피렌체에 첫 매장을 낸 바로 다음 해인 1922년 4월 8일에 구찌는 대대적인 홍보를 시작합니다. 상류층의 최첨단 패션과 이탈리아 장인의 솜씨를 결합한 가죽 제품 전문점의 탄생을 알리는 지면 광고와 함께 런던의 사보이 호텔처럼 부자들이 많이 모이는 곳에 매장을 내는 공간 전략을 구사하죠. 1937년, 핸드백, 트렁크, 장갑, 신발, 벨트 등을 생산하는 작업장을 새로 만들어야 할 정도로 인기를 끌자 구찌는 세 아들의 도움을 받아 로마, 밀라노 같은 패션 중심지에 매장을 열며 사세를 확장합니다. 1938년 구찌는 이탈리아 패션의 중심지이자 전 세계 부호들이 자주 찾는 쇼핑 명소인 로마 콘도티 거리에 첫 로마 지점을 개장합니다. 1951년에는 로돌프 구찌에 의해 밀라노 몬테나폴레오네 거리 5번지에 구찌 매장이 들어섭니다.

1950년대 유서 깊은 로마 콘도티 거리의 구찌 매장을 방문하거나, 공항에서 구찌 가방을 든 채로 여행을 떠나는 유명인들의 모습이 매스컴을 통해 자주 보도되면서 구찌에 대한 대중의 신뢰도와 선호도는 급상승했습니다. 특히 1950년대 로마 매장을 방문한 그레이스 켈리와 그녀를 보기 위해 구름처럼 몰려든 인파의 사진은 구찌를 이탈리아 대표 브랜드로 각인시키는 효과를 낳았고, 구찌 매장은 이탈리아 로마에 가면 반드시 들러야 하는 관광 명소로 부상했습니다. 당시 구찌의 지면 광고를 보면 이탈리아 거리를 배경으로 찍은 제품 사진에 로마, 피렌체와 같이 구찌 매장이 있는 이탈리아의 도시 이름을 강조해 표기해 대중들의 지리적 상상력을 자극한 것을 확인할 수 있습니다.

이탈리아에는 유서 깊은 가죽 공방과 훌륭한 장인들이 많지만, 특유의 보수적인 가족문화가 강해 외부 세계에 대한 관심이 부족합니다. 하지만 구찌의 경영진은 늘 여행하고 이동하는 사람들에 주목했고, 실제로 구찌는 트렌드에 민감한 뉴욕에 진출한 이탈리아 최초의 패션 브랜드이기도 했죠. 영국에 이어 세계 경제 중심지로 부상하는 미국에 주목한 알도 구찌는 1953년 뉴욕 58번가 사보이 플라자 호텔에 구찌 매장을 오픈했는데, 1977년 미국 캘리포니아의 베버리 힐즈에 있던 구찌 매장을 대대적으로 리모델링합니다. 리타 헤이워드, 마이클 케인 같은 할리우드 스타들이 찾아와 고가의 가방과 침구류를 사 가자, 미국에서 구찌는 럭셔리 브랜드로서의 입지를 굳히죠. 10대 시절 홀로 영국에 가서 일자리를 얻을 만큼 진취적인 기상이 충만했던 창업자처럼 구찌는 여행자의 DNA를 보유한 기업입니다. 실제로 구찌는 여행을 중시하는 구찌의 문화를 강조하기 위해 양손에 여행 가방을 든 기사의 모습을 표현한 크래스트crest 로고를 선보이기도 했습니다.

구찌의 크래스트 로고에는 기사가 양손에 여행가방을 든 모습이 표현되어 있다.

명품 기업은 말을 좋아한다?

13세기 이탈리아에서 출간된 《마술론》은 베스트셀러였고, 군주와 기사들은 좋은 말을 확보하고자 애썼습니다. 르네상스 시대 유럽에서는 말을 다루는 기술이 발달했는데요, 넓은 평야와 농토를 보유한 스페인과 프랑스는 말 관련된 산업의 중심지로 성장했습니다. 19세기 유럽에서 철도가 놓이기 전 여행하려면 말이 필수였습니다. '코치'라고 불리는 마차를 타거나 직접 말을 타고 이동해야 했으니까요.

말과 신발은 자유로운 이동성을 상징합니다. 그래서 에르메스, 버버리 등 '스트리트 스마트'로 무장한 명품 기업들의 로고에서 말을 쉽게 발견하게 되는 것이죠. 물론, 에르메스는 애초에 마구 용품 브랜드로 시작한 기업이기도 합니다. 마찬가지로 구찌의 가죽 제품들도 에르메스처럼 승마로부터 영감을 얻은 것이 많습니다. 특히 호스빗(horsebit, 말 재갈)과 등자를 표현한 액세서리를 제작해 가죽 용품에 장식하는 방식은 구찌의 고유한 상징이기도 합니다. 구찌의 시그니처 제품인 호스빗 로퍼도 1953년 승마용 재갈에서 영감을 받아 탄생한 신발입니다. 다음 장에 소개할 샤넬 역시 말을 타고 이동하며 기회를 잡고 자신의 운명을 개척했습니다.

14
지리적 상상력으로
세계를 점령한 샤넬

패션이란 옷 속에만 존재하는 것이 아니다.
청명한 하늘과 거리, 우리들의 생각, 삶의 방식 모든 곳에 패션이 있다.
_ 코코 샤넬, 패션 디자이너

가는 허리와 큰 엉덩이를 강조하는 코르셋은 서구 상류층 여성의
필수품이었습니다. 영화 '바람과 함께 사라지다'나 넷플릭스 드라마
'브리저튼'을 보면 여성들이 아름다움을 위해 고통을 참고 호흡곤란
을 일으킬 정도로 꽉 죄는 코르셋을 입는 장면이 나오죠. 특히 패션
을 중시했던 프랑스 여성들은 말을 탈 때조차 풍성하고 긴 치마를
입어야 했는데요, 여성이 남성의 옷인 바지를 입는 것 자체가 질서
를 무너뜨리고 권위에 저항한다고 보았기 때문입니다. 실제로 20세
기 초 프랑스에서는 여성이 바지를 입었다는 이유만으로 경찰에 끌
려가기도 했는데요, 여성들이 답답한 코르셋을 벗어던지고 어디든
자유롭게 갈 수 있게 한 사람은 혁명가나 정치가가 아니었습니다.
소년처럼 머리를 짧게 자르고 용감하게 바지를 입었던 깡마른 몸매

의 여성 디자이너, 가브리엘 코코 샤넬입니다.

'말'이 구원한 고아원 소녀의 운명

샤넬은 프랑스 내륙 소뮈르에서 태어났습니다. 유서 깊은 승마학교
가 있던 소뮈르는 마장 전문가를 양성하고 말과 관련된 기술을 보
급하는 혁신의 중심지였습니다. 하지만 마차에 물건을 싣고 다니며
팔았던 장돌뱅이 아버지는 밖으로만 나돌았고, 천식 환자였던 어머
니는 세탁 일을 하며 딸 셋, 아들 둘을 낳고 길렀습니다. 둘째 딸로
태어난 샤넬은 호적에 이름을 잘못 올린 것을 스물이 넘어 발견해
개명을 할 정도로 무관심 속에 방치되었죠. 늘 기침을 하며 가쁜 숨
을 내쉬던 어머니는 폐렴이 악화되어 33세의 나이에 갑자기 세상
을 떠납니다. 어머니의 죽음을 직접 목격한 샤넬은 당시 12세였는
데요, 아버지는 세 딸을 수녀회가 운영하는 오바진의 고아원에 맡
기고 바로 떠나버립니다.

　코레즈 강 언덕에 자리 잡은 오바진은 아늑하고 기품있는 도시였
고, 샤넬은 성경을 읽고 바느질을 배우며 심리적 안정을 찾습니다.
오랜 전통과 절제된 문화를 간직한 오바진 수녀원은 10대의 샤넬
에게 강렬한 인상을 남겼는데요, 심플한 라인의 검은색 원피스, C가
겹쳐진 단순한 로고 등은 그녀의 수녀원 생활을 반영합니다. 샤넬
은 1920년대 지중해의 아름다운 풍경이 한눈에 내려다보이는 언덕
에 '라 파우자' 별장을 리모델링할 당시 건축가에게 오바진 수녀원

의 계단을 그대로 재현해달라고 부탁할 정도로 수녀원에서의 추억을 소중하게 생각했죠.

18살이 된 샤넬은 수녀원에서 나와 물랭의 노트르담 학교로 옮겼는데요, 공교롭게도 물랭 역시 프랑스 기병 10사단이 주둔하는 '말의 도시'였습니다. 낮에는 상점 일로 생계를 꾸리던 샤넬은 수녀원 합창단원으로 노래를 하던 경험을 살려 물랭의 밤무대에도 도전합니다. 물랭에서 복무하는 장교와 하사관들 중에는 귀족이나 부유한 부르주아 출신이 많았는데요, 샤넬은 가수로 꽤 인기를 끌었지만 돈벌이는 신통치 않았습니다. 끝이 보이지 않는 터널 같은 고단한 생활 속에서 그녀를 구출한 사람은 '말을 좋아하는 남자'였습니다. 폴로선수이자 부유한 섬유사업가였던 에티엔 발장은 그녀에게 여성 기수가 될 기회를 제안하죠. 승마를 배우고 기차를 타고 전국의 경마장을 찾아다니고 상류층 사람들과 교제하며 그녀는 더 큰 세계로 나아갑니다.

왜 샤넬 향수에 낯선 지명이 쓰여 있을까?

샤넬은 발장이 소유한 루아얄리외 성에서 승마 훈련을 시작합니다. 남자들처럼 바지 승마복을 입은 샤넬은 코르셋 대신 근육을 길러 탄탄한 몸매를 만들죠. 당시 프랑스 여성들은 3~4kg에 달하는 장식이 달린 거추장스러운 모자를 쓰고 다녔지만 샤넬은 가볍고 단순한 모자를 직접 만들어 쓰고 다녔습니다. 주변 지인들이 샤넬의 센스를 칭찬하고 똑같은 모자를 만들어 달라고 부탁하죠. 남자의 마스코트로 살아가는 지루한 삶에 지쳐가던 샤넬은 모자 디자이너가 되어 경제적으로 독립하고 싶었습니다. 하지만 전형적인 프랑스 남자였던 발장은 샤넬의 꿈을 이해하지 못합니다. 자신이 경제적 책임을 지고 있으니 그냥 자신과 함께 편안하게 살면 될 텐데, 왜 굳이 천박하게 돈을 벌려 하냐고 오히려 반문하죠.

낙심한 샤넬은 피레네 산맥에서 말을 타던 중 귀인을 만납니다. 석탄 운송업으로 성공한 영국인 사업가 아서 보이 카펠은 발장과는 달리 샤넬의 열정과 재능을 알아봅니다. 20세기 프랑스 여성들은 남성들의 사랑을 갈구하는 종속적인 존재로 살아갔지만, 영국 여성들은 보다 진취적이었습니다. 특히 영국의 여성 참정권 운동이 스코틀랜드, 맨체스터 등 영국 북부에서 시작해 전국으로 확산되던 시기에 영국 사립학교를 다닌 카펠은 페미니스트였습니다. 카펠은 샤넬의 꿈이 실현되도록 물심양면으로 도왔고, 1910년 1월 드디어 샤넬은 파리 깜봉가 21번지에 '샤넬 모드' 간판을 걸었습니다. 샤넬의 심플한 모자는 파리의 멋쟁이들에게 큰 인기를 끌었고 사업은 번창했습니다.

카펠은 그녀의 연인이자 아버지이자 선생님이자 멘토였습니다. 카펠은 샤넬이 모자 숍을 처음 열 때 재정적인 도움을 주었을 뿐 아니라 정식 교육을 받지 못한 그녀의 교양까지 넓혀 줍니다. 니체, 볼테르 등 다양한 인문교양서를 샤넬에게 읽히고 사교계 명사들과도 연결시켜주죠. 동양 문화에도 관심이 많고 지리적 상상력이 풍부했던 카펠은 인도의 바가다드 기타를 읽고 중국의 골동품을 수집했고, 특히 꽃과 나비가 그려진 중국풍 코로만델 병풍을 좋아했습니다. 샤넬은 자신이 유일하게 사랑한 남자로 카펠을 꼽았는데요, 평생 어디를 가든 코로만델 병풍을 가지고 다녔습니다.

파리의 샹젤리에 공원 인근 아파트를 빌려 동거하던 두 사람은 1912년 프랑스 북서부 해안도시 도빌로 휴가를 떠납니다. 당시 도빌은 패션 트렌드가 집결하고 유서 깊은 경마장이 있는 고급 휴양지로 유명했는데요, 샤넬은 카펠의 조언과 지원을 받아 도빌의 번화가, 공토비롱 거리에 패션 부티크를 엽니다. 모자뿐 아니라 세일러복, 기수의 조끼, 남성용 속옷 원단이었던 저지로 만든 스커트와 원피스 등 휴양지에 어울리는 편안한 옷들을 만들어 팔았는데, 1차 세계대전이 발발하자 샤넬의 사업은 대박이 납니다. 전쟁으로 부재한 남성들을 대신해 일터로 나선 여성들은 편안한 옷이 필요했고, 파리의 귀족들이 도빌로 대거 피난을 오면서 샤넬의 옷과 모자는 선풍적인 인기를 끌게 되죠.

1915년 전쟁의 포화 속에서 샤넬은 또 한 번 크게 도약합니다. 카펠이 그녀를 남대서양의 고급 휴양도시, 비아리츠로 샤넬을 초대하고 부티크를 열도록 지원한 건데요, 유럽 각국의 상류층과 스페인, 러시아의 왕족과 귀족들이 그녀의 패션과 스타일에 열광하며 샤넬은 프랑스를 넘어 유럽을 대표하는 디자이너로 급부상합니다. 최근 론칭한 샤넬의 새 향수 이름에 파리, 베니스뿐 아니라 비아리츠, 도빌 등 낯선 지명이 쓰인 배경입니다.

No. 5 향수로 완성된 샤넬의 지리적 상상력

1918년 전쟁이 끝날 무렵 카펠과 함께 파리로 돌아온 샤넬은 말메종과 가까운 뢰유에 보금자리를 꾸립니다. 파리의 전경이 내려다보이는 '라 밀라네즈' 별장 인근 공원에는 라일락과 장미가 많았습니다. 1919년 9월 샤넬은 지금의 '메종 샤넬'이 있는 깜봉가 31번지로 확장 이전하며 사업가로서 승승장구하죠. 하지만 그녀의 애정 전선에 갑자기 먹구름이 낍니다. 1919년 12월 22일 크리스마스를 앞두고 카펠이 교통사고로 갑자기 세상을 떠난 것입니다. 큰 충격을 받은 샤넬은 '나는 카펠을 잃으면서 모든 걸 잃었다'며 절망하죠. 집 전체를 검은색 벽지로 도배하고 커튼, 이불, 시트도 모두 검은색으로 바꿔버릴 정도로 그의 죽음을 애도합니다.

'사랑 때문에 슬프고 아프다면 화장을 하라. 립스틱을 바르고 자신에게 어울리는 옷을 입고 앞으로 나아가라.' 샤넬의 실제 경험이 담긴 조언입니다. 카펠의 흔적이 남아있는 익숙한 공간에서 벗어나 새로운 곳을 여행하던 샤넬에게 러시아 황실 출신의 드미트리 공작이 나타납니다. 그는 러시아 황실의 조향사였던 에르네스트 보를 소개해 주기도 했는데요, 샤넬은 향수의 원료가 생산되는 그라스를 여러 번 찾아가 '1,200송이 꽃다발' 같은 향수를 만들어 달라고 주문합니다. 샤넬은 그녀가 구상하는 새로운 향수의 느낌을 조향사에게 적극적으로 전달하고, 모든 제작 과정을 꼼꼼하게 챙겼죠. 샤넬로부터 영감을 받은 천재적인 조향사는 프로방스산 재스민, 일랑일랑, 샌들우드, 브라질 통카빈에 더해 파리의 장미향, 심지어 북

샤넬의 첫 매장이 오픈한 팔각형 모양의 방돔광장. 샤넬 향수 뚜껑과 시계의 모티브로 활용되었다.

극의 향기까지 담아내는데요, 당시 여성 향수는 한 종류의 꽃향기만 표현하는 게 일반적이었지만, 수십 가지 다양한 원료를 배합한 No. 5는 복합적이고 강렬한 향을 냅니다.

No.1에서 No.24까지 개발된 샘플 중에서 샤넬은 행운의 숫자인 'No. 5'를 선택해 5월 5일 출시하는데요, 샤넬 No. 5는 혁신 그 자체였습니다. 실제로 No. 5는 다양한 '최초의 기록'을 보유하고 있는데요, 다량의 알데히드가 혼합된 No. 5는 인공 향료를 사용하고 숫자를 이름으로 사용한 최초의 향수였습니다. 방돔 광장에서 따온 팔각형 뚜껑을 도입한 향수병 역시 화려한 양각 대신 심플한 사각형 디자인을 최초로 적용했죠. 매혹적이고 노련한 '파리의 정수'로 인식된 샤넬 No. 5는 유럽에서 2차 세계대전을 끝내고 귀국하는 미국 병사들이 아내와 애인을 위해 선물로 사가는 필수 아이템이 되었습니다. 특히 미국 배우 마릴린 먼로가 '내가 잘 때 걸치는 것은 오직 샤넬 No. 5뿐'이라고 고백해 더 유명해졌습니다.

No.5 향수는 지금도 샤넬을 추억하고 상상하는 매개체입니다. 생전 샤넬이 아침에 리츠 호텔을 나서면 벨보이가 샤넬 스튜디오에 전화해 그녀의 출근을 알렸고, 직원들은 그녀가 지나가는 동선에 No.5를 뿌리며 그녀는 맞을 준비를 했다고 하니까요. 실연의 아픔과 프로방스의 위로가 담긴 샤넬의 향수는 그녀에게 평생 경제적 자유를 선사합니다. 또한 샤넬의 지리적 상상력이 압축된 향수는 그녀가 사랑한 공간을 지키는 힘을 지녔습니다. 뮐Mul 가문이 5대째 소유한 페고마Pegomas 농장에서 재배되는 재스민, 아이리스, 튜베

샤넬의 공간 경험과 지리적 상상력이 압축되어 있는 향수 '샤넬 NO.5'

로즈, 장미, 제라늄은 샤넬 향수의 원료로 지금도 사용됩니다. 특히 자스민 수확철인 8~10월이 되면 매일 아침 재스민 꽃을 따는 농부들이 손길은 바빠집니다. 한 사람이 하루에 수확할 수 있는 꽃송이는 2kg 남짓(약 1만 6,000송이)인데, 이집트나 모로코, 인도산 재스민보다 수십 배 이상 비싼 가격으로 거래된다고 하네요.

2021년 5월 5일은 샤넬 No. 5가 출시된 지 딱 100년이 되는 날입니다. 지금도 30초에 1병씩 팔려나간다는 샤넬 No.5는 전 세계에서 사랑받는 향수입니다. 샤넬 향수 덕분에 그라스의 전통문화와 농업 경관이 보존되고 농부들의 삶도 지속되니, 샤넬의 나비효과는 현재 진행형입니다. 비록 아직도 많은 프랑스인이 그녀의 업적을 폄하하지만 파리의 이미지를 높이고 프랑스 경제에 기여한 그녀의 공로는 사라지지 않을 것입니다. 어쩌면 1821년 5월 5일 사망한 나폴레옹보다 샤넬이 더 위대한 영웅일 수도 있습니다. 나폴레옹의 제국은 맥없이 무너졌지만, 샤넬의 향기를 사랑하고 기억하는 사람들이 존재하는 한 샤넬의 제국은 영원할 것이기 때문입니다.

나비와 애벌레, 샤넬의 옷에 담긴 패션 철학

샤넬은 어디를 가든 그 장소와 상황에 어울리는 옷들을 상상하고 디자인하는 능력이 탁월했습니다. 일상의 모든 순간과 다양한 공간에서 작품의 영감을 얻은 건데요, 여행지뿐 아니라 부티크 근처 카페에 앉아 있을 때, 거리를 걸을 때, 마주치는 사람들이 어떤 옷을 입고 어떤 패턴으로 생활하는지, 주변 건물 모습 등을 주의 깊게 관찰한 덕분입니다. '패션은 나비이자 애벌레'라고 정의한 샤넬은 '낮에는 직장에서 애벌레 옷을 입고, 저녁에는 나비 옷을 입기 바란다. 애벌레 스타일은 편안하고 나비 스타일은 사랑스럽다'는 패션 철학을 반영해 다양한 환경과 상황에 어울리는 옷들을 계속 발표합니다. 해변이나 스파 리조트에서 입을 수 있는 가볍고 편안한 옷들과 함께 우아하고 화려한 이브닝드레스도 함께 출시하며 자신의 패션 세계를 넓혀갑니다.

카펠이 세상을 떠난 후 홀로 모든 것을 결정하고 헤쳐나가야 했던 샤넬은 고치에서 나와 날개를 활짝 폅니다. 패션뿐 아니라 문화, 예술계의 최전선에서 활약하며 자신의 세계를 확장해 나갑니다. 스트라빈스키, 피카소, 달리, 장 콕토, 니진스키, 디아길레프 등 당대 최고의 예술가들과 교류하고 그들을 후원했죠. 그녀가 사랑했던 남성들을 통해 샤넬의 패션 세계는 계속 확장됩니다. 예를 들어 1920년대 초반 드마트리 대공과 교제하면서 샤넬의 패션 세계는 러시아풍을 띠게 됩니다. 드레스, 블라우스에 화려한 색상의 자수를 놓고 러시아 농민들의 긴 작업복 '루바슈카'를 본뜬 옷들을 발표해 호평을 받죠. 늘씬한 러시아 모델들에게 모피 코트나 털을 댄 외투를 입혀 패션쇼를 진행하고 러시아 발레단의 의상을 직접 디자인하기도 합니다.

말을 좋아하는 가문에서 태어나 '벤더'라고 불리던 부유한 영국남자 웨스트민스터 공작과 사귀게 된 샤넬은 런던, 웨일즈, 스코틀랜드 등지를 여행하며 영국의 전통과 문화를 깊게 체험합니다. 1920년대 중반 그녀는 스코틀랜드산 트위드로 자켓을 만들거나 사냥복을 응용한 디자인을 패션쇼에 선보이고 공작이 선물한 값비싼 보석으로 패션 주얼리를 제작하기도 합니다. 샤넬은 사자, 보리, 밀, 동백꽃, 별 등 다양한 동식물을 단순한 상징물로 만들어 패션 디자인에 활용했는데요, 특히 순백색의 동백꽃을 표현한 진주 액세서리는 샤넬의 로고와도 같아서 지금까지도 다양하게 재해석됩니다.

　샤넬의 지리적 상상력은 유럽에 갇혀 있지 않고 바다를 건너고 국경을 넘어 세계로 향했습니다. 샤넬의 옷은 꿈을 가진 여성들에게 날개가 되고 힘을 주는 부적과도 같았습니다. 특히 샤넬은 개척자 정신이 충만하고 독립적인 미국 여성들에게서 열렬한 지지를 받았습니다. 1931년 미국 영화제작자 샘 골드윈이 할리우드로 초대하자, 샤넬은 바쁜 일정을 쪼개 미국으로 가는 배에 올랐습니다. 뉴욕에서 할리우드까지 그녀를 위해 특별히 제작된 흰색 기차를 타고 미국을 횡단한 샤넬은 기자들과 인터뷰를 하며 자신의 패션 세계를 알리고 광범위한 인맥을 형성해 놓았죠. 남성의 경제력에 의존해 몸에 꽉 끼는 드레스를 입고 노동하지 않는 것을 미덕으로 여기는 프랑스보다는 스스로 돈을 벌고 자신을 위해 옷을 사 입는 여성들이 많은 미국이 샤넬에게는 더 매력적인 사업 환경이었습니다.

인생 역전의 아이콘, 샤넬의 지도력

1935년 연인이었던 폴 이리브가 죽고 가족처럼 믿었던 직원들이 파업을 일으키자 상심한 샤넬은 패션 사업을 접습니다. 웨스트민스터 공작의 절친이었던 처칠과 사냥과 낚시를 함께 하며 친분을 쌓은 샤넬은 2차 세계대전의 소용돌이에 휘말립니다. 영국과 독일 간의 평화 협상을 위해 '패션 모자'라는 작전명으로 처칠을 설득하는 첩보원 임무를 맡기도 하고, 연하의 독일군 장교와 사랑을 나누고 적과 내통했다는 이유로 프랑스 국민들의 미움을 사죠. 2차 세계대전이 끝나고 복고풍 패션이 유행하자 자발적으로 다시 코르셋을 입는 프랑스 여성들이 늘어났습니다. 자신이 만든 옷을 직접 입고 발레리나의 동작을 해 보며 테스트할 정도로 세상의 모든 여성들이 편안한 옷을 입고 자유롭게 이동하길 바랐던 샤넬은 크게 실망했죠. 특히 자신이 이룩한 패션 제국의 몰락을 그대로 지켜만 볼 수 없었습니다.

스위스의 한적한 도시와 호텔을 오가며 여유로운 은퇴 생활을 즐기던 샤넬은 70세의 나이에 파리의 패션 무대에 복귀할 결심을 굳힙니다. 하지만 고국인 프랑스에서 좋은 평가를 받지 못할 거라는 걸 이미 예상했던 그녀는 세계지도를 펼치고 샤넬 제국의 부활을 치밀하게 준비합니다. 미국 패션계의 지인들에게 자신의 복귀를 알리고 미국인들에게 어필할 수 있는 보도 자료를 작성해 언론사 및 패션전문 잡지사에 미리 보내놓습니다. 샤넬이 예상했던 대로 샤넬의 복귀 소식에 대해 프랑스에서는 악평이 쏟아졌지만, 미국 패선계에서는 찬사가 이어집니다. 새로운 시대정신에 딱 맞는 샤넬의 디자인은 미국에서 큰 인기를 끌었고, 샤넬은 화려하게 재기에 성공합니다. 특히 케네디 대통령의 영부인이자 승마선수였던 재클린은 샤넬 마니아였는데요, 케네디 대통령이 댈러스에서 암살되던 날 그녀가 입은 샤넬의 분홍색 트위드는 세계인에게 강렬한 인상을 남겼습니다. 죽은 남편의 피가 묻어 있는 옷을 입은 채로 24시간 내내 차분하고 의연하게 대처하는 젊은 영부인의 모습이 전 세계 TV에서 방송되면서, 독립적이고 강인한 여성을 위한 옷이라는 샤넬의 이미지도 함께 퍼져 나갔죠.

영국남자 카펠에게 처음 지도력을 배우고 부동산 재테크에도 눈을 뜬 그녀는 인생 역전의 아이콘이 되었습니다. 샤넬의 예측대로 여성들이 일터에서 편하게 입을 수 있는 세련되고 고급스러운 옷이 필요한 세상이 온 것입니다. 소뮈르에서 물랑으로, 파리에서 도빌로, 비아리츠에서 영국으로, 대서양을 건너 미국까지 진출한 샤넬은 개척자 정신이 충만한 디자이너였습니다. 늘 새로운 세계를 개척하고 자신의 패션 제국을 확장해 간 샤넬은 슬프고 절망적인 상황에서도 좌절하지 않았습니다. 그녀는 지도를 펼치고 행복한 공간을 찾아다니며 상처를 치유하고 실연도 성공의 에너지로 전환한 것입니다. 샤넬은 세상의 평가에 흔들리지 않고 행복한 공간의 추억과 사랑한 풍경들을 자신의 패션 디자인에 그대로 담았습니다.

"20세기가 지나면 프랑스에는 3명의 이름이 남을 것이다. 드골, 피카소, 그리고 샤넬이다." 프랑스 소설가 앙드레 말로의 예언은 적중했습니다. 샤넬에게 주어진 인생의 패는 최악이었습니다. 고아 출신에 비쩍 마른 몸은 당시 기준으로 미녀가 아니었죠. 가문과 혈통을 중시하고 계급 차별이 심한 프랑스에서 샤넬은 편견에 시달려야 했습니다. 하지만 그녀는 자신의 운명에 굴복하지 않았고, 지도력을 발휘해 샤넬 제국을 일으켰습니다. 21세기 세계 경제의 중심이 아시아로 이동하며 샤넬의 제국은 일본·한국·중국에서 빠르게 확장되는 중입니다.

샤넬의 마지막 공간이었던 리츠 호텔

다양한 장소에서 얻은 영감을 패션에 반영해 온 샤넬은 유럽 전역에 부동산을 소유했지만 호텔을 계속 바꿔가며 유목민처럼 살았습니다. 하지만 예외적으로 그녀가 33년 넘게 장기 투숙한 파리의 리츠 호텔은 샤넬에게는 집과도 같았습니다. 리츠 호텔은 평생 독신으로 살았던 샤넬에게 유리한 점이 많았습니다. 샤넬 부티크 길 건너에 위치해 있기에 통근 시간을 절약해 주었고, 24시간 서비스 인력이 대기하고 있어서 급한 일을 처리하기 편했죠. 또한 세계적 명사들을 드나드는 공간이었기에 패션 디자이너로서 감각을 유지하고 새로운 트렌드를 따라잡기에도 유리했습니다. 그녀는 생전에 '관 뚜껑을 무거운 것으로 하지 말아 달라. 하늘에서 천사가 옷을 만들어 달라고 하면 바로 날아갈 수 있어야 하니까'라고 당부할 정도로 자신이 일을 사랑했습니다. 가족이 없었던 그녀에게 패션은 자식, 애인, 남편이 되어 주었고, 그녀가 숨 쉬고 살아가는 이유였습니다. 모르핀 없이는 잠을 이룰 수 없을 정도로 극도로 힘든 상황에서도 그녀는 계속 옷을 만들었습니다.

1971년 어느 일요일 87세의 샤넬은 리츠 호텔 자신의 침대에서 "죽는다는 게 이런 거구나"라고 말하며 조용히 눈을 감습니다. 옹이진 손으로 생의 마지막 날까지 패션쇼를 준비하며 자신에게 주어진 삶의 시간을 끝까지 완주한 샤넬은 말합니다. "내 성공의 비밀은 끊임없이 노력하고 치열하게 일하는 데 있어요. 하루 일과가 끝나면 손이 붓고 굳어질 정도로 필사적으로 일에 매달렸죠. 나는 어떤 일이든 대충해본 적이 없어요." 그녀 인생의 마지막 공간이었던 리츠 호텔이 그녀에게 야전 캠프와 같은 곳이었다면, 자기 자신과의 외로운 전투를 평생 치른 노병은 전쟁터에서 장렬하게 전사한 셈입니다.

"가장 용감한 행동은 자신만을 생각하는 것이다. 큰소리로." 당당하게 외친 샤넬은 자신의 욕망과 감정에 충실했습니다. 대체할 수 없는 사람이 되기 위해 항상 달라져야 한다고 생각한 샤넬은 늘 자기 자신이고자 노력했습니다. 다른 사람의 눈치를 보지 않고, 시류에 휩쓸리지 않고, 자신이 원하는 옷과 소품들을 만들고, 자신의 취향을 반영한 작품을 창작했습니다. 특히 여성들에게 이동의 자유를 선사했는데요, 여성들이 다양한 장소에서 입을 수 있는 옷들을 만들고 패션의 영역을 확장해 나가며 자신의 존재 가치를 입증했죠. '사상과 표현의 자유', '이동의 자유'는 민주적인 시민 사회를 떠받치는 기둥일 뿐 아니라 21세기 개인이 생존하고 부를 창출하는 과

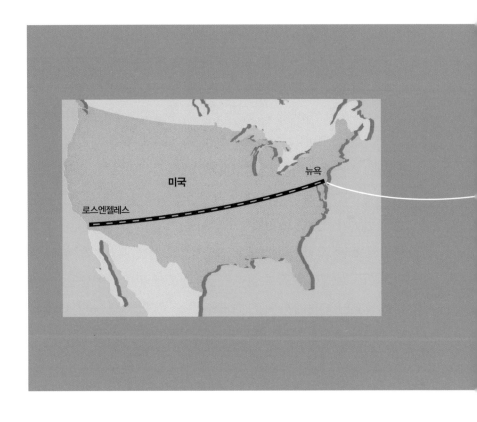

정에서도 핵심적인 가치입니다. 짐 로저스는 큰돈을 벌고 싶으면 그 누구의 말도 듣지 말고 '자신만의 안목을 가지고 투자 감각을 길러라'라고 조언합니다.[01] 자크 아탈리 역시 급변하는 환경에 살아남으려면 '나 자신이 되는 게 가장 중요하다'고 그의 책들을 통해 계속 강조해 왔습니다.[02]

샤넬이 디자인한 옷을 입고 샤넬 향수를 뿌린다고 내가 바로 명품이 되는 건 아닐 겁니다. 샤넬처럼 열심히 일하고 멋지게 성공하

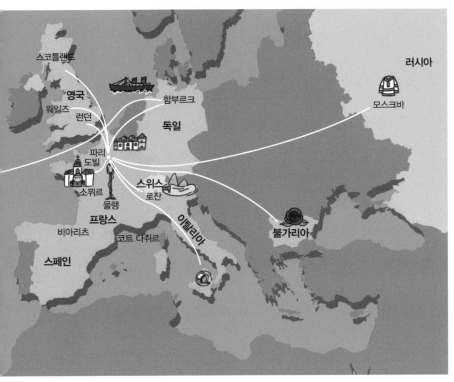

샤넬은 자신의 운명에 굴복하지 않고 전 세계로 뻗어나가는 자신만의 패션 제국을 완성했다.

려면 백화점 매장과 명품숍 너머 다양한 세계를 먼저 자유롭게 탐색해야 하지 않을까요? 성공의 기회는 카페에, 길거리에, 도서관에, 푸른 하늘에, 이동하는 버스에, 지금 내가 숨 쉬고 생활하는 모든 공간에 숨겨져 있기 때문입니다.

샤넬 제국의 후계자 칼 라거펠트

샤넬 사후에도 그녀의 나비효과는 계속되고 있습니다. 흥미로운 것은 샤넬 제국의 후계자인 칼 라거펠트 역시 샤넬 못지않은 여행광이자 부동산에 대해 일가견이 있다는 사실입니다. 독일의 항구도시 함부르크 출신인 그는 유럽 전역에 부동산을 소유하고 있었는데, 샤넬의 패션 제국을 확장하고 공고하게 만든 일등 공신이기도 합니다.

칼 라거펠트는 샤넬의 삶과 공간 경험을 철저히 분석해 패션쇼에 적극적으로 활용했습니다. 실제로 샤넬 패션쇼에는 라 파우자 별장, 리츠 호텔, 크루즈 등 샤넬이 사랑했던 공간들, 그녀가 영감을 얻은 장소가 배경으로 재현됩니다.

15
대학졸업자는 너무 많고
정육점 주인은 너무 적다

현재를 이해하고 미래를 가늠하려면
될 수 있는 대로 천천히 현장을 다녀볼 일이다.
_ 로버트 D. 카플란, 미국의 언론인

맥도날드 창업자 레이 크록Ray Kroc이 믹서를 판매하다가 운명처럼
맥도널드 형제의 햄버거 가게를 만났다는 것은 잘 알려진 이야기입
니다. 52세의 나이에 류머티즘과 당뇨병까지 앓고 있던 크록은 파
산 직전이었습니다. 밀크 셰이크용 믹서기 8대를 한꺼번에 주문하
는 가게의 전화를 받은 그는 그토록 잘되는 음식점의 비결이 궁금
해졌습니다. 그는 바로 지도를 꺼내 배달장소였던 '샌 버나디노San
Bernardino'라는 지명을 찾고 가장 가까운 대도시인 LA행 야간 비행
기 표를 구매했습니다. 다음 날 아침 LA 공항에 내려 동쪽으로 차
를 몰고 현장으로 가서 열광적인 소비자들의 반응을 확인합니다.
끝내주는 햄버거의 맛에 반한 크록은 맥도널드 형제가 구축한 효율
적인 작업 동선을 체계화시켜 세계적인 프랜차이즈로 만들겠다는

꿈을 꾸죠. 결국 맥도날드는 전 세계에 약 3만 개 점포를 가진, 하루 방문객이 남한 인구인 5,000만 명과 맞먹는 거대한 제국으로 성장했습니다.

크록은 젊은 시절 내내 종이컵, 믹서기를 팔 수 있는 새로운 시장을 찾아 야구장, 동물원, 해변, 경마장 등 다양한 현장을 발로 뛰어다녔습니다. 30년 넘게 영업사원으로, 관리자로, 애벌레처럼 고달프게 길거리를 돌아다니며 내공을 축적한 그가 비로소 맥도날드라는 행운을 만나 나비처럼 날개를 활짝 펼치게 된 것이죠.

점포 개발 성공의 열쇠, '단조로움 지수'

매장 입지와 점포 개발은 맥도날드 성장의 핵심과제였습니다. 레이 크록은 후보지를 직접 보러 다녔습니다. 유망한 부지를 찾은 후에는 차로 주변을 돌아다니고 동네 술집이나 슈퍼마켓에 들어가 보고 사람들과 어울리며 그들이 오가는 모습을 관찰했다고 합니다. 그는 '아무도 없던 공터에서 1년에 100만 달러의 매출을 올리는 매장 부지를 찾는 일은 고도의 창의성을 요하는 일이었던 동시에 가장 큰 성취감을 주는 일'이었다고 회고합니다.

당시 맥도날드 직원들은 '단조로움 지수The Monotony Index'를 아이디어로 내놓았습니다. '마을의 단조로움 지수가 높을수록 맥도날드 사업이 성공할 가능성도 커진다'는 가설은 일종의 역발상 전략입니다. 이미 상점과 레스토랑이 많은 대도시에서 맥도날드는 수천 가지 선택지 중 하나일 뿐이지만 주말에 할 일이 없고, 여가를 어떻게 보내야 할지 막막한 곳이라면 사람들은 맥도날드로 몰릴 수밖에 없다는 겁니다. 요식업계가 외면한 지역, 고속도로나 쇼핑몰이 비껴간 곳은 더더욱 단조로움 지수가 높으니 맥도날드가 역량을 집중할 곳이라 본 거죠.

특히 레이 크록은 시카고 도심에서 매장을 확장하게 되자 기뻐하며 흥분을 감추지 못했습니다. 그가 오랫동안 활개를 치며 누비고 다니던 활동 무대로 복귀하는, 일종의 금의환향이었기 때문입니다. 실제로 그는 시카고 시내 상점의 모든 위치는 물론, 배달 경로, 그곳에 있는 보행자 신호의 종류까지 속속들이 알고 있었습니다. 각 상권의 임대인이 누구이며 임차인인 누구인지, 임대 기간이 얼마나 남았는지도 눈에 훤했죠. 그 지역에서 35년 동안이나 종이컵과 멀티믹서를 팔러 다녔는데 모르는 게 오히려 이상한 일이었을 겁니다.[03]

비록 시카고 본사에 부동산 조사를 위해 고안된 컴퓨터 프로그램이 있었지만, 그는 직접 현장에 가 봐야 매장의 성공 가능성을 정확하게 예측할 수 있었다고 합니다. 당시 4,000개가 넘는 매장을 모두 머리에 담고 있으면서도 부동산 감感을 잃지 않기 위해 최신 정보를 계속 업데이트했습니다. 어떤 지역에 어떤 종류의 매장이 있는지, 가맹점주가 누구인지, 그가 어느 정도의 매출을 올리는지, 문제는 무엇인지, 그의 머릿속 지도에는 다 표시되어 있었던 거죠.

크록은 맥도날드 매장이 들어서기 좋은 입지를 귀신같이 찾아내는 것으로 유명했는데, 회사 전용기를 마련한 레이 크록은 하늘 위에서 교회 십자가와 학교를 중심으로 큰 그림을 본 후 착륙해서 바로 현장 조사에 들어갔습니다. 이후에는 5대의 헬리콥터를 추가로 구입해서 비행기가 닿지 못하는 지역까지 비행하며 새로운 부지를 찾게 되자 맥도날드의 사세는 빠르게 확장되었습니다. 1985년, 맥도날드 연차보고서에서는 '태양은 매일 또 다른 맥도날드 위에 뜬다'는 표현이 등장합니다. 실제로 고속도로 휴게소, 군 기지, 쇼핑몰, 놀이공원 등 예상치 못한 장소에 금빛 아치가 속속 세워졌습니다.

입지의 중요성을 누구보다 잘 알고 있던 레이 크록은 숨을 거두기 직전까지 새로운 부지 찾는 일을 지속해 왔습니다. 비록 음식과 요리에 문외한이었어도 프랜차이즈 기업의 CEO로서 크록은 사람들의 사업을 컴퓨터나 통계가 대신할 수는 없다고 늘 힘주어 말했다지요.[04] "미국 지도 위에 가맹점을 핀으로 꽂아 표시해두는 사람들도 있지만, 나에게는 그런 지도가 없습니다. 더 자세하고 정확한 지도가 나의 머릿속에 있기 때문이죠."

지도를 들고 미국의 운명을 개척한 영웅들

맥도날드가 큰 성공을 거두면서 인근에 유사한 패스트푸드 음식점들이 우후죽순 생겨나곤 했습니다. 레이 크록이 꼼꼼한 현지 조사로 좋은 매장의 입지를 찾아내면, 다 된 밥상에 숟가락만 얹으려는 얌체들이 많았던 겁니다. 심지어 맥도날드 매장에 스파이를 보내 영업 매뉴얼을 입수하는 경쟁 상대도 있었지만, 그들은 그저 흉내만 낼 뿐 성공을 거두지 못했습니다. 오히려 그는 경쟁사의 영업 비밀을 캐기 위해 새벽 2시에 경쟁 업체 쓰레기통을 뒤지는 것을 마다하지 않았죠. '모든 권한은 매장의 최대한 낮은 곳에 있어야 한다'는 신념이 강했던 크록은 말합니다.

"고객에게 더 나은 서비스를 제공하려는 진심이 있다면 그 매장의 지하실이 어떻게 생겼는지, 그곳으로 가는 골목은 어떻게 뻗어 있는지를 당연히 알아야 합니다. 그래서 재고나 배송에 관해 더 나은 방법을 고객에게 제안할 수 있을 정도는 되어야 합니다. 나는 언제나 그렇게 했고, 이렇듯 상세한 공간정보와 지리적 지식이 맥도날드의 성공에 큰 도움이 되었습니다."[05]

레이 크록은 상세한 공간정보와 지리적 지식을 맥도날드의 성공 비결로 꼽았다.

관절염으로 인한 골반의 통증으로 고된 날도 많았지만 그는 생의 마지막까지 현장을 지켰습니다. 자신이 하고 싶은 일들은 안락의자에 편히 앉아서는 이룰 수 없는 것들이라고도 했죠.[06] 그는 진짜 지식은 학교에 없다고 단언했습니다. 대학에 돈을 기부하는 것도 거절했지요. 가짜 지식인을 경멸했기 때문입니다. 대학졸업자는 너무 많고 정육점 주인은 너무 적다는 것이 그의 신념이었습니다.

대학에 기부를 하지는 않았지만, 그래도 레이 크록은 1977년 다트머스 대학의 명예박사학위 제안은 영광스럽게 받아들였습니다. 그들은 크록에게 박사학위를 수여한 이유를 다음과 같이 설명했습니다.

"당신은 언제나 몽상가였습니다. 하지만 전 세계에서 수백만 개의 햄버거와 프렌치프라이를 만들어내는 4,000여 개의 맥도날드 매장은 당신이 꾸었던 가장 큰 꿈마저도 넘어섰습니다. 당신은 유례가 없는 미국적인 기업을 만들었습니다. 오늘날 학생들은 3가지 필수적인 요소를 꼭 확인하고 대학을 선택합니다. 뛰어난 교수진, 좋은 도서관, 그리고 맥도날드 매장이 가까이 있는지를 말입니다."

작가 톰 로빈스Tom Robbins는 〈에스콰이어〉에서 맥도날드의 사회적 영향력에 대해 이렇게 설명했습니다. '콜럼버스는 아메리카를 발견했고, 제퍼슨은 미국을 세웠으며 링컨은 미국을 통합하고 골드윈은 신화로 만들었다. 그리고 크록은 빅맥으로 미국을 사로잡았다.' 그러고 보니 콜럼버스, 제퍼슨, 레이 크록… 모두 지도를 들고 신대륙에서 자신의 꿈을 이룬 인물들이네요.

16
모든 매장을 'AI 팩토리'로 변신시킨 월마트

낙관주의자는 어디서나 푸른 신호등을 보고,
비관주의자는 빨간 신호등만 본다. 참으로 지혜로운 사람은 색맹이다.
_ 알베르트 슈바이처, 프랑스의 의사이자 사상가

미국 최대 할인점 '월마트'의 역사는 낙후된 미국 중부에서 시작됩니다. 창업자 샘 월튼은 1918년 3월 29일 오클라호마 킹피셔에서 태어났고 경제 공황기에 어린 시절을 보냈습니다. 그는 어떻게 아메리칸 드림의 화신과도 같은 존재가 되었을까요?

월튼은 7세 때부터 잡지 구독 판촉 활동을 벌였고, 10대 때부터 대학 시절까지는 신문 배달로 학비를 마련했습니다. 13세 때는 지도를 보고 낯선 환경을 탐색해야 받을 수 있는 이글 스카우트 대원이 되기도 했습니다. 1936년 가을 미주리 대학에 입학한 후에는 '동에 번쩍 서에 번쩍 월튼'으로 불렸는데, 이는 바쁜 시간을 쪼개가며 신문 배달을 정확하게 잘해서 얻은 별명이자 명예였습니다.[07]

1940년에 경제학 학사 학위를 받은 그는 아이오와주 디모인의

J. C. 페니 사에서 월급 75달러(약 8만 5,000원)의 견습사원으로 일합니다. 그는 1942년부터 3년 동안 미국 육군 정보국 대위로 복무하며 항공기 제조 공장을 관리하고, 캘리포니아에 있는 포로수용소 관리를 도맡아 하는 등 미국 전역을 돌아다니며 다양한 경험을 쌓았습니다. 1943년, 군인일 때 결혼한 아내가 이사가 잦은 생활을 힘들어하고 특히 대도시에서 사는 것을 싫어하자 그는 소도시에 정착하기로 결심합니다. 장인에게 빌린 2만 달러(약 2,200만 원)로 자신의 상점을 창업한 것은 27세의 일이었습니다. 아칸소주 면직물 생산지였던 뉴포트에서 버틀러 브라더스 사가 운영하던 벤 프랭클린 상회의 가맹점으로 사업을 처음 시작했는데, 1945년 9월 1일 개장한 이 상점은 4년 만에 아칸소주 최고의 가맹점이 됩니다.

미국의 지리적 특성을 간파한 샘 월튼의 공간 전략

월튼의 성공 배경은 레이 크록과 마찬가지로 발로 뛰는 부지런함이었습니다. 그는 자리에 앉아서 서류만 들여다보지 않았습니다. 발로 뛰며 현장의 정보와 자료를 수집했지요. 상점을 개장하기 전부터 길 건너 경쟁 상점을 찾아가 시장 정보를 입수하고 자신의 상점에 적용할 수 있는 좋은 시스템과 정보를 아낌없이 활용했습니다. 주민 수가 채 1만 명도 되지 않는 뉴포트 중에서도 벤튼빌은 인구 300명의 '울적한 시골'에 불과했습니다. 하지만 월튼의 가족은 팔을 걷어붙이고 매장을 꾸려갔지요. 성실함과 부지런함에 대한 보상이었을까요? 월튼은 2년 후 인근 파예트빌에 두 번째 염가 잡화점을 개점해 성공을 거둡니다.

1951년 3월, 아칸소주의 한적한 소도시 벤튼빌에서 염가 잡화점을 개장하고 11년 후 월튼은 최초의 월마트 체인점을 오픈할 수 있었습니다. 1962년, 월마트를 처음 세울 무렵 샘 월튼은 아칸소, 캔자스, 미주리주에 이미 16개의 가맹점을 운영하고 있었습니다. 그는 염가 잡화점을 운영하며 소규모 지역 주민들의 불리한 소비환경이야말로 블루오션임을 알게 되었습니다. 소규모 지역사회 주민들은 같은 물건도 대도시 주민보다 더 비싸게 사야 했기 때문입니다. 먼 거리를 이동하는 운송비 부담도 클뿐더러 지역 상인들은 대도시에서만큼 상품을 싸게 들여올 능력이 없었기 때문입니다. 싼값에 좋은 상품을 제공하는 것이 성공의 핵심이라는 것을 간파한 그는 고객을 대신해 미국 전역을 누볐습니다. 제조업체에서 상품을 직접 구매해 소매지만 대량으로 판매하는 상점, 즉 대형할인점을 목표로 뛰었던 것이지요.

그는 각지에 흩어져 있는 지점을 둘러보기 위해 자가용 비행기까지 마련하고 조종사 자격증까지 땁니다. 샘은 직접 비행기를 몰면서 즐거워했지만, 그와 함께 비행기를 탄 사람들은 조마조마한 그의 비행 방식 때문에 불안에 떨어야 했습니다. 그는 착륙할 공항을 찾아야 한다는 핑계로 저공비행을 했는데, 가급적 지면과 가깝게 비행하며 현장의 분위기를 세세하게 파악하고자 하는 노력의 일환이었습니다. 시간적 여유가 있을 때마다 비행기로 전국을 누비며 공간 감각을 예리하게 다진 월튼은 서둘러서 입지를 결정하는 법이 없었습니다. 위험하게 비행기를 조종하는 습관과는 달리 부동산 투자에는 늘 신중에 신중을 기했습니다.

스트리트 스마터에게 '마천루의 저주'는 없다

그가 다른 사업가와 차별화되는 점은 좋은 상품 못지않게 좋은 상점 위치를 알아보는 탁월한 안목에 있었습니다.[08] 신문 배달을 통해 어린 시절부터 익힌 지도력, 트럭과 비행기를 운전하며 얻은 공간적 의사 결정력 덕분이기도 했습니다. 미국의 지리적 특성을 잘 아는 샘 월튼의 공간 전략은 적중했습니다. 작은 소도시에서부터 군살을 줄이고 내공을 쌓으니 불황에도 흔들리지 않고 오히려 더 빠르게 성장하는 기업이 된 것입니다.

월튼의 목표는 늘 타인의 삶을 변화시키는 데 있었습니다. 어린 시절 가난을 경험한 그는 가난한 사람들의 생활 수준을 높이는 것을 사명으로 여겼습니다. 자신이 본사에서 시간을 적게 보내면 보낼수록 회사에는 이득이라고 생각한 그는 현장에서 종업원과 매니저들의 말을 듣고, 그들에게 자신의 경험과 지혜를 전하며, 개선할 사항을 공유하기 위해 매장에서 살다시피 했습니다.

그는 일주일에 서너 차례씩 매장을 방문했고 최소한 1년에 한 번은 모든 매장을 둘러보았습니다. 자가용 비행기 안에서 하루 일정을 조율할 만큼 그는 늘 유목민으로 살았고, 길거리에서 하루의 대부분을 보냈다고 합니다.[09] 매주 토요일 회의에서 각 점포의 주별 판매 수치를 점검했는데, 지도와 함께 매장의 상황, 구체적인 현장의 모습을 떠올리는 과정이 빠지지 않았습니다. 월마트 중역들은 각 지역의 현장 상황을 공유하고 지혜를 모아 함께 월마트 전체의 전략을 세웠습니다. 샘 월튼이 솔선수범해서 현장을 도니, 다른 중역들이나 직원들 역시 늘 깨어 있을 수밖에 없었습니다. 화려한 본사 건물을 짓거나 편하게 중역 사무실에서 시간을 낭비하는 관료주의는 월마트에 발붙일 수 없었던 것이죠. 월마트가 다른 유통업체는 넘볼 수 없는 초격차를 확보하게 된 비결은 바로 이 '스트리트 스마트' 정신에 있습니다.

코로나19에도 사상 최고 매출 기록한 비결

월마트 성공의 또 다른 비밀은 역시 앞서가는 공간 철학, 즉 지리에 입각한 경영 전략이었습니다. 주요 경쟁사들보다 훨씬 빨리 컴퓨터를 설치하여 물류 관리를 자동화한 것도 중요한 성공 요인이었습니다.[10] 월마트의 트럭 운송 센터 감독으로 시작해 최고 경영자까지 올라간 리 스콧은 물류 전문가로 잔뼈가 굵었습니다. 운송, 배급, 첨단 기술 등의 결정적 요인 덕분에 월마트가 거대한 조직으로 발전할 수 있었고, 특히 재고 물량 관리와 효율적인 물류 체계가 월마트를 다른 유통 기업과 차별화시킨 핵심적인 요인이었다는 겁니다.[11]

샘 월튼은 회사가 1달러라도 함부로 낭비하면 결국 그 부담이 소비자에게 돌아간다고 생각했습니다. 반면 월마트가 1달러를 절약하면 소비자가 행복할 수 있고, 월마트는 경쟁에서 한 걸음 앞서 나가는 것이라고 믿었습니다. 1992년 3월 5일, 74세로 그가 생을 마쳤을 때, 그는 브루나이 국왕에 이어 세계에서 두 번째로 돈이 많은 부자가 되어 있었습니다.

1969년 설립된 월마트는 백화점 중심의 소매 유통산업이 근본적으로 할인형 소매점으로 바뀌고 있다는 사실을 재빨리 알아차린 기업이기도 합니다. 1970년대부터 때마침 불어오던 IT 바람을 활용해 철저히 고객의 성향을 살폈고 지리 정보에 근거한 공간 전략을 바닥부터 다졌습니다. 1979년부터 품목별 재고관리와 배송을 전산화하기 위해 미국 전역에 '데이터 창고'를 세웠고, 인터넷이 없던 1987년 인공위성을 도입해 본사가 직접 재고 및 판매를 추적하고 매장과 즉시 통신할 수 있는 체제를 갖추었습니다.

공간 전략을 일찍부터 신경 쓴 월마트는 인공지능 혁명에도 재빨리 올라탔는데, 월마트의 전략은 '토털 AI' 전략과 온라인-오프라인의 연계가 핵심입니다. 월마트의 최대 라이벌인 아마존이 온라인 쇼핑에 역점을 두었다면 월마트는 미국 전역에 있는 4,700여 개의 매장을 거점으로 디지털과 AI를 연결하는 전략을 펼쳤습니다. 고객 90%가 10마일(약 16km) 내 거주하기 때문에 오프라인 매장과 디지털을 직접 연계하기 유리하다는 입지적 장점을 살려 고객이 원하는 시간에 제품을 배달하는 서비스를 도입한 것이죠. 월마트의 강점인 신선식품을 고객이 원하는 곳으로 배송하는 택배 서비스 '익스프레스 딜리버리'를 시작한 것인데, 상품 재고와 배송용 차량, 직원들의 근무 상황만이 아니라 교통과 기상 정보도 AI가 분석한 후 효율적인 배달 경로를 계산해 주문 후 2시간 이내에 상품을 배달할 수 있는 시스템까지 구축했습니다. 운송비를 획기적으로 줄이면서 라이벌인 아마존보다 훨씬 싼 가격의 물건을 많이 내놓게 된 것입니다.

대규모 매장과 가격경쟁력을 가진 월마트는 온라인과 AI에 집중 투자하며 아마존까지 압도하고 있습니다. AI를 활용한 고객의 데이터 분석을 통해 수요예측을 정확하게 했고 구입에 걸리는 시간을 최소화했습니다. 로봇을 물류센터에 투입해 창고 내 운반작업의 자동화를 꾀하기도 했습니다.

아울러 2021년에는 자율주행 트럭 배송 기업 '개틱Gatik'과 함께 안전요원이 탑승하지 않는 100% 완전 자율주행 트럭을 배송작업에 투입하는 혁신을 단행합니다. AI 기술로 수집한 빅데이터 분석과 로봇, IoT, 자율주행 등 모든 기술을 동원해 건강, 금융업 등에도 뛰어들어 새로운 플랫폼 기업으로 도약하고 경로당과 유사한 기능의 월마트 중심 지역 공동체도 만들어 갈 계획입니다.

월마트는 앞으로 모든 매장을 'AI 팩토리'로 부른다고 하네요. 월마트의 2020년도 결산을 보면 매출이 전년 대비 6.8% 증가한 5,591억 달러(약 626조 2,000억 원)를 찍었는데, 이는 월마트 사상 최고치입니다. 빅테크가 아닌 전통 아날로그 업체가 이렇게 정교한 AI 전략을 구사할 수 있게 된 배경에는 지리의 힘을 일찌감치 간파하고 기업의 핵심 역량으로 발전시킨 창업주, 샘 월튼의 공간 철학이 있습니다.

월마트닷컴의 본사가 벤튼빌을 떠난 이유?

'벤튼빌을 떠나지 마라'는 샘 월튼의 유언과도 같은 원칙이었습니다. 벤튼빌의 사무실 임대료는 미국에서 가장 싸고, 생활비와 평균임금도 낮은 편이어서 월마트의 짠돌이 정신을 실현하기에 최적의 공간이기도 하죠. 하지만 월마트닷컴의 본사는 벤튼빌도 아니고 인도의 방갈로르도 아니고, 캘리포니아 브리즈번에 있습니다. 샌프란시스코 도심에서 11km 떨어진 곳으로 세계에서 인건비가 가장 비싼 곳에 들어선 것입니다. 이는 혁신의 세계에서는 창의성과 생산성이 인건비나 다른 요인보다 훨씬 더 중요하다는 것을 입증하는 사례이기도 합니다. 익명을 요구한 한 직원에 의하면 벤튼빌 본사에서 만들었던 홈페이지 디자인이 너무 촌스러워서 내부 직원들 사이에서 웃음거리가 된 이후 정신을 차리고 실리콘밸리와 가까운 곳에 월마트 온라인 본부(월마트닷컴)를 세웠다고 합니다.

17
1조 원 매출 신화,
K-스타벅스의 공간 혁명

우리가 해야 할 일은 끊임없이 호기심을 갖고
새로운 생각을 시험해보고 새로운 인상을 받는 것이다.
_ 월터 페이터, 영국의 문학평론가

2011년 스타벅스의 하워드 슐츠 회장이 한국을 찾았습니다. 그는 덕수궁 정관헌에서 열린 기자 간담회에서 '한국 스타벅스 점포 수를 5년 이내에 2배 이상 늘린 700개 규모로 확장하겠다'는 중장기 전략을 발표했습니다. '고요하게 바라보는 공간'이라는 뜻을 가진 정관헌靜觀軒은 1900년대 초 덕수궁 안에 세워졌는데, 궁궐에서 커피를 즐겼다는 고종 황제가 외교 사절단을 맞이하던 곳이기도 합니다. 그가 방한한 지 10년, 스타벅스의 한국 시장 진출 21년 만인 2020년 12월 말 스타벅스의 국내 매장 수는 1,503개로 1,500개를 넘어섰습니다.

스타벅스는 2020년 9월 말 기준 전 세계 70여 개국에서 약 3만 3,000개 매장을 운영하고 있습니다. 1위는 단연 미국으로, 총 1만

5,328개 매장이 있고, 2위는 중국 4,704개, 3위는 캐나다 1,603개입니다. 원래 4위는 일본이었지만 2020년 한국이 추월해 일본 스타벅스는 5위로 밀려났습니다. 6위 영국에 이어 멕시코, 터키, 인도네시아 등에서 스타벅스가 선전하는 가운데, 본고장인 미국과 캐나다를 제외하면 한·중·일 3국이 상위권을 독차지하고 있습니다.

최근에는 중국의 젊은 층이 스타벅스 커피를 즐기기 시작해 매장이 급증하고 있죠. 반면 일본 스타벅스는 처음부터 고전했습니다. 미국처럼 행인들이 많은 도심지 교차로에 스타벅스 매장을 열었지만 일본 고객들이 지나치기만 할 뿐 매장에 들어오지 않았기 때문입니다. 아무리 스타벅스 커피가 맛있고 내부 인테리어나 분위기가 좋아도 소비자의 공간적 취향을 반영해 입지를 선정하지 않으면 문제가 될 수 있다는 것을 보여주는 사례입니다.

스타벅스는 왜 유독 한국에서 잘 될까?

중간에 이런저런 시행착오를 겪은 일본 스타벅스와 달리 한국 스타벅스는 1999년 이화여자대학교 앞에 1호점을 오픈한 이후 계속 승승장구하고 있습니다. 그렇다면 스타벅스는 왜 유독 한국에서 잘되는 걸까요? 한국 스타벅스의 성공 배경에는 지도를 활용해 입지를 선정하는 특별한 조직, 점토개발팀이 있었습니다. 한국 스타벅스의 점포개발팀은 매장 후보지 발굴, 매장 임대차 계약, 인테리어 설계 및 공사, 그리고 시설의 유지, 보수에 이르는 업무를 맡고 있습니다. 10명 정도의 파트너가 점포 개발을 담당하는데, 각 파트너가 매월 1개씩, 연간 12개의 매장을 오픈합니다.

한편, 스토어 디벨로퍼Store Developer라고 불리는 파트너는 대부분 부동산, 건축, 인테리어를 전공하고 다양한 현장 경험을 보유한 인재들로 구성되어 있습니다. 스타벅스 매장은 100% 직영이라 시장 조사, 매장 발굴, 승인, 투자 결정, 인테리어 공사, 오픈까지 최소 6개월 이상이 걸리는데, 점포개발팀이 담당했던 신규 매장들은 대부분 오픈 초기부터 수익을 낸 알짜 매장이 되었습니다.

점포개발팀이 가장 먼저 착수한 일은 스타벅스 국토개발계획 지도를 제작하는 것이었습니다. '미션 1,000'을 달성하기 위해 전국 지도를 펼쳐놓고 스타벅스 매장을 열 수 있는 모든 후보지를 조사했습니다. 우선 전국의 지하철역과 신설 예정 지역을 지도에 그려 넣었는데, 지하철역은 모두 830개(서울 441개, 부산 128개, 대구 89개, 대전 22개, 광주 20개 등)였고 신설 후보 역까지 계산하면 900개가 훌쩍 넘었습니다.

그다음에는 역의 규모에 따라 오픈 가능한 매장 수를 계산했는데, 서울 지하철역은 길이가 길고 출구가 8개 이상이라, 역당 4개의 가상 매장을 그려 넣었고 부산은 역당 2개 매장을 배정했습니다. 이렇게 하니 지하철역 주변에 오픈할 수 있는 매장의 개수는 2,151개에 달했습니다. 같은 방식으로 버스 정류장별 승하차율을 고려해 매장을 열 여건이 되는 버스 정류장을 계산해 추가했습니다.

또한 많은 사람이 상주하는 대형 빌딩도 지도에 반영했는데, 공연장, 영화관, 스포츠 시설, 공원, 관광지, KTX, GTX, 공항, 터미널, 부두를 비롯해 사람들이 많이 모이는 모든 장소를 조사해 지도에 표시하고 체계적으로 도식화하니 4만여 개의 후보지를 추릴 수 있었습니다. 판교, 동탄, 김포 한강, 파주 운정 등 정부가 주도하는 국토개발계획에 따라 건설되는 모든 신도시를 포함시키고 거주 인구가 이동하는 동선도 감안했죠. 이 모든 공간정보를 분석한 후 실제 개발이 시행되는 시점까지 고려해 연도별 매장 오픈 계획을 지도와 연계하여 표시해 나갔습니다.

이후 지역별 스타벅스 매장 개발 담당자의 현장 조사 결과를 반영해 오픈 우선순위를 정하고, 선정된 지역의 매물과 신축 건물을 조사해 입점 후보지를 압축했습니다. 매장 개발 시 전문가의 철저한 공간 분석을 거쳐 시장조사 결과와 현장의 지리적 특성을 반영해 적합한 후보지를 선정해 나가니 실패할 확률은 아주 낮아졌습니다. 건물주도 스타벅스의 입점을 환영했는데, 스타벅스 매장이 들어서면 상가 내 다른 점포까지 매출이 증가하고 건물 시세까지 동반 상승하는 '스타벅스 나비효과'가 일어났기 때문입니다. 스타벅스가 있는 곳을 선호하는 사람들이 늘어나니 '스세권'이라는 신조어까지 생겼습니다. 스타벅스로 인해 당신이 무슨 커피를 마시느냐보다 어디서 마시느냐(You are where you drink)가 중요해진 것이죠.

제3의 공간을 창조하고 제3세계를 바라보다

미국과 유럽 국가에서는 유대인에 대해 편견을 갖거나 '돈만 밝히는 냉혈한'이라며 부정적으로 평가하는 사람도 여전히 존재합니다. 그러나 유대인이라고 모두가 성공한 부자는 아닙니다. 유대인 가정에서 성장한 하워드 슐츠는 어린 시절 뉴욕 빈민가의 좁은 아파트에서 살았습니다. 트럭 운전사였던 그의 아버지는 부상을 당했지만 제대로 치료를 받지 못했습니다. 아픈 몸과 세상을 원망했던 아버지 밑에서 침울한 성장기를 보낸 그는 가난한 가정환경에서 벗어나고 싶었습니다. 길거리를 배회하고 동네 농구장에서 거의 살다시피 했던 하워드 슐츠는 체육 특기자로 간신히 대학에 진학합니다.

이탈리아 출장 중 우연히 들른 에스프레소 바의 따뜻하고 가족적인 분위기를 삭막한 미국의 대도시 거리에서 재현해 보고 싶은 꿈은 그를 움직이는 원동력이었습니다. 향기로운 커피 향과 부드럽게 넘어가는 카페라테가 주는 행복감, 지친 몸을 쉬어갈 수 있는 편안한 의자가 있는 공간은 스타벅스 매장을 조성하는 일관된 컨셉이었습니다. 이제 전 세계에서 스타벅스 매장은 단순히 커피만 마시는 공간에 머물지 않고 집과 직장 사이에 있는 포근한 제3의 공간으로 진화했습니다. 스타벅스의 성공비결은 커피의 맛뿐 아니라 커피를 마시는 공간이 주는 따뜻하고 편안한 분위기가 아니었을까요? 실제로 스타벅스는 가난한 학생의 공부방이 되기도 하고 작가의 집필실이 되기도 합니다. 퇴근길 직장인에게는 귀가 전 고된 하루의 피로를 푸는 휴식의 공간이기도 하죠. 집이 좁아 친구를 초대할 수 없는 이에게 스타벅스는 친구와 다정하게 대화를 나누는 거실이 되기도 합니다. 단순히 커피만 많이 팔겠다는 장사꾼의 욕심이 아니라 스타벅스 매장이 누군가에는 자신의 어린 시절 농구장 같은 곳이 되길 바라는 창업주의 진심이 스타벅스를 제3의 공간으로 승화시킨 셈입니다.

그렇다면 스타벅스 창업주인 하워드 슐츠가 개인적으로 가장 좋아하는 커피 원두는 어느 나라에서 생산될까요? '자바섬과 술라웨시섬, 그리고 숙성 수마트라가 만나 사이렌의 노래처럼 매혹적인 흙내음과 스파이시한 풍미'가 매력적인, 2021년 스타벅스 50주년을 축하해 출시된 애니버서리 블렌드에 힌트가 있습니다. 우리는 중남미 커피에만 익숙하지만, 진짜 고급 스페셜티 커피는 '적도에 촘촘히 박힌 보석 목걸이'라는 별명을 가진 인도네시아에서 주로 나옵니다.

그동안 스타벅스는 아라비카 원두의 품질을 유지하기 위해, 커피 재배 농부에게 직접 원두를 구매하거나 로스팅 공장을 인수해 왔습니다. 커피 업계에서 공정무역이 기본이 되어가자 스타벅스는 제3세계 커피 재배 농가를 지원하고 환경을 보존하는 일에 앞장서고 있습니다. 기후 변화와 커피 녹병으로 고급 스페셜티 커피 원두를 구하는 것이 어려워지면서, 제3세계의 커피밭 농부들과 좋은 관계를 유지하고 커피밭의 환경을 지키는 일은 커피 업계의 핵심적인 이슈가 되어 갑니다. 제3의 공간에서 제3세계를 바라봐야 하는 이유죠.

이탈리아 여행이 바꾼 운명

사시사철 안개와 비로 덮여 있는 으슬으슬한 날씨는 영국을 비롯해 서안해양성 기후를 보이는 지역의 전형적 특징입니다. 또한 IT 직업군이 많은 꽤나 지적인 인구 구성, 국경 너머 밴쿠버와의 교류, 태평양 건너 아시아 국가와의 교역 증가, 근면한 아시아 인구의 유입 등은 시애틀의 막대한 커피 소비량을 만들어냈습니다. 그렇게 스타벅스, 시애틀스 베스트 커피, 툴리스 등을 통해 시애틀은 세계의 커피 수도로 부상했습니다.

1971년, 미국 서부 항구도시 시애틀에서 스타벅스의 역사는 시작되었습니다. 커피를 좋아하던 샌프란시스코 대학 동창생 3명이 의기투합해 시애틀의 웨스턴 애비뉴에 처음 문을 열었는데, 아라비카 커피 원두를 파는 작은 상점의 이름이 바로 '스타벅스'였습니다.

북유럽 기업에서 주방용품과 생활용품을 파는 영업사원으로 일하던 하워드 슐츠는 시애틀의 작은 상점에서 대량 주문이 몰리자 그 이유가 너무나 궁금해 직접 찾아가기로 합니다. 그때 마신 스타벅스 커피 맛에 반한 하워드 슐츠는 1982년, 원래 다니던 회사를 그만두고 곧바로 스타벅스에 마케팅 담당자로 합류합니다.

1983년 이탈리아 밀라노로 출장을 간 하워드는 길가의 에스프레소 바에서 스팀 밀크와 에스프레소가 어우러진 커피를 마시며 긴장을 풀고 편안하게 이야기 나누는 사람들의 모습과 공간의 분위기에 매혹됩니다. 시애틀로 돌아온 그는 스타벅스에서도 커피 원두만 팔 것이 아니라 에스프레소 바를 직접 운영하자고 경영진에게 건의했지만 받아들여지지 않습니다. 밀라노에서의 강렬한 체험을 잊을 수가 없었던 그는

1985년 스타벅스를 그만두고 '일 지오날레il Giornale'라는 에스프레소 바를 시카고에서 창업합니다. 일 지오날레는 이탈리아어로 '매일'이라는 뜻입니다. 하워드의 직감대로 고객들의 반응은 뜨거웠고, 그가 내린 커피에 중독되어 '매일' 에스프레소 바를 찾는 고객들까지 생겼습니다. 자신감을 얻은 슐츠는 시애틀과 캐나다 밴쿠버에 잇달아 매장을 오픈합니다. 하워드는 커피 품질과 파트너 교육, 직원 유니폼뿐 아니라 매장 음악, 인테리어 등 커피를 마시는 공간 조성에도 신경을 많이 썼습니다. 그 과정에서 디자인을 전공한 아내의 도움도 많이 받았습니다. 일 지오날레의 매출은 빠르게 늘어났고, 결국 에스프레소 바 설립 3년 만에 자신의 옛 직장이었던 스타벅스를 인수했습니다. 이탈리아 여행에서 경험한 에스프레소 한 잔이 그의 운명을 바꾼 셈이죠.

18
21세기 대동여지도의 승리, 배달의민족

만 권의 책을 읽고 가슴에 만감을 품고 만 리 길을 간 다음 붓을 들라!
_ 중국 청나라 미술 교과서 《개자원 서보》중에서

'배달의민족' 김봉진 대표는 전남 완도군의 작은 섬 구도에서 4남매의 막내로 태어났습니다. 원래 그는 반 고흐 같은 화가가 되고 싶었습니다. 하지만 가정 형편이 여의치 않아 미술 공부를 포기하고 서울로 올라와 수도전기공고에 진학했습니다. 42명 중 40등을 할 정도로 학교 공부에는 별 뜻이 없었다고 합니다.

고등학교를 졸업하고 방황하던 그는 대학로에 있는 디자인 학원에 다니며 마음을 잡습니다. 그러던 어느 날, 이케아 관련 다큐멘터리를 우연히 보고 가구에 꽂혀 서울예술대 실내디자인과에 진학하죠. 장학금을 받을 정도로 우수한 성적으로 졸업하지만 IMF 경제위기가 닥쳤고 취업이 쉽지 않았습니다. 포토샵 기술 덕분에 광고회사 이모션에 입사하고 이후에도 네오위즈, 네이버 등에서 웹 디자이너로 일하죠.

하지만 가구를 만들고 싶은 꿈을 버릴 수 없었나 봅니다. 잘 다니던 직장을 그만두고 2008년 대치동에 가구점을 차렸는데, 안타깝게도 쫄딱 망했습니다. 뛰어난 디자인으로 입소문이 나고 잡지에도 실리며 가구 자체는 호평을 많이 받았지만, 그러한 찬사가 매출로 이어지지는 않았던 것입니다.

지리학자 입장에서 볼 때, 김봉진 대표의 가구점은 공간적 의사결정을 잘못한 케이스입니다. 가구는 운송비가 많이 들고 공간도 많이 차지하기 때문에 가구점은 임대료가 저렴한 도시 외곽 지역에 입지하는 것이 유리합니다. 글로벌 기업으로 성장한 이케아가 처음에는 스웨덴 소도시에서 시작한 것도 그 때문입니다. 그러나 대치동은 임대료도 엄청 비싸고 무엇보다 가구를 새로 살 수 있는 소비자가 별로 없는 곳입니다.

생활 수준과 안목이 아무리 높아도 가구를 새로 사려면 집에 빈 공간이 있어야 하는데, 아파트 평당 가격이 높기로 유명한 강남에서는 집 안에 공간이 남아돌 가능성이 낮습니다. 한창 크는 아이들 교육비 부담도 클 테니, 부유한 가정의 주부라도 공간을 많이 차지하는 가구를 덜컥 구매하기는 쉽지 않았을 겁니다.

알고리즘을 이기는 발품의 힘

결국 2억 원의 빚만 지고 1년 만에 가구점을 폐업한 후 김봉진 대표는 심리적, 경제적으로 힘든 상황에 빠집니다. 당장 생활비가 없어 네이버에 취직했지만 월급으로는 이자 갚기도 버거웠기에 그의 아내도 어린 딸을 맡기고 맞벌이에 나서야 했습니다. 김 대표는 주중에는 네이버에 출근하고 주말에는 지인들과 함께 절박한 심정으로 창업을 준비합니다. 배달의민족은 그가 구상한 여러 사업 아이템 중 하나였습니다. 2010년 '우아한 형제들'을 창업한 후 우여곡절이 많았지만 현장을 뛰는 성실한 열정과 스트리트 스마트 정신으로 위기를 돌파해 나갔습니다. 전 직원이 길거리로 나가 쓰레기통까지 뒤지며 전단지를 수거하고 발품을 팔아 음식점 정보를 모아 배달의민족을 국민 앱으로 키워냈습니다.

인력도 자본도 부족한 창업 초기 김 대표는 공간 집중 전략을 펼쳤습니다. 투자를 유치 받기 위한 프레젠테이션 일정이 잡히면, 회의실 반경 1.5km 안에 있는 업소들을 돌아다니며 전단지부터 모았습니다. 최소한 일주일 전부터 최대한 많은 식당 정보를 수집해 앱에 올려 미팅을 치밀하게 준비하는 겁니다. 미팅 당일 투자자가 배민 앱을 열었을 때, 얼마나 많은 업소 정보가 자세하게 담겨있고 사용이 편리한지를 실감하고 투자를 결심하도록 유도하는 전략이죠.

새벽마다 오피스텔과 길거리 쓰레기통을 뒤지고 '우리가 전단지 모으는 걸 도와주시면 더 이상 전단지가 길거리에 지저분하게 굴러다니지 않을 것'이라고 경비아저씨, 청소부 아주머니들을 설득하며 협조를 구했습니다. 배민의 압도적인 경쟁력은 열심히 발품을 팔아 각종 전단지를 수집하고 공간 정보를 정리하며 길러진 셈입니다.

배민 직원들은 우선 판교, 강남, 한남동 등 IT 개발자나 투자자들이 밀집된 지역을 돌아다니며 공간 정보를 수집한 후 조금씩 배민의 영토를 넓혀갔습니다. 이후 서울뿐 아니라 지방 도시에서도 아르바이트 인력을 고용해 2~3년에 걸쳐 엄청난 양의 전단지를 수집하며 데이터를 정리하는 프로젝트명이 '대동여지도'였으니, 배민은 고구려 벽화에 등장하는 인물의 후예일 뿐 아니라 조선의 지도 제작자 김정호의 후예가 분명합니다.

기업을 살리는 행복한 공간의 힘

여행을 좋아하는 현대카드 정태영 부회장은 일찍이 '공간 마케팅'에 눈을 떴습니다. 일본, 멕시코 지사에서 일하며 환경에 따라 달라지는 조직 문화와 인간의 본성에 관심을 가지게 되었다고 하네요. '직원들이 창밖의 어떤 풍경을 보고 일하는지는 매우 중요한 문제'라고 생각한 그는 '인사이트 트립'이라는 제도를 도입하는데, 직원들이 일주일 동안 여행을 떠나 세상을 관찰하고 새로운 아이디어를 발견하도록 기회를 주는 겁니다.

　마찬가지로 공간과 인테리어의 중요성을 잘 알고 있던 김봉진 대표는 하루에 적어도 8시간을 보내는 사옥에 특별한 관심을 쏟았습니다. 배민은 사무실을 3번 이사했는데, 그때마다 김 대표가 배민의 모든 실내 공간을 직접 디자인하고 인테리어 공사를 주도하며 정성을 많이 들였다고 하네요. 비록 유명 대기업처럼 으리으리한 건물에 비싼 조형물로 장식한 오피스는 못되더라도 '배민다운' 공간을 만들기 위해 신경을 많이 썼습니다. 공간 배치나 인테리어, 창밖의 풍경이 구성원의 사고방식이나 태도에 지대한 영향을 끼친다고 믿었기 때문입니다. 가장 먼저 그는 회의실이 아닌 '회의를 디자인한다'는 생각으로 회의실을 다락방처럼 조성합니다. 기존 회의실에 대한 고정관념을 깨뜨리니 창의적인 생각들이 쏟아져 나왔고, 직급과 서열의 틀도 자연스럽게 허물어졌습니다. 배민의 회의실은 학창시절 친구들과 편하게 걸터앉아 허심탄회한 이야기를 나누던 공간, 시시한 농담부터 진지한 고민까지 편안하게 서로 터놓을 수 있는 학교 운동장 스탠드처럼 바뀌었죠. 회의가 없을 때는 신발을 벗고 올라가 휴식을 취하기도 하고, 노트북을 들고 가 업무를 보기도 하니 공간 활용의 효율성도 높아졌습니다.

'배민다움'을 키우는 지리의 힘

배민은 새로운 체험을 제공하고 소비자의 습관을 바꾸어 새로운 시장을 창출하기 위한 3단계 혁신을 실천했습니다. 전단지와 배달 시장의 비효율성을 없애는 혁신의 첫 단계는 '허접한 배달 음식'을 '지인이나 가족과 즐겁게 먹은 음식과 체험'으로 바꾸는 것이었습니다. 배달 음식을 '사랑하는 사람과 나누는 행복한 시간'으로 새롭게 정의한 김 대표는 음식을 배달시키는 본질적 이유가 뭘까를 깊게 고민합니다. 탐구 결과 '내가 먹고 싶은 곳', 다시 말해 '내가 행복한 곳'에서 좋은 음식을 먹기 위해서라는 결론에 도달합니다. 결국 김 대표의 지리적 상상력이 배달음식의 정의를 바꾸고 새로운 시장을 창출한 셈입니다.

푸드테크의 혁신으로 소비자는 어디에 싸고 맛있는 음식이 있는지 쉽게 파악하고 음식점 가서 기다리는 시간을 절약하게 되었습니다. 음식점 사장님은 소비자의 피드백을 받아 더 맛있는 음식을 만들 수 있으니 선순환 구조가 자연스럽게 만들어집니다. 더군다나 전단지를 만드는 비용과 수고를 덜고 쓰레기까지 줄이니 환경 보호에도 도움이 됩니다. 소비자와 가맹점을 연결하는 플랫폼이 된 배민의 나비효과로 세상은 좀 더 나은 곳으로 변화해 나갔습니다.

2019년 말 배민의 경쟁사인 요기요를 보유한 독일계 회사 딜리버리 히어로(이하 DH)는 배민 인수 계획을 전격 발표합니다. 당시 가치로 4,800억 원 상당의 주식을 주며 배민을 인수한 이유는 바로 이러한 '촘촘한 공간정보에 기반한 서비스가 갖는 무한한 확장성' 때문이었다고 합니다. 결국, 발로 뛰며 수집한 전단지, 계속 업데이트되는 지리 공간정보, 소비자와의 근접성이 경쟁사들이 넘볼 수 없는 '배민만의 강점'으로 높은 평가를 받은 셈입니다. 실제로 배민 플랫폼의 확장 가능성은 무궁무진합니다. 그저 음식만 시켜 먹는 게 아니라 동네 편의점, 슈퍼의 신선식품 쇼핑도 실시간으로 가능하게 하니까요.

한국을 넘어 아시아 전체 배달 앱 시장을 개척하길 원하는 DH는 김봉진 대표가 계속 경영권을 맡아야 한다는 조건을 달았습니다. DH는 배달의민족이 동남아에서 영토를 공격적으로 확장하고 진짜 딜리버리 히어로가 되길 주문했는데, 코로나19 이후 동남아 지역에서 디지털 전환의 속도가 더 빨라지고 혁신은 더 과감해졌기 때문입니다. 배민이 '대동여지도'를 넘어 아시아 지도, 세계지도 프로젝트까지 멋지게 성공시키길 기대하고 응원합니다.

19
현장을 중시하는 월가의 전설,
피터 린치

권력에 대한 욕망을 제거하는 것이 급선무는 아니다. 정작 중요한 일은
그 욕망이 생명을 창조하고 세계를 건설하는 데 유용하게 쓰이도록 지켜보는 일이다.
_ 로버트 무어, 미국의 심리학자

워런 버핏이 가치 투자의 대가라면, 피터 린치는 '발로 뛰는 투자'
를 선호합니다. 주식 투자를 눈사람 만들기에 비유하는 버핏은 직
관력을 바탕으로 가려낸 소수의 초우량 기업에 투자하여 보유기간
을 길게 가져가 수익을 올리는 방식을 취하지만 피터 린치는 늘 변
하는 현장을 누비며 새로운 투자 대상을 찾아 나서는 사냥꾼 같습
니다.

"조사 없이 하는 투자는 위험하다. 패를 보지 않고 벌이는 포커판
과 같다"고 말하는 피터 린치는 기업들을 부지런히 방문하고 조사
해서 더 좋은 기업이 발견되면 기존 종목을 매도한 자금으로 새로
운 기업을 매수합니다. 거시경제보다는 개별기업의 가치에 주목하
는 피터 린치의 포트폴리오에서는 중소형 성장주의 비중이 높은 편

입니다.

피터 린치는 마젤란 펀드를 2,000만 달러(약 225억 1,400만 원)에 인수한 후 13년간 운용해 660배에 달하는 140억 달러(약 15조 7,600억 원) 규모의 뮤추얼 펀드로 성장시킵니다. 그는 전성기였던 47세에 은퇴를 선언하고 1989년 저서 《전설로 떠나는 월가의 영웅》을 통해 '상식의 위력'을 강조하는 투자법을 설파합니다. 그 책은 베스트 셀러가 되고, 린치는 작가로 명성을 날립니다. 그는 1967~1969년 한국에서 포병대 중위로 근무해 한국과도 인연이 있습니다.

피터 린치는 월스트리트에 똑똑한 바보들, 뒷북치는 투자 전문가들이 너무 많다고 주장합니다. 투자를 잘하려면 다른 사람의 마음을 읽을 줄 알아야 하는데, 월스트리트의 소위 전문가라는 사람들은 그렇지 못하다는 것입니다. "모두 똑같은 신문, 잡지를 읽고 똑같은 학자들의 말만 들으면 결국 똑같은 생각을 하고 똑같은 종목에만 투자한다"며 일침을 가했습니다. 그는 전문가들보다 오히려 일반인이 흥미로운 기업이나 제품을 발굴하기에 유리하다고 말합니다.[12]

그렇다면 일반인들이 어떻게 해야 전문가보다 더 빨리 움직이고 기회를 잡을 수 있을까요? 비결은 바로 현장 답사입니다. 발로 뛰며 얻은 고급 정보와 새로운 통찰은 월스트리트의 전문가보다 더 높은 수익을 가져다줄 확률이 높습니다. 전문가도 모르는 투자 유망 기업은 결국 현장의 힘, 지리적 상상력으로 발굴할 수 있는 거죠.

MBA 학위를 압도하는 현장 조사의 위력

피터 린치는 명문 경영대학원 와튼 스쿨을 졸업했지만 MBA에 대해서도 부정적입니다. 와튼을 다닌 보람은 현명한 아내를 만난 정도라고 하네요. 계량 분석과 랜덤워크 가설을 신봉하는 경영대 교수보다는 실무에 밝은 현장 전문가들이 더 낫다고 단언합니다.[13] 학창시절에 그는 과학, 수학, 회계학 같은 일반 경영학 필수과목은 피하고 인문학을 주로 수강했다고 합니다. 주식 시장은 계량화가 통하지 않으며 통계학보다는 역사, 철학 공부가 더 유용하다고 말합니다.

피터 린치는 투자 종목을 선정할 때 회사 대표자를 만나보거나 직접 본사를 방문할 것을 권합니다. 그는 실제로 투자를 결정하기 전 본사를 방문해 회사의 분위기를 파악한다고 합니다. 누구에게나 공개된 기본 정보는 전화 한 통이나 인터넷 사이트 검색을 통해 얻을 수 있지만 회사의 입지와 분위기는 현장을 방문해야 제대로 느낄 수 있기 때문이죠. 실제로 그는 볼링장 뒤편 외진 곳에 있었던 '타코벨' 본사를 방문해 좁은 집무실에서 열심히 일하는 회사 임원들을 보면서 회사의 성장 가능성을 직감했다고 말합니다.

또한 '크라운 코크 앤드 실'을 방문했을 때 전체 공정이 한눈에 보이는 사장 집무실의 가구가 초라하고 바닥에 값싼 장판이 깔려 있음을 보고 대박을 예감했다고 합니다. 실제로 30년간 280배의 상승률을 보인 이 기업은 '고수익과 검소한 본사라는 완벽한 조합'의 실증 사례입니다. 반면 고급 골동품 가구에 우아한 벽지를 바르고 비싼 화분을 들여놓은 호텔 같은 사무실은 회사의 수익이 염려되는 시기에 접어들었음을 암시하는 징조라고 봅니다.

나아가 피터 린치는 투자 기업 본사뿐 아니라 모든 일상생활 공간을 유심히 관찰할 것을 강조합니다. 예를 들어 스키장, 쇼핑센터, 볼링장, 교회 등의 주차장을 둘러보면 자동차 산업의 흐름을 이해하고 현황을 분석할 수 있다는 겁니다.

지리적 상상력의 달인이 발굴한 '꿀알바'

그는 11세 때부터 홀어머니를 돕기 위해 골프장 캐디로 일하기 시작했습니다. 수학과 교수 출신으로 존 행콕 파이낸셜 최연소 감사로 활약했던 아버지가 그가 10세 때 뇌암으로 별세했기 때문입니다. 보스턴에서 대학을 다니던 때도 아르바이트로 캐디 일을 계속했다고 하는데, 골프 클럽에서 기업가들이 나누는 이야기를 들을 수 있고 그들과 친분을 쌓을 수 있어 취업에도 유리했다고 합니다. 골프 클럽의 탈의실을 거쳐 한 기업의 중역으로 고속 승진한 캐디도 있다고 하네요. 그는 주식을 배우고 싶은 사람에게 증권거래소 입회장 다음으로 골프 코스에서 일하는 것을 강력추천합니다. 신문 배달보다 짧게 일하고 수입은 훨씬 더 짭짤했으니 일종의 '꿀알바'였던 셈입니다. 역시 현장에 강한 지리적 상상력의 고수다운 조언이죠.

20
프랑크푸르트에서 시작된
삼성전자의 혁명

언제나 다른 대안, 다른 해석을 고려해라.
널리 통용되는 상식도 틀릴 때가 있다.
_ 짐 로저스, 로저스홀딩스 회장

삼성그룹 창업주 이병철 회장은 1950년부터 해마다 연말 연초에 도쿄를 찾아 세계의 변화를 읽고 정보를 수집해 새로운 사업을 구상하곤 했습니다. 전자와 반도체, 항공산업 진출 모두 연초 '도쿄 구상'에서 비롯되었죠. 최신 정보가 기업의 생명이라는 것을 간파한 이 회장은 해외 현지 법인의 가장 중요한 업무를 '정보수집'이라고 강조했습니다. 특히 삼성전자가 반도체 산업에 도전하기로 한 것은 10년이 넘는 조사와 연구 끝에 내린 어려운 결정이었습니다.

  이병철 회장이 1982년 경기도 용인에 반도체 공장을 지을 땅을 확보했을 때만 해도 임원들의 걱정과 반대가 심했습니다. 하지만 이 회장은 정보와 기술 습득을 위해 도쿄와 실리콘밸리에 '정보센터'를 설립하며 정면 돌파했고, 마침내 1984년 10월 '256K D램'을 독자적으로 개발하는 데 성공했습니다. 이로써 우리나라는 미국, 일본에 이어 세계에서 세 번째로 반도체를 생산하는 나라가 되었습니다.

현재 메모리 반도체 세계 1위 기업으로 우뚝 선 삼성의 시작은 미약했습니다. 당시 반도체는 일본처럼 높은 기술력을 가진 나라만 할 수 있는 최첨단 산업이었고, 반도체를 만들어낸다고 해도 일본과 경쟁할 수 없다고 생각했습니다. 당시 일본 기업들은 '한국이 반도체를 어떻게 만드냐'며 조롱했지만 이병철은 해외에 유학 중이던 고급두뇌들을 영입해 연구를 거듭했죠. 어떻게 보면 반도체는 '빨리빨리'를 좋아하고 목표를 설정하면 무섭게 몰입하는 한국인의 특성에 잘 맞는 산업 같습니다.

저는 1994년에 삼성전자 반도체 해외 영업팀에서 미주 수출을 담당했었습니다. 초창기 삼성의 경쟁자였던 대만이나 일본 기업들에 밀려 한창 힘들 때도 있었는데, '대만이나 일본에 지진이 나서 수개월 동안 반도체 생산을 못 하면 그 기회를 틈타 삼성이 살아났다'는 전설 같은 이야기를 선배들로부터 전해 듣기도 했습니다. 요즘도 정전이나 단수 사태가 생기면 반도체 공장은 멈출 수밖에 없는데, 1980~1990년대에는 얼마나 더 취약했을까요? 특히 대만과 일본은 신기 조산대에 속해 지진이 자주 발생하니, 그때마다 공장이 멈추고 생산이 줄어 삼성이 반사이익을 누렸을 것입니다. 우리가 반도체 강국이 된 배경에도 지리의 힘이 작용했던 것입니다.

아버지에 이어 삼성을 경영하게 된 이건희 회장에게는 일본 기업을 따라잡아야 한다는 강한 의지가 있었던 것 같습니다. 일본을 이기려면 일단 일본을 제대로 알아야겠죠. 일본 기업의 기술자, 경영인들을 고문으로 영입해 삼성의 문제점을 분석하고 대안을 요구했습니다. 그게 바로 '후쿠다 리포트'인데, 이 보고서에서 이건희 회장의 프랑크푸르트 선언이 나왔습니다.

위기돌파의 시작, 캄핀스키 호텔

1993년 3월 22일, 올림픽 체조 경기장에서 제2의 창업을 선언하고 LA, 일본 등에서 신경영을 전파하던 이건희 회장은 프랑크푸르트행 비행기 안에서 큰 충격을 받습니다. 앞서 말한 '후쿠다 리포트'를 직접 읽던 순간이었습니다. 일본의 산업디자인 고문 후쿠다 타미오의 보고서는 무시무시한 경고장 같았습니다. 사실 이 리포트는 사업본부장에게 수없이 올라갔는데 이 회장에게 전달되지 않았던 것이라고 합니다. 본부장에게는 아무리 얘기해도 안 먹히니 마지막으로 물러날 각오를 하고 이건희 회장에게 올린 투서였던 것입니다. 거기에는 이런 내용이 있었습니다.

'삼성은 현재 자만에 빠져 창조적 도전을 하지 않는다. 한국 기업은 미리 대비하지 않고 문제가 터진 후에 돈을 쓴다. 삼성의 관리자들은 성질이 너무 급하며 실적과 결과만을 생각한다. 개개인은 모두 훌륭하지만 연구 결과가 제대로 실행되지 않고 있다.'

1989년 일본인 고문들이 지적한 문제들이 4년 가까이 지났음에도 여전히 해결되지 않았고, 무엇보다 사장, 비서실장, 본부장 등 임원들이 거짓말을 했다는 것에 이 회장은 대노했습니다. 이 회장은 '당장 비행기를 타고 프랑크푸르트로 모이라'는 소집 지시를 내렸죠.

그렇게 프랑크푸르트에서 4번에 걸쳐 회의를 열게 되었습니다. 첫 번째 회의에는 200여 명의 사장단, 임원진이 참석했습니다. 프랑크푸르트 공항을 출발한 자동차가 속속 호텔 현관 앞에 섰습니다. 1993년 6월 7일 월요일, 독일 쾨니히슈타인에 자리 잡은 캄핀스키 팔켄슈타일 호텔에서의 일정은 6월 24일까지 이어졌습니다. 사장단, 임원들은 낯선 해외에서 새벽 3~4시까지 강연과 토론에 열중했습니다.

이건희 회장은 당시 상황을 국가적으로나 한 기업으로서나 엄청난 위기라고 보았습니다. "정신을 차리지 않으면 구한말과 같은 비참한 사태가 올 수 있다. 이대로 가면 이류에서 삼류, 사류로 떨어지고 말 것이다"라며 역설했고, '품질 경영'이란 깃발을 내걸고 '마누라와 자식만 빼고 다 바꾸라'며 변화를 촉구합니다.

프랑크푸르트는 삼성의 유럽 본부였습니다. 1964년 유럽 지역 최초로 프랑크푸르트 애쉬본에 삼성물산 독일 지점이 문을 열었고, 1975년 함부르크 지점을 흡수해 법인화한 프랑크푸르트 지사는 초기 유럽 시장 개척의 중심지로 영업기반을 구축했습니다. 그 후 구소련과 동유럽 진출의 전진기지로 삼기도 했습니다. 1897년 설립된 5층 건물의 캄핀스키 호텔은 천장마다 프레스코화가 그려져 있고 19세기 앤틱 목재가구들이 즐비한 유서 깊은 공간입니다. '차별적인 사치'를 누릴 수 있는 초호화 호텔로 특히 프랑크푸르트의 금융인들이 애용하죠. 이 호텔의 테라스에 앉으면 프랑크푸르트 전경이 한눈에 내려다보입니다.

역사적으로 프랑크푸르트는 앞에서 소개한 로스차일드 가문이 부자가 되는 기반을 닦은 곳이기도 합니다. 유대인들에게는 가장 차별이 심하고 불리한 환경이었지만, 독일의 중심이자 그중에서도 돈이 모이는 금융의 중심지였기에 로스차일드는 이곳을 떠나지 않은 것입니다. 이건희 회장은 200여 명의 임원을 프랑크푸르트로 호출해 낮에는 길거리를 돌아다니며 새로운 정보를 모아오도록 하고, 밤에는 앞으로의 변화 방향에 대해 토론하도록 했습니다. 부자 도시 프랑크푸르트에서도 유서 깊고 럭셔리한 캄핀스키 호텔에 묵었지만, 당시 임원들의 마음은 그리 편치 않았을 것 같습니다.

"지역전문가 2,000명 양성하세요"

"글로벌 삼성으로 가기 위한 지역전문가를 만들라 해도 안 만들어. 몇 년 걸렸어. 1973년부터 만들라고 그랬어. 그런데 안 만들어. 1986년에 한 번 더 소리쳤어. 안 돼 그래도. 1988년에 회장 되고 나서 또 떠들었어. 그래도 안 돼. 1989년인가 1990년에 고함을 질러버렸어. 그랬더니 그날로 당장 만들더란 말이야."

2020년 10월 25일 별세한 이건희 회장은 언제나 인재를 목말라

했습니다. 삼고초려는 기본이고 인재영입에 회사 전용기를 띄우기도 했죠. 본인보다 더 많은 연봉을 주는 영입 전략을 펴기도 했습니다. 그리고 그는 글로벌 삼성을 만들 인재를 확보하기 위해 '지역전문가 제도'를 내걸었습니다. 세계 최고 권위의 경영저널 〈하버드 비즈니스 리뷰〉는 2011년 7·8월호에서 삼성의 지역전문가 제도야말로 삼성을 세계적인 기업으로 만든 주효한 전략이었다고 평했습니다.

이건희 회장은 정확한 정보, 가장 앞선 정보의 중요성을 잘 아는 지도자였습니다. 특히 지역전문가 제도는 삼성이 글로벌 강자로 부상하는 데 크게 기여한 것으로 평가됩니다. 1973년 삼성전자 회장으로 취임한 이 회장이 지역전문가 육성을 강조했을 때만 해도 주위에선 그의 의도를 이해하지 못했습니다. 비용 문제도 발목을 잡았지요. 월급과 체재비 등 각종 지원비용을 고려하면 연수자 1인당 1년에 3억 원가량이 듭니다. 한 해에 300명을 보낸다고 쳤을 때 연간 800~900억 원의 거액을 투자하는 셈입니다.

이 회장의 압력에 이후 이사진이 5년간 500명을 양성하겠다고 발표했지만, 이 회장은 "21세기 환경을 고려한 수입니까? 2,000명을 양성하세요"라고 호통을 쳤다고 합니다. 이 회장은 국제화를 외치는 조직에 국제화된 인력이 없다는 것은 어불성설이라 믿었습니다. 실제로 지역전문가제도가 도입된 첫해에 실무진이 20여 명을 선발해 올리자, 그는 아직도 자신의 말뜻을 못 알아듣느냐며 200명으로 증원했다고 합니다.

이렇게 해외로 나가게 된 지역전문가들은 1990년대 이후 80여 개국에 5,000여 명이 파견되며 글로벌 삼성을 만든 주춧돌이 됐습니다. 지역전문가 제도가 삼성의 현지 마케팅 근간이 됐기 때문입니다. 지역전문가들은 현지에서 '파라과이의 술 마시기 좋은 곳', '미국에서 주택을 싸게 얻는 법' 등 업무와 직접적인 연관이 없어도 현장에 가지 않으면 얻기 힘든 정보들을 보고했습니다. 그리고 삼성은 해당 보고서를 사내에 전파해 누구든 자유롭게 관심 지역을 살펴볼 수 있게 했습니다. 삼성그룹의 한 관계자는 "아무리 사소한 정보라도 수천, 수만 건이 모이면 해당 지역에 대한 훌륭한 데이터베이스가 된다"며 보고서를 읽어보면 어느 책에도 나와 있지 않은 해당국의 정보를 파악할 수 있다고 전했습니다.

2010년 1월 〈파이낸셜 타임스〉는 '삼성전자는 혁신보다는 잘 단련된 생산과 추격 능력에 강점이 있고 속도와 민첩성이 성공 요인'이라고 평가했습니다. 야나기마치 이사오 게이오대 교수는 '삼성은 서구와 일본의 강점, 표준적인 기술과 경영방식을 도입해 적용하는 방식으로 한국식 경영을 해왔다. 모범생답게 외국의 선진기술을 기준으로 삼아 특유의 성실성과 장인정신으로 성공할 수 있었다. 반도체와 LCD 분야는 이제 삼성이 최고라 교과서로 삼을 만한 기업이 없다. 삼성은 앞으로 신개념의 창조적인 제품과 기술을 스스로 만들어내야 한다'고 충고하기도 했죠. 삼성이 글로벌 기업으로 급부상했지만 장기적으로는 미흡한 혁신성이 수익을 훼손할 것이라는 다소 비관적인 전망을 내놓기도 했습니다. 아무리 착실한 모범생도 스스로의 틀을 깨고 무에서 유를 창조하는 파괴적 혁신을 해야 지속 가능한 성장을 해낼 수 있으니까요.

무슬림 시장의 테스트베드, 인도네시아

그런데 천하의 삼성도 개척자 정신을 잃어가며 위상이 조금씩 흔들리고 있습니다. 삼성의 위기는 기존의 틀에 갇혀 절호의 기회가 있는지도 모르고 놓친 사례에서 찾아볼 수 있습니다.

2010년대 초반, 블랙베리가 사라지는 전환기에 삼성은 과감한 마케팅과 현지화 전략으로 스마트폰 시장을 선점해 인도네시아에서도 압도적으로 시장 점유율 1위를 차지했습니다. 당시 인도네시아 소비자는 일상생활을 편리하게 바꾸는 스마트폰의 마법에 열광하며 급격하게 플랫폼 경제가 성장하던 시기였습니다.

당시 인도네시아에선 스마트폰을 활용하는 서비스와 다양한 앱이 등장했고 스타트업이 우후죽순처럼 생겨났습니다. 2010년 '오젝'으로 불리는 오토바이를 연결하는 작은 회사였던 '고젝Go-Jek'은 차량 공유Go-car, 음식 배달Go-food, 마사지Go-massage, 금융Go-pay 등으로 서비스 영역을 급속히 확장하며 동남아의 슈퍼 앱으로 급부상했습니다. 자카르타로 글로벌 벤처 자본이 몰려들며 2016년 고젝, 2017년 트래블로카, 토코피디아 등 유니콘 기업이 연달아 탄생했죠.

2016~2017년 당시 동남아에서 지역연구를 수행하던 저는 현지의 급격한 변화를 체감할 수 있었습니다. 외국인 투자자의 움직임

이 빨라지고 유니콘 기업의 탄생이 임박했던 시점에 한국 정부와 기업, 국민들을 위해 '동남아의 빠른 디지털 혁신'에 관한 생생한 현장 보고서를 작성했습니다. 일부 언론을 통해 보도되기도 했지만[14] 아쉽게도 한국 사회에서 주목받지 못했습니다. 최근 동남아의 디지털 혁신 생태계에 대한 기업과 언론의 관심이 뜨겁지만, 이미 동남아에서 큰 판은 다 끝난 상황이라 투자 기회가 제한적입니다.

결국 한국 기업은 초기에 동남아의 디지털 플랫폼 혁명에 올라타지 못했는데요, 기사가 딸린 고급차만 타고 주말이면 골프장 사교에 열중하던 중역들은 길거리의 변화를 포착하기 어려웠을 것입니다. 스마트폰의 현지 시장 점유율에만 신경 쓰고 새로운 눈으로 제3세계의 신新시장을 발굴하지 못했던 삼성은 2021년 현재 오포, 비보 등 중국의 저가 스마트폰 업체에 밀리며 고달픈 레드 오션에서 허덕이고 있습니다.

2억 7,000만 명의 인구를 보유한 인도네시아는 아세안의 경제 대국일 뿐 아니라 세계 최대의 무슬림 국가입니다. 온건한 이슬람 문화에 여성의 경제활동도 활발한 인도네시아는 18~20억 명으로 추산되는 무슬림 소비시장의 테스트베드로 활용가치도 높습니다. 만일 삼성이 인도네시아 디지털 혁명 초창기에 토종 스타트업을 인수하거나 스마트폰과 연계한 삼성페이 등을 선제적으로 도입했다면 삼성은 구글이나 페이스북 못지않은 플랫폼 기업으로 도약하지 않았을까요? 스마트폰과 연계해 아세안과 무슬림 시장을 아우르는 슈퍼 앱의 지분을 먼저 확보했더라면 삼성 제국의 영토는 지금보다 훨씬 넓어지지 않았을까 싶습니다.

21
자전거 배달에서
세계 최고의 조선소까지

바람과 파도는, 항상 가장 유능한 항해자의 편에 선다.
_ 에드워드 기번, 영국의 역사가

6·25 이후 우리나라는 놀라운 경제 성장을 이뤘습니다. 현대, 대우, 삼성, 롯데 등 대기업들은 일찌감치 세계로 향했습니다. 특히 현대그룹의 정주영은 '왕회장'으로 불리며 산업화의 상징으로 기억되는 분입니다. 가난 속에서 이루어낸 한국의 고도 경제 성장과 궤를 같이하는 정주영 회장의 삶 자체가 한국 근현대사의 드라마 같습니다.

소학교 졸업이라는 학력을 딛고 일어서서 현대그룹이라는 거대 재벌을 일군 그는 지도와 현장을 중시하는, 전형적인 스트리트 스마트 인재였습니다. 그는 '길이 없으면 길을 찾아야 하며, 찾아도 없으면 길을 닦아 나간다'라는 정신으로 사업을 벌이고, '고정관념이 사람을 멍청이로 만든다'며 항상 창의적인 문제해결력을 내놓았는데, 그가 발휘한 기발한 지리적 상상력은 정말 노벨상감입니다.

 정 회장은 확실히 착실한 모범생 타입은 아니었던 것 같습니다. 오히려 가출을 밥 먹듯이 반복하며 아버지 속을 많이도 썩였습니다. 첫 가출 때는 함경북도 청진을 향해 가다 차비가 없어서 원산 근처 탄광촌 철도 공사장에서 막노동했고, 두 번째에는 금강산에 갔으나 일은커녕 사기만 당하고 아버지에게 끌려왔습니다. 아버지가 소를 판 돈, 70원을 훔쳐 서울의 부기학원에서 공부하다 잡혀 오기도 하고 동아일보에서 구인 기사를 보고 무작정 집을 나서기도 합니다.

 그렇게 끝까지 포기하지 않고 가출을 계속 시도해 일자리를 얻고 자립에 성공합니다. 신당동의 쌀가게 '복흥상회'에서 점원으로 일하던 당시 그는 '자전거 배달의 달인'이었습니다. 서울 곳곳에 쌀가마니를 배달하며 서울 지리를 익히고, 체력과 책임감을 기르고, 돈까지 벌었으니 이보다 더 좋은 CEO 훈련 과정은 없을 듯합니다. 정 회장의 성실함과 근성을 높게 평가한 쌀가게 주인은 노름에 빠진 외아들 대신 그에게 3년 뒤 가게를 넘겨주기까지 했습니다.

"그래서 한번 해봤어?"

그는 평생 새벽 3시에 일어나 신문을 읽고 6시에 식사를 한 후, 아침 일찍 출근할 정도로 부지런했습니다. 인천 부둣가에서 막노동일을 할 때는 합숙소에 빈대가 들끓어 잠을 잘 수가 없을 정도로 열악한 환경에서 생활했습니다. 아무리 피하려 해도 끈질기게 인간에게 달라붙어 피를 빠는 빈대에게서 끈기를 배웠다고 농담할 정도로 매사에 긍정적이었습니다. 서울에서 자동차 공업사를 운영할 때 큰불이 나서 전 재산을 날렸지만 그는 걱정하는 직원들을 다독이며 툭툭 털고 일어났습니다. 밤에 울산 조선소 공사 현장을 돌아보다 바다에 추락해 익사할 뻔했는데도 여유를 잃지 않고 다시 작업장으로 향했습니다.

그는 양복보다는 작업복이 어울리는 현장통이었습니다. 시멘트 공장이 있던 단양에 수시로 내려갔는데, 어느 날은 너무 피곤해 졸다가 단양역을 지나자 중간에 열차에서 뛰어내려 공사 현장으로 달려갔다고 하니, 일에 대한 그의 열정이 얼마나 대단했는지 짐작할수 있습니다.

미군정 말기인 1947년에는 서울에서 '현대토건'이라는 회사를 차렸는데, 한국전쟁 시기에 급속도로 성장했습니다. 미군이 아이젠하워 대통령의 방한에 맞춰 한겨울에 UN 묘지에 잔디를 입히라고 발주했을 때, 잔디 구할 도리가 없어 모두 낙담하고 있었다고 합니다. 이때 정주영 회장은 보리밭을 떠올렸습니다. 트럭 30여 대를 동원해 밭에 나 있는 보리 싹을 묘지에 심은 것이지요. 그는 불가능해 보이는 일에 부딪혀 머뭇거리는 소심한 모범생 타입의 직원들에게 "한번 해봤어?"라며 불도저 같은 도전 정신을 강조하고 장려했습니다.

"우리는 영국보다 300년이나 앞서 철갑선을 만든 민족이다"

베트남 전쟁으로 주한미군이 동남아로 옮겨가 일거리가 줄어든 데다 국내 정치 상황이 불안해지자 그는 세계지도를 펼쳤습니다. 1965년 태국 파타니 나리왓 고속도로 건설을 어렵게 수주했지만 첫 해외 공사를 진행하며 시행착오도 많이 겪었습니다. 고속도로 건설에 반대하는 현지 주민들이 난입하고 강도가 침입해 금고를 탈취하는 등 우여곡절을 거쳐 겨우 완공했죠. 비록 큰 적자를 본 사업이었지만 이때 얻은 경험과 자신감으로 20세기 최대 공사라는 사우디아라비아 주베일항 공사를 수주할 수 있었습니다.

비록 공식 학력은 초등학교 졸업이지만 그는 인생이라는 학교에서 다양한 사람들을 만나며 터득한 지혜에 대해 이렇게 설명했습니다. "폭넓은 인간 교류는 나에게 유머를 잃지 않게 하고, 편견에 사로잡히지 않게 한다. 인생을 따뜻한 시선으로 바라보게 하고, 공감대를 넓히고, 그들의 정서를 흡수함으로써 사람이 빠지기 쉬운 사고의 경직을 방지해준다."

1971년 정주영 회장은 미포만 대축척 지도와 항공사진, 외국 조선소에서 빌린 유조선 설계도를 들고 무작정 한국을 떠납니다. 당시 박정희 전 대통령이 불도저 같은 정주영 회장에게 조선소를 세우라는 미션을 주었기 때문입니다. 우선 조선소를 세울 돈을 빌려야 해서 일본과 미국을 찾아가지만 거절당합니다. 세계지도를 보며 적당한 나라를 찾던 그는 선박과 물류로 세계를 제패한 섬나라, 영국을 떠올립니다.

1971년 9월 영국 바클레이 은행 담당자를 만나 4,300만 달러(약 485억 원) 차관 도입을 협의했지만 가난한 나라에서 온 기업인을 환대할 리 없었지요. 그가 끝까지 물러나지 않자 추천서와 배를 사주겠다는 계약서라도 가져오라고 합니다. 수소문 끝에 바클레이 은행에 영향력을 행사할 수 있는 키맨, 선박 컨설팅 기업 롱바텀 회장과 연결이 됩니다. 여기서 그 유명한 거북선 이야기가 등장합니다.

롱바텀을 찾아가 담판을 짓는 자리에서 그는 지도와 함께 당시 사용되었던 500원짜리 한국 지폐에 그려진 거북선을 보여줍니다. "우리는 영국보다 300년이나 앞서 철갑선을 만든 민족이다"라며 끈질기게 설득해 결국 은행에 제출할 추천서를 받아냅니다. 이어서 그리스 선주로부터 배를 사겠다는 계약서까지 받아내죠. 이렇게 조선소도 아직 짓지 않은 상태에서 배를 수주하고 은행 대출까지 받은 정 회장은 2년 3개월 뒤인 1974년 봄, 배와 울산 조선소를 함께 완성해 세계 조선사에서 전무후무한 기록을 세웁니다. 그는 "기적은 없다. 다만 성실하고 지혜로운 노동이 있을 뿐이다"라며 현대를 한국을 대표하는 기업으로 키워냈습니다.

상습 가출 소년의 특별한 귀향

강원도의 농촌에서 태어나고 자란 실향민 출신이었던 정 회장은 땅에 대한 애착이 컸습니다. 충남 서산에 여의도 33배 넓이의 간척지를 만들어 한반도 지도의 해안선까지 바꾸죠. 서산 앞바다의 물살이 너무 세서 물막이 공사가 계속 지연되자 폐유조선을 활용해 바다를 막아 버린 창의적인 공법은 유명한 일화입니다. 그가 알렉산더 대왕 못지않은 지리적 상상력의 달인이었음을 확인시켜 줍니다. 그는 간척을 통해 확보한 농지를 '손톱이 빠지도록 돌밭을 일궈 한 뼘 한 뼘 농토를 만들었던' 아버지에게 바쳤습니다. 10대 시절 아버지가 소 판 돈까지 훔쳐 가출을 반복하고 부모님 속을 썩인 것에 대한 미안함이 컸던 것 같습니다. 서산 농장에서 기른 1,000여 마리의 소 떼를 몰고 38선을 넘어 북한에 있는 고향을 찾아간 그의 여정은 전 세계인에게 깊은 감동을 안겨주었습니다.

이러한 그의 도전 정신은 어디에서 왔을까요? 소년 시절부터 4번의 가출을 시도한 정 회장은 세상에 관심이 많았던 것 같습니다. 강원도 고향에서 〈동아일보〉를 얻어 읽으면서 '도회지로 나가면 더 좋은 일이 있을 것 같다'는 감만 믿고 집을 떠났고, 청년 시절에도 할 일이 없어지면 거리를 쏘다녔다고 하니까요.

자신을 평생 자본가가 아닌 '부유한 노동자'라고 생각한 그는 낡은 집에서 수십 년 된 TV를 보고 헤진 장갑을 기워서 낄 정도로 검소했습니다. 그는 평생 "사람은 보통 적당히 게으르고 싶고 적당히 재미있고 싶고 적당히 편하고 싶어 한다. 그러나 그런 '적당히'의 그물 사이로 귀중한 시간을 헛되이 빠져나가게 하는 것처럼 우매한 짓은 없다"[15]고 말하며 게으름을 경계했습니다.

특히 그는 청년들에게 이렇게 말하며 진취적 기상과 세계 지리 공부를 장려했습니다. "산업사회에 첫발을 디디는 젊은이들은 가슴속에 정열이 샘솟듯 하고 두뇌가 가장 유연하게 돌아가며 어떤 기후나 어떤 악조건도 다 소화하고 극복할 수 있는 굳건한 체력을 가지고 있다. 그 젊은 시절에 세계 방방곡곡을 돌아다니며 지역마다의 기후와 풍토, 인간을 빨리 파악해 두어야 한다." 또한 기업에도 국제 경쟁력을 강조했죠. "기업은 무한히 커져야 한다. 한국의 경제는 국내만 가지고는 생활을 펴나갈 수가 없다. 세계적 기업과 세계 시장에서 경쟁해 부를 긁어모아야 한다. 그런데 세계 시장에 나아가 경쟁할 적에는 힘이 있어야 한다."

22
그의 마지막 의사결정은 항상 "거기에 가 봤나?"

인간 수업에서 여행만큼 좋은 것은 없다. 자연은 악한 사람의 눈에도 선하게 보인다.
자연은 고스란히 위대한 성서였다. 이 세계의 자연은 영원한 진선미를 지니고 있다.
_ 김찬삼, 여행가이자 지리 교사

롯데그룹 창업주 신격호 회장은 20대에 일본에서 어렵게 대학을 다니던 시절 아르바이트로 신문 배달, 우유 배달을 하며 지도력을 길렀습니다. "한국에 있을 때는 일본의 장단점이 명확하게 보이고, 일본에 있을 때는 한국의 장단점이 명확하게 보여 제3자적 경영이 가능하다"며 늘 긍정적인 자세를 유지했습니다.

실제로 롯데는 일본과 한국, 어디서도 온전히 받아들여지지 않았던 불리한 상황을 적극적으로 타개하고 해외 진출의 선두주자가 됩니다. 롯데는 해외 진출 후보지를 검토할 때 도로, 철도 같은 인프라 상황, 부지 규모, 주변 인구와 함께 향후 발전 계획까지 꼼꼼하게 조사하는 것으로 유명한데, 현지 기관과 협력하여 모스크바 지구 개발 계획, 베트남 호치민시 지구 재개발 계획, 인도네시아 자카르타 신도시 계획 등에도 참여했습니다.

일본, 한국, 중국뿐 아니라 동남아로 일찌감치 진출한 롯데는 현지 국가의 수도, 그중에서도 중심부의 알짜 부동산을 확보하고 복합개발 프로젝트를 성공시켜왔습니다. 그렇게 인도네시아의 수도 자카르타, 베트남의 하노이에서 큰 성공을 거두었습니다. 특히 베트남 하노이에서 롯데리아와 롯데마트의 위상은 독보적이고 롯데타워는 하노이에 오면 꼭 찾아야 하는 명소가 되었습니다. 롯데호텔은 베트남 현지 부자들이 즐겨 찾는 아지트가 되는 등 확고한 브랜드 이미지를 구축해 놓았죠.

완전한 정보는 현장에 있다

신 회장의 마지막 의사결정은 항상 "거기(현장)에 가 봤나?"라는 질문과 함께 이루어졌다고 합니다. 소공동 개발을 추진할 때는 전 세계 유명 호텔과 백화점을, 잠실 개발 시기에는 테마파크를 집중적으로 시찰했다고 하죠. 특히 백화점에 갈 경우, 지하부터 최상층까지 꼼꼼히 돌아보았는데, 특히 지하 식품매장에서 상품을 직접 만져보고 구매하며 가장 오랜 시간을 보냈다고 합니다. 신 회장의 정보 흡수력은 대단했는데, 특히 해외 시찰 여행을 통해 수집한 기념품은 새로운 정보이자 아이디어였습니다.

롯데호텔 계획으로 신격호 회장과 인연을 맺기 시작해 약 50년간 70건 이상의 롯데 프로젝트를 진행하고 150개 이상의 계획안을 만든 건축가 오쿠노 쇼는 신격호 회장의 개발 파트너이기도 했습니다. 제주도에서 리조트 개발을 추진하던 1995년 봄, 호텔의 콘셉트와 디자인 방향을 모색하던 그는 신 회장으로부터 남아공 선 시티에 있는 정글 테마호텔에 직접 가서 현장을 확인하라는 연락을 받습니다.

당장 그는 일본에서 호주를 거쳐 남아공까지 20시간 이상을 날아 정글 호텔로 갔습니다. 직접 가보니 현장은 사진에서 보던 것 이상이었습니다. 수백 년 전부터 정글 속에 있었던 것 같은 건물 외관에 종업원들 또한 탐험가 복장을 하고 있었고, 인테리어나 가구에도 밀림의 분위기가 완벽하게 재현되어 신비로운 느낌을 자아냈습니다. 이렇듯 미디어를 통한 정보는 실물의 30%만을 담을 수 있다는 생각으로 완전한 정보와 느낌을 현장에서 직접 부딪쳐 확인하는 것이 롯데가 일하는 방식이었습니다.

'한국의 김기스칸'으로 불린 김우중

베트남 서점가에 가보면 베스트셀러 코너에 《세계는 넓고 할 일은 많다》가 올라 있습니다. 한국의 청년들에게 대우 창업자 김우중의 이름은 잊혀 가지만 21세기 베트남에서 김우중 회장은 마윈, 일론 머스크 못지않은 영웅으로 추앙받고 있었습니다.

대우 창업주 김우중 회장은 선진국 시장보다는 아무도 주목하지 않는 후진국에 오히려 더 큰 기회와 잠재력이 있다고 보았습니다.

'김기스칸'으로 불린 그는 세계지도를 보며 새로운 시장 개척에 앞장선 기업인이었습니다. 1989년 소련을 중심으로 한 사회주의 체제가 무너졌을 때 대우는 그 어떤 서구 기업보다 동유럽 국가들에 재빨리 진출해 공장을 세우고 인프라를 구축했습니다. 자동차와 비행기를 타고 늘 바쁘게 이동하고 해외 출장을 갈 때 학자와 예술가를 초청해 비행기 안에서 대화를 나누었다니 김우중 회장은 단순히 돈만 벌고자 하는 사업가라기보다는 지리학자 마인드로 세상을 탐험하지 않았을까 싶습니다. 실제로 아프리카나 중남미 지역에서도 한국 정부가 정식 외교 관계를 수립하기도 전에 대우가 먼저 들어가 인맥을 쌓고 사업권을 따낼 정도로 김기스칸과 그 부하들은 진취적이었습니다.

사실 해외에서, 특히 제3세계에서 일하다 보면 변수도 많고 위험한 상황이 자주 생기기도 합니다. 대우그룹 본사에서는 외신에서 비행기가 추락하거나 사고가 났다는 뉴스가 TV나 라디오에서 나오면 모두가 바싹 긴장했다고 합니다. 전 세계 어느 항공사의 비행기든 대우 직원이 타고 있는 경우가 워낙 많았기 때문입니다. 대우 덕분에 한국의 경제 영토가 세계로 넓어졌고 한국 청년들은 대우에서 일하며 글로벌 인재로 성장했습니다.

지금은 베트남이 아시아를 대표하는 신흥 공업국으로 눈부시게 성장하고 있지만, 1997년 제가 동남아 지역연구의 일환으로 현지조사를 수행할 때만 해도 캄캄하고 암울한 상황이었습니다. 당시 베트남의 수도 하노이, 특히 북부의 농촌과 산간지역은 북한 수준으로 가난하고 낙후된 환경이었는데, 그때 대우그룹이 하노이의 스카이라인을 바꾸고 도시 계획과 부동산 개발을 전담하다시피 했습니다. 당시 그 어떤 나라도 베트남에 선불리 투자하지 못했는데, 베트남의 미래 잠재력과 성장성을 높게 평가해 불투명한 시기에 과감하게 투자를 한 것입니다. 당시 유학생이었던 저 역시 낯선 외국에서 친숙한 한국 기업의 로고나 간판, 브랜드를 볼 수 있는 것만으로도 든든하고 자랑스러웠습니다.

1997년 말 IMF 경제위기가 닥치자 대우그룹은 해체의 길을 걸었지만, 베트남을 비롯해 전 세계 국가에서 대우가 남긴 유산과 현지 인맥은 지금도 여전히 남아 있습니다. 특히 대우가 전 세계에서 활약하며 한국의 브랜드 가치를 높이고 도전 정신이 충만한 인재들을 양성한 공로는 경제적 수치만으로는 환산할 수 없는 가치라고 생각합니다. 비록 대우는 사라졌지만 대우에서 일했던 직원들의 경험과 전문성은 그대로 남아서 한국이 글로벌 경제 무대에서 계속 성장하는 데 직간접적으로 도움이 되었을 테니까요.

방천시장 노하우로 32년을 지탱해왔다

김우중 회장은 1949년 그의 부친이 제주도지사로 부임할 때 형제 중에서 유일하게 제주도까지 따라간 아들이었습니다. 그 후 전쟁 통에 아버지, 형들과 헤어져 부산으로 피난을 가면서 14세 때 갑자기 가장이 되었죠. 하루에 신문 100장을 팔아야 네 식구의 끼니를 해결할 수 있었기에 신문을 받자마자 신문이 가장 많이 팔리는 방천시장까지 뛰어가 항상 1등으로 도착했다고 합니다. 이후에는 거스름돈을 미리 삼각형으로 접어서 주머니에 잔뜩 넣는 방식으로 시간을 절약하고 더 많은 신문을 팔죠. 나중에는 외상 판매까지 하면서 신문을 팔자 다른 신문팔이 소년들은 다 떨어져 나가고 결국 김우중은 방천시장을 완전히 독점하게 됩니다. 김우중 회장은 "방천시장에서 사용했던 노하우로 대우의 32년을 지탱해왔다"[16]고 회고합니다.

그는 신문을 가장 먼저 팔아 방천시장을 독점했듯이 경쟁사보다 더 빨리 달려감으로써 신흥 시장을 선점하는 전략을 추구했습니다. 판매량과 속도를 높이기 위해 신문을 외상으로 주었던 것처럼 외상 판매를 통해 매출을 확장하는 전략을 구사했으니 실제로 그는 방천시장에서의 생존 전략을 대우를 경영하는 데 활용한 셈입니다.

김 회장은 신문을 팔아 가족을 부양했던 14세 소년 가장의 삶을 고생스럽기보다는 행복했던 시절로 추억했습니다. "집에는 어머니와 2명의 어린 동생이 기다리고 있었다. 하루를 공치면 네 식구가 밥을 굶는다는 절실함이 10km가 넘는 먼 거리를 뛰어다니게 만들었다." 하고 말이죠. 신문을 받아들고 방천시장을 향해 달려가던 소년은, 한국 국민을 먹여 살리기 위해 세계 시장으로 날아가는 기업인으로 성장했습니다.

31세 청년이었던 김우중은 1967년, 자본금 500만 원과 직원 5명으로 대우를 창업한 이후 단 하루도 쉬지 못했고, 1년에 200일 이상을 해외에서 보냈습니다. 김 회장의 사무실에는 '그의 행동반경을 가리키는 세계지도' 아래 각종 수출탑이 진열되어 있었다고 하죠.[17] 대우그룹은 1998년 말 40개 계열사, 국외에 396개의 해외 현지 법인을 거느린 다국적 기업으로 성장했습니다. 그리고 김 회장은 별세 직전까지 동남아에서 청년 사업가를 배출하는 일(GYBM)에 기여했습니다.

'거꾸로 지도' 속에서 미래 금맥을 찾다

호주와 남극이 위로 간 '거꾸로 세계지도'를 본 적이 있으신가요? 거꾸로 지도를 보며 꿈을 키우고 기업을 일으킨 사람이 있습니다. 동원그룹 김재철 명예회장은 우리나라 최초 원양어선인 '지남호'의 실습 선원으로 바다에 입문했습니다. 국내와 일본 원양업계에서 베테랑 선장으로 인정받던 그는 《지도를 거꾸로 보면 한국인의 미래가 보인다》라는 책을 쓸 정도로 지도의 힘을 잘 아는 지도자였습니다.

그는 거래처이던 일본 기업으로부터 독자적으로 회사를 운영해보라는 권유를 받아 1969년 4월 16일, 서울 명동의 작은 사무실에서 직원 3명과 함께 회사를 창업했습니다. 회사 로고에도 지구의 위도와 경도가 담겨 있을 정도로 지리학자 마인드로 무장한 그는 회사 이름도 '동원東遠'으로 정했는데, '동쪽의 나라에서 시작해 전 세계로 멀리 뻗어 나가겠다'는 웅대한 비전이 담겨 있습니다.

그가 선택한 분야는 1970년 당시에는 아무도 관심이 없던 참치

캔 사업이었습니다. 다행히 1986년 서울아시안게임과 1988년 서울올림픽을 계기로 참치캔 판매가 폭증하면서 동원산업은 빠르게 성장했습니다. 김 회장은 원양어업에 이어 제조업, 물류업에도 차례로 도전했고, 나중에는 증권업에도 뛰어듭니다. 김재철 회장이 미국 하버드대에서 3개월간 공부하는 동안 하버드대 MBA를 취득한 우수한 학생들이 어디에 취업하는지를 유심히 관찰한 결과인데, 자본주의의 본고장인 미국의 최고 인재들이 투자은행이나 증권사를 선택하는 것을 본 김재철 회장은 앞으로 한국에서도 금융업이 유망할 것이라는 확신을 갖게 되었다고 합니다.

경영 일선에서 퇴임한 이후에도 시대의 변화를 따라잡기 위해 노력하던 김재철 회장은 인공지능이라는 새로운 분야에 주목합니다. 미국과 중국의 AI 특허 신청 건수는 각각 15만, 14만 건에 달하지만 우리는 4만 건에 불과한 현실을 안타까워하며 카이스트에 500억 원에 달하는 기부금 출연을 약정하기도 했죠.

행복의 비결은 '행복한 사람이 많은 곳'에서 사는 것

세계 10위권 경제 대국으로 우뚝 선 한국은 지난 50년간 에너지 소비는 10배, 화석 연료 사용은 9배 늘려 '기후 악당국가' 블랙리스트에 올랐습니다. 당장은 촘촘한 택배 네트워크와 엄격한 통제 정책으로 근근이 버티고 있는 한국 사회지만 지속 가능한 생활방식은 아니라고 봅니다. 자영업자와 기업의 부담과 고통이 가중되는 가운데 매일 배출되는 포장 용기 쓰레기도 엄청나기 때문입니다.

이미 오래전부터 지리학자들은 환경 파괴로 인한 전염병 창궐의 위험성을 꾸준히 경고해 왔습니다. 《총, 균, 쇠》의 저자로 생태적 관점에서 문명을 조망하는 제러드 다이아몬드도 UCLA 지리학과 교수입니다. 저 역시 지리학자로서 '속도보다는 방향'이 중요하고 '돈보다 생명이 우선'이라는 입장입니다. 특히 혼란이 계속되는 요즘과 같은 문명의 대전환기에는 정확한 지도를 들고 새로운 길을 모색해야 생존 확률이 높아지지 않을까요? 우리 모두가 코로나19를 촉발한 범인임을 고백하고 담대한 전환을 모색해야 할 때라고 생각합니다.

서울대학교 심리학과에서 행복심리학을 오랫동안 연구해온 최인철 교수는 저서 《굿 라이프》에서 행복의 비밀을 전수합니다. 행복하기 위해서 가장 결정적이고 중요한 요인은 상담도 개인의 노력도 아닌 '행복한 사람들이 많은 곳에서 사는 것'이라는 매우 지리적인 결론을 내리고 있죠. '행복지리학자'를 자처하고 전 세계의 '행복 밀집 공간'을 찾아다니며 사람들을 관찰하고, 저 자신에게 적용해 본 결과와도 일치합니다.

행복뿐 아니라 성공에서도 마찬가지인 것 같습니다. 한국에서는 아무리 노력해도 안 되는 것들이 외국에서 시도하면 쉽게 이루어지고 좋은 결과를 내는 경우가 참 많습니다.

당장 내가 행복한 곳을 찾아 떠나기 어려운 환경이라면, 일단 나의 일상에서 조금씩 행복한 공간을 찾고 만들려는 노력부터 시작해도 좋을 것 같습니다. 내가 행복한 곳에서 좋아하는 일을 하고, 그러한 공간을 넓혀갈 수 있다면 꼭 돈을 많이 벌거나 유명해지지 않아도 성공적인 인생이 아닐까 싶습니다. 반면 아무리 돈이 많고 좋은 스펙과 높은 지위를 갖고 있더라도 내가 살아가는 일상의 공간이 숨 막히게 답답하고 늘 불안하게 쫓기는 느낌이라면 불행하겠죠. 아무리 겉으로 화려한 삶을 살고 행복한 사진을 SNS에 올린다 해도 이 사람을 진정한 성공을 거둔 사람으로 보기는 어렵지 않을까요?

PART 3

미래의 지도

세상에 없던 여러 겹의 지도로 완성된 지구

세계적 대기업도 한 방에 훅 가는 시대입니다. 1995년 하버드 경영대학원 클레이튼 크리스텐슨 교수가 내놓은 '파괴적 혁신'이 지금 우리 눈 앞에 펼쳐지고 있습니다. S&P 500대 기업 중 75%가 향후 15년 내 바뀌거나 퇴출될 것이라고 합니다. 모든 것이 디지털로 전환될 미래에 새로운 사업 기회는 어디에 있을까요? 기술 혁신·고객 만족은 기본이고 '디지털 세상의 지도력'을 갖춰야 합니다. 효율성 향상, 품질 개선에만 신경 쓰면 큰 변화를 읽기 어렵고, 경쟁이 치열한 시장에서는 열심히 일할수록 오히려 혁신이 억압되는 부작용이 나타납니다. 온라인과 오프라인을 넘어 가상공간과 메타버스까지 여러 겹으로 이루어진 세계지도를 다시 조망하면서 완전히 새로운 시장을 창출하지 못하는 기업은 고달픈 레드오션에서 허우적거려야 할 운명입니다.

23

손정의 제국의 설계도가
담긴 세계지도

모두가 원하지만 아무도 하지 않는 일에 도전하라.
사람과 사람을 연결하면 비즈니스로 이어진다.

_ 마윈, 알리바바 회장

"맥도날드나 소매점 같은 분야가 착실하고 관리에 능한 농경민에게
유리한 산업이라면, IT산업은 사냥꾼처럼 기민하게 움직이고 대처
하는 자만이 살아남을 수 있는 산업입니다."

손정의 회장의 말입니다. IT산업은 실수하더라도 목표물이 생기
면 빨리 따라가서 잡아먹어야 살 수 있는 수렵 사회적인 산업이라
는 것입니다. 수시로 새로운 기술과 제품이 등장하면 그에 맞춰 유
연하게 대응하고 새로운 환경에 빨리 적응해야 합니다.

이건희 회장의 멘토였던 요시카와 료조는 책《제4차 산업혁명》
에서 이렇게 말하고 있습니다. '이제 마케팅은 시장조사에서 시장
발굴의 시대로 가고 있다. 제3세계에서 일어나는 새로운 수요에 기
민하게 반응하려면 이제 마케팅은 지정학적 제조업으로 진화해야

한다.' 기술이 가장 중요한 IT 기업들도 세계지도를 들고 현장으로 달려가야 하는 이유입니다. 손정의 회장은 인생 최고의 책으로 《손자병법》을 꼽았는데, 그는 국면 전환이 필요하거나 어려움에 부딪히면 《손자병법》을 읽고 세계지도를 본다고 합니다.

소프트뱅크의 스타트업 투자 원칙

할머니는 제게 무척 소중한 사람입니다. 그녀는 14살 때 일본에 건너오자마자 결혼을 했습니다. 상대는 서른을 훌쩍 넘긴 노총각, 제 할아버지였습니다. 할머니는 말도 잘 통하지 않은 외국에 와서 전쟁을 경험했고 7명의 아이를 낳아 길렀습니다. 아버지는 중학생 때 가족을 위해 돈벌이를 해야 했습니다. 몹시 가난한 생활 속에서 소주를 만들어 몰래 팔기도 하고 돼지를 길러 어떻게든 살아보려 하던 1957년에 제가 태어났습니다.

할머니는 매일 저를 리어카에 태우고 산책을 가셨습니다. 리어카에는 반으로 자른 드럼통이 서너 개 있었는데 거기에 시내 식당에서 모아온 잔반을 담아 돼지를 먹여 길렀습니다. 통이 '미끌' 하면서 썩은 냄새가 났던 기억이 납니다. 어린아이 때는 괴로운 줄 모르고 할머니를 따라나섰지만 학교에 다니면서 할머니가 싫어졌습니다. '할머니는 김치, 김치는 한국'이었기 때문이죠. 괴로운 일들이 많았고 숨죽이듯 일본 이름으로 살았습니다. 콤플렉스가 심해지면서 할머니가 부끄러웠고, 할머니를 피해 다니기까지 했습니다.

그러다가 아버지가 각혈로 쓰러지셨습니다. 1살 위인 형은 고등학교를 중퇴하고 돈벌이에 나섰습니다. 저는 가족의 위기를 극복하기 위해 사업가가 되기로 결심했습니다. 《료마가 간다》를 읽고 제 인생이 바뀌었죠. 료마의 생각과 결단, 유연한 태도에서 크게 배웠습니다. 료마가 탈번한 것처럼 저는 사업가가 되려면 미국에 가야겠다고 결심합니다. 미국으로 가기 전에 저는 할머니와 2주 동안 한국을 돌았습니다. 작은 촛불 아래 소박한 식탁에 둘러앉았습니다. 할머니 얼굴의 흐뭇한 기쁨의 미소를 아직도 생생하게 기억합니다.

손정의 소프트뱅크 회장은 말레이시아에서 시작된 차량공유 스타트업 '그랩'의 잠재력을 일찌감치 알아보고 2014년 재빨리 투자해 동남아 플랫폼 시장을 단숨에 장악했습니다. 나아가 2016년 조성된 비전 펀드에 사우디아라비아 국부펀드를 비롯해 아랍의 자본을 끌어들여 전 세계 스타트업의 지도를 새롭게 그렸습니다. 2018년 삼성 계열사가 '데카콘(기업가치 10억 달러 이상)'에 등극한 고젝에 뒤늦게 투자했지만 이미 큰 게임은 다 끝난 후였습니다. IT 기업도 기술 개발만이 능사가 아니라 넓고 멀리 보는 지리적 상상력이 중요함을 보여주는 사례입니다.[01]

손정의 회장은 세상을 읽는 탁월한 안목으로 알리바바, 우버 등을 초기에 발굴해 글로벌 기업으로 성장시켰습니다. 그는 단번에 의사결정을 내리는 과감한 승부사입니다. 2000년 마윈과의 첫 만남에서 그의 비전을 확인하고 단 6분 만에 거액의 투자를 결심했을 정도입니다. 처음에 손 회장은 4,000만 달러(약 451억 원) 투자로 49%의 지분을 요구했지만 마윈은 거절했습니다. 다시 손 회장은 3,000만 달러(약 338억 원)로 30%의 지분을 제시했고, 긴 토의 끝에 결국 2,000만 달러(약 225억 1,400만 원) 투자에 합의했죠. 이후 손 회장은 계속 투자금을 늘려 2014년 8월에는 알리바바의 지분 34.4%를 보유한 최대 주주가 됩니다. 2014년 9월 알리바바가 미국 증시에 상장했을 때 총 공모금액은 217억 2,000만 달러(약 24조 5,000억 원)로 미국 증시 사상 최대규모의 IPO(기업공개) 기록이었고, 손정의는 '마이다스 손'으로 인정받습니다. 하지만 손정의는 여기서 멈추지 않고 2015년 중국의 독보적인 차량공유 기업인 '디디추싱'을 시작으로 2018년에는 비전펀드를 통해 중국의 AI 기반 소셜 플랫폼 스타트업 '바이트댄스'에도 투자합니다. CB 인사이트에 따르면 두 기업은 세계에서 가장 성장 잠재력이 높은 중국 스타트업으로 부상했는데, 2020년 6월 기준 바이트댄스는 750억 달러(약 84조 4,000억 원), 디디추싱은 560억 달러(약 63조 280억 원)에 달하는 가치를 보유한 기업으로 평가받고 있습니다.

손정의 회장이 일본과 미국 실리콘밸리를 넘어 일찌감치 세계 시장에 진출한 이유는 무엇이었을까요? 점점 쪼그라드는 일본 국내 시장에 머무르면 미래가 없다는 위기의식 때문이었습니다. 소니, 파나소닉, 도시바, 히타치, 샤프 등은 모두 쟁쟁한 기술력을 갖춘 전자 기업이지만 까다로운 일본 국내 소비자들의 요구에 맞추다 보니 과잉 진화했습니다. 결국 지나치게 세분화된 일본 시장에서 통하는 제품만을 생산할 수 있는 국내용 기업으로 전락하고 만 것입니다.

현재 일본은 세계에서 가장 늙은 나라가 되어가고, 저출산 고령화가 빠르게 진행될 미래는 더 암울합니다. 소프트뱅크가 일본 내 부동의 1위였던 NTT 도코모를 앞질러 일본 1위 통신사로 부상했지만 가입자 수는 정체 상태입니다. 결국 '제3세계의 신시장을 개척하고 새로운 영역을 발굴해야 지속 가능한 성장이 가능하다'는 냉철한 판단력으로 손정의는 일찌감치 세계로 눈을 돌린 것이죠. 소프트뱅크의 한 간부는 〈일본경제신문〉과의 인터뷰에서 "우리는 항상 세계 지도를 펼쳐놓고 투자를 결정하고 경영을 논의했다"고 증언했습니다.

중국을 넘어 넥스트 아시아 동남아·인도로

손 회장은 2013년부터 본격적으로 동남아에 투자를 시작했습니다. 소프트뱅크 벤처스가 동남아에서는 처음으로 '토코피디아'에 투자한 이후 2014년과 2018년에 추가로 10억 달러(약 1조 1,285억 원)를 투자하며 토코피디아를 유니콘의 반열에 올렸습니다. 그랩 역시 손 회장이 총 70억 달러(약 7조 9,000억 원) 이상을 쏟아부어 동남아 최초의 데카콘으로 성장시켰으니 그는 이미 동남아의 플랫폼 시장을 접수한 셈입니다. 손 회장은 동남아 대표 슈퍼 앱인 그랩과 인도네시아에서 가장 큰 온라인 상거래 업체인 토코피디아의 최대 주주가 되어 동남아 디지털 경제를 이끄는 쌍두마차를 일찌감치 선점했습니다.

또한 소프트뱅크는 2014년부터 2015년까지 11개의 인도 현지 테크기업에 집중 투자합니다. 2014년 인도의 알리바바를 꿈꾸는 스냅딜(전자상거래)에 투자한 이후 올라(차량공유), 오요(호텔 예약) 등으로 투자를 확대해 나갔습니다. 2016년 뉴델리에서 열린 '스타트업 인디아'에서 손 회장은 "인도는 지난 10년간 중국이 보였던 성장을 향후 10년간 따라갈 것"이라며 더 많은 투자 계획을 공개했습니다. 실제로 그는 2017년 비전펀드를 통해 전자상거래 기업 플립카트에 25억 달러(약 2조 8,200억 원), 전자결제에 강한 페이티엠에 14억 달러(약 1조 5,800억 원), 호텔 예약 스타트업 오요에 2억 5,000만 달러(약 2,800억 원)를 추가로 투자하며 인도에서 유니콘 기업들을 연달아 탄생시켰습니다. 소프트뱅크는 세콰이어 캐피탈(9개)과 텐센트(9개)를 제치고 인도 스타트업에 가장 많이 투자한 기업이 되었습니다.

손정의가 그리는 큰 그림과 '군 전략'

손 회장이 투자한 각 기업을 퍼즐 조각처럼 하나씩 맞추다 보면 그가 구상하고 있는 생태계가 보이고 미래 세계의 큰 밑그림을 그릴 수 있습니다. 2018년 6월 손 회장은 소프트뱅크 주주총회에서 미래 투자 전략으로 '군群 전략'을 제시했습니다. 한자 그대로 '군'은 무리를 뜻하는데, 각 분야에서 1등 자리에 오른 회사들을 끌어모아 '정보혁명의 플랫폼'을 만들겠다는 담대한 구상입니다. 손 회장은 주주들에게 우주 공간을 상상해 보라고 주문하며 "소프트뱅크가 우주 공간을 떠다니는 별이라고 한다면, 그 주위 궤도를 맴도는 혹성은 소프트뱅크가 투자한 스타트업들이다"라며 자신의 비전을 공간적 비유로 설명했죠. 그는 향후 인공지능 기술이 의약품, 교통, 건설 등 모든 분야를 근본부터 완전히 뒤바꿔 놓을 것이라고 전망하며 각 분야의 1위 스타트업 기업들에 집중 투자했습니다.

그의 두 번째 계획은 미래 플랫폼 기업들의 독점을 위한 비전펀드를 조성하고 성장성 높은 스타트업을 선점하는 것이었습니다. 2016년 1,000억 달러(약 112조 8,500억 원) 규모의 비전펀드 조성을 주도한 손 회장은 자신의 비전을 실현하기 위해 글로벌 수준에서 IT 생태계를 구축하고 인공지능, 자율주행차 같은 미래 기술에 대한 주도권을 잡기 시작합니다. 손 회장은 비전펀드를 통해 전 세계의 유망 스타트업을 발굴하고 과감하고도 대대적인 투자를 단행해 '세계 유니콘의 아버지'가 되었습니다. 2020년 6월 기준으로 세계에서 가장 가치가 높은 12개의 유니콘급 스타트업 기업 중 바이트댄스, 디디추싱, 원97커뮤니케이션, 도어대시, 그랩 등 무려 5개가 손정의 투자 기업 리스트에 올라 있습니다. 모두 각자의 분야에서 독보적인 지위를 확보한 1위 스타트업들이죠.

그렇다면 손정의 회장은 어떻게 투자할 기업을 고를까요? 기준은 분명하고 원칙은 엄격합니다. 우선 사용자 빅데이터를 보유하고 인공지능 기술을 활용하는 기업에 투자합니다. 다음 단계에서는 자신이 투자한 기업들로부터 수집한 방대한 사용자 빅데이터를 분석한 후 그 결과를 바탕으로 새로운 사업을 구상합니다. 또한 손 회장이 투자한 기업들은 서로 유기적으로 연결되어 디지털 기술혁신 생태계를 구성합니다.

예를 들어, 2016년 브렉시트 여파로 파운드화 가치가 폭락했을 때 손정의 회장이 전격 인수한 케임브리지의 반도체 설계회사 ARM의 목표는 전 세계에 1조 개의 IoT 디바이스를 연결하는 것이었습니다. 여기에 엔비디아의 딥러닝 기술이 더해지면 엄청난 부가가치가 창출될 것이라는 판단입니다. 손 회장이 투자한 전 세계 차량공유 플랫폼과 개발 중인 자율주행 자동차에 엔비디아와 ARM이 개발한 칩을 탑재하고, 딥러닝을 거친 자율주행 로봇을 전자상거래 기업의 물류창고에 투입하면 각 기업들이 보유한 기술의 시너지 효과는 극대화되는 것입니다. 한마디로 손 회장이 우선 투자하는 기업들은 사용자 데이터가 풍부하고 인공지능을 적극적으로 활용하는 기업입니다. 즉, 서로 연결되어 있는 스타트업에 투자해 기술 혁신의 생태계를 조성하는 것을 목표로 하는 손 회장은 늘 세계지도를 보며 퍼즐을 맞추듯 인수할 기업을 찾고 있습니다.

미국에서 청소년기를 보내고 하버드 대학 재학 시절에도 창업한 경험이 있는 김범석 의장은 손 회장의 큰 그림을 간파합니다. 그는 '비록 거대한 미국 시장에 비해 면적은 작지만, 세계에서 가장 조밀한 인구밀도에 IT 및 물류 인프라가 잘 발달한 한국의 지리적 특성'에 기반한 성장 전략을 제시해 2015년과 2018년, 두 차례에 걸쳐 손 회장으로부터 약 30억 달러(약 3조 3,000억 원)에 달하는 큰 투자를 받습니다. 손 회장의 과감한 투자 덕분에 쿠팡은 누적되는 적자에도 흔들리지 않고 계속 전진할 수 있었죠. 쿠팡은 국토 지도를 보며 '로켓 배송'을 위해 풀필먼트 센터를 구축하고 빅데이터를 활용한 물류, 배송 체계를 계속 혁신합니다. 코로나19 이후 급성장하며 압도적인 시장 점유율을 달성해 '한국의 아마존'으로 부상한 쿠팡은 2021년 초 미국 증시에 성공적으로 데뷔합니다. 33% 이상의 쿠팡 지분을 보유한 손 회장은 쿠팡 상장의 가장 큰 수혜자로 꼽힙니다. 그가 보유한 쿠팡의 가치는 약 300억 달러(약 33조 5,000억 원)로 투자금의 10배 규모에 달하기 때문입니다. 당근마켓, 트레바리, 아파트멘터리 등 한국의 유망 스타트업에도 일찌감치 투자해 놓은 손 회장은 중국, 한국, 인도, 동남아 등 아시아 지역을 중심으로 그의 제국을 계속 확장해 나가고 있습니다.

24
21세기 게임 스팟, 실리콘밸리

무엇을 해야 할지 더는 알 수 없을 때 그때 비로소 진정한 무엇인가를 할 수 있다.
어느 길로 가야 할지 더는 알 수 없을 때 그때가 비로소 진정한 여행의 시작이다.
_ 나짐 히크매트, 터키의 시인

1960년만 해도 실리콘밸리에는 과수원이 많았습니다. 체리, 자두, 살구 등이 풍성하게 생산되었죠. 이후 1960년대 중반 샌프란시스코는 반전 운동과 평화, 평등을 지향하는 히피의 공간으로 탈바꿈합니다. 그리고 오늘날 실리콘밸리는 스탠퍼드 대학을 중심으로 부유한 투자자와 똑똑한 너드nerd가 공존하는 곳입니다. 미국 서부를 대표하는 명문 사립, 스탠퍼드 대학의 설립자 릴랜드 스탠퍼드는 동부와 서부를 연결하는 철도를 만들어 부자가 된 사나이입니다.

스탠퍼드 부부는 늘그막에 얻은 귀한 외아들과 함께 유럽을 여행하던 중 이탈리아 피렌체에서 아들이 전염병에 걸려 죽자 낙심합니다. 15세의 이른 나이에 먼저 세상을 떠난 아들을 기리기 위해 세운 사립대학이 바로 스탠퍼드죠. 스탠퍼드 대학에는 서부 청년들이

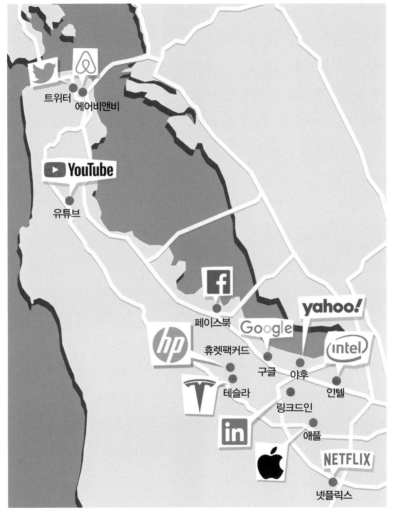

구글, 애플, 테슬라 등 굴지의 기업들이 모여 있는 실리콘밸리에는 '2시간의 법칙'이 있다.

멀리 미국 동부의 아이비리그나 유럽 명문대학에 진학하지 않아도 미국 서부에서 얼마든지 최고의 교육을 받을 수 있길 바라는 스탠퍼드 부부의 마음이 담겼습니다. 또한 스탠퍼드 대학은 실리콘밸리에 필요한 인재를 양성하는 데 앞장서 왔습니다. 스탠퍼드 대학 총장은 "연구 논문 몇 편 쓰는 것보다 더 중요한 것은 세상을 바꾸는 혁신"이라고 힘주어 말하며 도전 정신을 강조합니다.

미국뿐 아니라 세계의 IT 혁명 중심지로 부상한 실리콘밸리는 전 세계에서 온 인재들로 활기가 넘칩니다. 특히 '실리콘밸리는 IC로 움직인다'는 말이 있을 정도로 이곳은 I(인도), C(중국) 출신 인력과 자본의 유입으로 성장해왔습니다. 실제로 인도 출신 IT 기술자들과 경영자들이 실리콘밸리 기업들의 기술혁신과 세계화에 기여했고, 중국계 인력과 자본은 실리콘밸리의 혁신을 가속화하고 있습니다. '미국정책재단'의 발표에 의하면 2016년 1월 기준 유니콘 기업 87개의 절반이 넘는 44개의 스타트업이 이민자에 의해 창업되었습니다. 44개의 스타트업 중 인도에서 온 이민자들이 14개 사를 창업하며 각각 8개 스타트업을 창업한 캐나다와 영국을 제치고 압도적 1위를 차지했지요.

애너리AnnaLee Saxenian 교수에 따르면 1990년 무렵 실리콘밸리의 개척자들 중 과학과 공학 분야 종사자의 3분의 1이 해외 출신이었는데, 특히 IT 엔지니어의 23%인 2만 8,000명 이상이 인도에서 태어난 이민자였습니다. 인도는 수학과 공학 분야 인재 수출국이고, 현지 최고 명문대학인 인도공과대학 IIT(Indian Institutes of Technology)는 미국 〈타임스〉 선정 세계 공대 평가에서 3위를 할 정도입니다. 'IIT에 떨어져서 MIT에 들어간다'는 농담이 있을 정도로 IIT는 국제경쟁력 높은 인재를 배출해온 세계적 수준의 교육기관입니다.

또 다른 실리콘밸리 생태계의 주요 테마는 '자유로운 기업 문화' 입니다. 실리콘밸리의 선구자인 휴렛패커드(이하 HP)는 2차 세계대전이 한창이던 1939년 1월, 실리콘밸리의 한 차고에서 시작되었습니다. 이때를 기점으로 음향 발진기와 컴퓨터, 잉크젯 프린터, 레이저 프린터 등 각종 전자제품을 생산해 막대한 수익을 창출했지요. 실리콘밸리 내 기업 문화를 선도해온 HP는 금요일 오후마다 직원들의 의욕을 북돋기 위해 '맥주 파티'를 열었습니다. 금요일이 되면 직원들은 평소보다 빨리 업무를 마치고 맥주와 과자 등을 먹으면서 두 창업자와 소통했지요. 이후 실리콘밸리의 다른 회사들도 금요일 오후에 맥주 파티를 열었습니다. HP를 다니다가 다른 회사로 이직하거나, 새로 창업에 나선 사람들, HP를 찾았다가 기업 문화에 신선한 충격을 받은 사람들이 실리콘밸리 곳곳에서 HP의 문화를 따른 결과라고 할 수 있습니다.

더욱이 실리콘밸리의 또 다른 혜성 페이스북은 '해커 정신'의 문화를 강조합니다. 페이스북 본사의 주소는 캘리포니아주 멘로파크시 해커웨이 1번지인데, 본래 주소를 개명한 것입니다. 창의적인 문제 해결과 빠른 의사결정을 높이 평가하고 보상하는 해커 문화는 혁신적인 인재를 끌어들입니다.

'2시간의 법칙'에 담긴 투자 철학

실리콘밸리에는 '2시간의 법칙'이라는 것이 있습니다. 자동차로 2시간 넘게 걸리는 곳에 있는 회사에는 투자하지 않는다는 말이죠. 이것은 1970년대 초반 샌드힐 로드에서 '서부의 월스트리트'가 형성될 무렵부터 내려오는 불문율입니다. 그들은 투자자들이 기업 경영에 적극적으로 참여하고 개입하려면 얼굴을 마주 보고 대화할 수 있는 거리에 있어야 한다고 생각합니다. 그 결과 실리콘밸리 내의 기업은 모두 2시간 이내에 자동차로 이동이 가능한 범위입니다. 이것은 실리콘밸리의 현자라고 불리는 유진 클라이너가 제시한 법칙과도 연결됩니다.

클라이너의 법칙은 '말이 아니라 기수를 보고 베팅한다'는 것입니다. 회사의 업종에 상관없이 창업자의 자질과 역량을 보고 기업 투자를 결정하는 전략이죠. 투자자로서는 창업자와 자주 만나고 가까이에서 기업의 성장을 볼 수 있는 거리에 있는 게 중요합니다. 결국 투자를 받기 위해서는 투자자가 있는 곳으로 창업자가 이동하는 것이 투자받을 확률을 높이는 확실한 길이 될 수 있으니, 지리적 입지가 절대적으로 유리하죠. 또한 '페이팔 마피아' 등으로 불리는 파워 인맥이 존재한다는 것은 실리콘밸리에 특정 기간에 와 있는 것이 결국 사업의 성장에 결정적인 요소였다는 것을 입증합니다. 실제로 미국을 대표하는 빅테크 기업 중에는 '친구 따라 창업해 성공한' 사례가 꽤 많습니다.

'말보다 기수에 투자한다'는 실리콘밸리의 투자 원칙은 기업뿐 아니라 대학에도 적용됩니다. 주커와 다비는 모험 자본 기업들과의 근접성, 우수대학들의 존재, 정부 자금 지원의 효과보다 스타 학자들이 훨씬 더 중요하다고 주장합니다.[02] IT, 생명공학에서 경제학에 이르기까지 지도력이 탁월한 비범한 스타 한 명이 도시와 지역의 경제 발전에 미치는 영향이 엄청나다는 거죠. '자신의 분야에서 특출한 사람은 여러 가지를 꽤 잘하는 사람보다 단지 약간 나은 것이 아니라 100배 낫다'는 논리는 플랫폼 경제가 주도하는 21세기에 더 강화되고 있습니다.

먼저 이동하는 자가 큰 기회를 잡는다

그렇다면 스타 학자, 스타 기업가는 어떻게 탄생할까요? 한 사람을 진정한 혁신가로 만드는 것은 풍부한 창의력과 지리적 상상력입니다. 골방이나 실내에 갇혀 청소년기를 보낸 이들에게는 이런 자질이 발현되기 어렵죠.

1955년, 미국 워싱턴주 시애틀에서 태어난 빌 게이츠는 시애틀의 명문 사립 고등학교 재학 시절부터 컴퓨터 프로그램을 만들었습니다. 1974년 12월 토요일, 컴퓨터광이었던 폴 알렌은 고향 후배 빌 게이츠를 만나러 하버드 대학을 찾았습니다. 교정을 거닐던 알렌은 우연히 〈파퓰러 일렉트로닉스〉 1975년 1월호에 실린 마이크로컴퓨터 광고를 보았습니다. '지금까지 선보인 것들 중 가장 강력한 미니컴퓨터 프로젝트, 400달러 이하의 가격으로 설치할 수 있습니다.' 신제품 소식에 흥분한 알렌은 게이츠에게 잡지를 보여주었고 21세의 알렌과 19세의 게이츠는 바로 '알테어 8800'을 위한 프로그래밍 언어 개발에 돌입합니다.

1975년 베이직 개발을 완료한 게이츠와 알렌은 뉴멕시코주 앨버커키에서 창업을 했습니다. 알테어 8800의 제조사인 MITS가 앨버커키에 있었기 때문입니다. 사업의 가능성을 확인한 빌 게이츠는 하버드 대학을 중퇴했고, 1978년 고향 시애틀로 본사를 이전하기 전까지 뉴멕시코의 허름한 모텔과 자취방에서 프로그램을 개발했습니다. 세계 최대 소프트웨어 회사 마이크로소프트는 알테어 8800 광고 사진과 함께 두 천재의 빠른 실행력, 그리고 낯선 도시로의 과감한 이동으로 탄생할 수 있었습니다.

게이츠는 장기적 비전을 구상하기 위해 1년에 2번 '생각 주간'을 가진다고 합니다. 지리의 힘을 잘 아는 그는 미 서북부에 있는 호숫가 근처 작은 별장에서 칩거하며 직원들이 작성한 보고서와 책을 읽으며 일주일 동안 생각을 숙성시키는 것입니다. 인터넷 브라우저 시장에서 1인자인 '넷스케이프'를 제칠 수 있었던 계기도, 온라인 비디오 게임 시장에 진출했던 결정도 역시 생각 주간을 거쳐 탄생했다고 합니다.

MS의 나비효과로 다시 태어난 시애틀

1970년대 후반 시애틀은 우중충한 날씨에 높은 범죄율과 실업률로 신음하는 불안한 도시였습니다. 그러나 1979년 1월 초 어느 비오는 날 MS의 본사가 이전하며 도시의 운명이 바뀌었습니다. 앞서 말했듯이 MS는 원래 1975년 뉴멕시코주 앨버커키에서 문을 열었습니다. 앨버커키는 첨단산업과 과학연구단지가 입지해 있었고, 인근에 예술, 문화, 관광의 중심지인 샌타페이가 있었습니다. 미국을 대표하는 화가 조지아 오키프의 안식처가 있을 정도로 아름다운 풍경과 풍요로운 자연이 가까이 있었습니다.

반면 시애틀은 당시 '절망의 도시'였습니다. 망해가는 제조업과 목재업에 의존하는 경제였고, 제조업 일자리의 절반은 수송 부문에 있었습니다. 보잉과 하청 기업들이 입지한 항공우주 산업의 중심지였지만 1970~1980년대 초반까지 보잉은 최악의 상황이었습니다. 시애틀은 앨버커키보다 인구 1만 명당 강도 사건이 50%나 많았고, 박물관, 미술관, 식당 등 뭐 하나 나은 것이 없었습니다. 스타벅스도 그때는 여전히 커피 원두만 파는 상점에 불과했습니다.

하지만 게이츠와 알렌은 고향인 시애틀로 돌아가기로 결정하고, 1979년 1월 1일 앨버커키를 떠나기 싫어하는 직원들의 반대를 무릅쓰고 짐을 꾸려 시애틀과 워싱턴 호수 사이 한적한 벨뷰로 이사를 했습니다. MS의 나비효과로 컴퓨터 엔지니어들과 책을 좋아하는 학구적인 사람들이 시애틀로 몰려들었습니다. 술집 대신 스타벅스가 큰 인기를 끌었고, 시애틀은 커피, 책, IT 산업의 메카가 되었죠.

당신이 어디 사느냐가 당신의 연봉을 결정한다

버클리대 교수이자 이탈리아 출신 경제학자인 모레티는 《직업의 지리학》을 통해 시애틀과 같은 도시가 뜨고 디트로이트 같은 전통 제조업 중심도시가 몰락한 원인을 분석했습니다. 그는 도시가 번성하는 가장 중요한 요인은 강력한 혁신기업의 존재라고 주장합니다. 실제로 1980년대 초까지만 해도 몰락해가던 항구도시 시애틀은 MS의 폭발적 성장과 아마존 같은 IT기업들의 집적효과 때문에 혁신도시로 거듭났습니다.[03]

제프 베이조스는 빌 게이츠, 스티브 잡스의 계보를 잇는 입지전적인 벤처 사업가입니다. 미국 프린스턴 대학에서 전기공학을 공부한 그는 대학 졸업 후 월스트리트 투자가로 활약하다가 벤처기업으로 눈을 돌려 1994년 아마존을 시애틀에서 창업했습니다. 빌 게이츠가 회사를 시애틀로 이전하고 15년 후입니다. 베조스가 시애틀을 선택한 이유는 MS 출신 소프트웨어 기술자들과 프로그래머들이 많다는 점, 벤처자본들이 풍부한 스타트업 생태계가 발달되어 있다는 점 때문이었습니다.

또한 시애틀은 기업에 세금 혜택도 주었습니다. 인터넷 소매상들은 회사가 소재한 주 바깥의 소비자들에게는 판매세를 부과하지 않아도 되어서 소비자가 많은 캘리포니아주 바로 옆에 회사 소재지를 두는 것이 유리했기 때문입니다. 결국 할아버지와 함께 매년 여름 텍사스 여름 농장에서 일을 하고, 캠핑카를 타고 전국을 여행해 지도력이 탁월했던 제프 베조스의 공간적 의사결정은 옳았던 것으로 판명되었습니다. 온라인 서점으로 시작한 아마존은 음반, 영상, 장난감, 전자 기기 등으로 취급 품목을 늘려 현재는 세계 최대 온라인 상거래 업체로 성장했고, 우주로 가는 꿈을 담은 '블루오리진'의 본사도 시애틀 인근에 있으니까요. 제프 베조스의 발명과 방황은 여전히 현재 진행형입니다.

닷컴 광풍이 정점에 달했던 2000년대 초반 각계각층의 전문가들은 한목소리로 '신경제는 기업과 근로자 모두에게 더 많은 장소의 자유를 준다'고 성급한 결론을 내렸습니다. 세계화에 대해 논한 책 중 가장 영향력 있는 저서 《세계는 평평하다》에서 토머스 프리드먼은 휴대전화, 이메일, 인터넷 덕분에 통신장벽이 크게 낮아졌기 때문에 물리적 위치가 더는 중요하지 않다는 유명한 주장을 펼치기도 했죠. 물리적 접촉이 굳이 필요하지 않게 되면 실리콘밸리와 같은 곳들은 지도에서 사라지리라고 예측했습니다.

하지만 현실은 정반대였습니다. 지리의 힘은 오히려 더 강해졌습니다. 모레티 교수는 《직업의 지리학》에서 '학력도 스펙도 아니다. 당신이 어디 사느냐가 당신의 연봉을 결정한다'는 증거를 제시합니다. 라스베이거스의 웨이터와 샌디에이고의 웨이터, 시애틀의 대졸 근로자와 앨버커키의 대졸 근로자, 샌프란시스코의 컴퓨터 과학자와 뉴욕의 컴퓨터 과학자…, 어디에 사는 사람이 연봉을 더 많이 받을까요? 샌디에이고의 웨이터, 앨버커키의 대졸 근로자, 샌프란시스코의 컴퓨터 과학자가 같은 실력과 스펙에도 더 많은 연봉을 받을 확률이 높다고 하네요. 어쩌면 이것이 빌 게이츠나 제프 베조스가 앨버커키가 아닌 시애틀에서 사업을 벌인 이유가 아닐까요? 이들도 처음에는 직원들에게 높은 월급을 줄 수 없는 스타트업 사장에 불과했으니까요.

모험자본이 현장 중심적이라는 것에 주목하는 엔리코 모레티 교수는 '2시간 법칙'에서 나아가 '20분 법칙'을 내세웁니다. 모험자본가들은 그의 사무실에서 자동차로 20분 거리에 있는 기업들을 우선해서 자금 제공을 한다는 것이지요. 세코이아 캐피털, 클라이너 퍼킨스 코필드 앤드 바이어즈가 구글, 애플, 아마존, 오라클, 야후, 유튜브, 페이팔, 넷스케이프, 시스코에 투자하는 실리콘밸리는 창업자의 천국이죠. 신사업에 대한 적극적인 관찰, 육성, 멘토링이 원활하게 이루어지려면 창업자는 투자자와 가까운 장소에 가는 것이 절대적으로 유리합니다. 성공하고 싶다면 무조건 실리콘밸리나 시애틀로 가야 하는 겁니다.[04] 실리콘밸리의 성공신화는 절대로 세계가 평평하지 않다는 것을 입증하는 사례입니다.

앨버커키에 뭔가 특별한 것이 있다?

MS는 1975년 앨버커키 66번 도로 여관방에서 시작되었습니다. 뉴멕시코주의 주도는 샌타페이지만 바로 근접한 앨버커키에 더 많은 사람이 살고 있고 국제공항도 있어서 미국 다른 대도시들과 멕시코 등지를 연결합니다. 앨버커키는 1851년 미국의 48번째 주로 편입된 뉴멕시코주에서 가장 큰 도시입니다. 1880년 철도 개통과 더불어 1926년 시카고와 로스앤젤레스를 잇는 66번 도로가 앨버커키를 통과하면서 이민자들이 몰렸기 때문입니다.

　해발 1,619m 고지대에 자리한 앨버커키는 쾌적한 날씨를 자랑합니다. 동쪽으로 3,255m 높이의 샌디아 산맥이 감싸고 리오그란데강이 중심부를 흘러 물도 풍부합니다. 앨버커키는 인근에 세계적 기업 인텔이 들어오면서 하이테크 기업들이 몰려들기 시작했고, 원자폭탄, 태양광, 마이크로칩 등을 연구하는 첨단산업의 중심지로 떠올랐습니다. 연중 온화한 기후, 풍부한 자원과 노동력, 입지적 장점 등을 고루 갖춘 선벨트 지역에 입지한 앨버커키는 2006년 〈포브스〉가 미국에서 기업 여건이 가장 좋은 지역 1위로 선정하기도 했습니다.

25
구글을 초격차 기업으로
만들어준 것

학력도 스펙도 아니다. 당신이 어디 사느냐가 당신의 연봉을 결정한다.
_ 엔리코 모레티, 미국의 경제학자

창업한 지 6개월밖에 안 된 벤처기업 넷스케이프의 상장 소식이 실리콘밸리부터 월스트리트까지 미국 전체를 뒤흔들고 있었습니다. 때는 1995년 8월 9일, 주당 28달러(약 3만 1,500원)로 상장된 넷스케이프는 첫 거래일에 75달러(약 8만 4,600원)까지 올라 갑자기 3억 달러(약 3,385억 원)가 넘는 기업가치를 지니게 되었습니다. 작은 규모의 검색엔진 회사로 실제 수익을 내지도 못했지만 문제가 되지 않았죠. 매출이 분기마다 100%씩 성장하고 있었기 때문입니다. 스탠퍼드 대학 컴퓨터공학과 안에서도 돈 냄새가 풍겼습니다. 1996년 2월 래리와 세르게이는 최신식 4층 건물 '윌리엄 게이츠 컴퓨터 공학관'으로 이사했습니다. 빌 게이츠가 600만 달러나 기부해서 만들어진 빌 게이츠 빌딩 306호 사무실에서 구글의 신화가 시작되었습니다.

발도르프 유치원 출신 유대인 공학도의 의기투합

페이지와 브린의 만남은 1995년으로 거슬러 올라갑니다. 페이지는 미국 미시건, 브린은 러시아 모스크바 태생이지만 모두 유대인이고 부모가 대학교수였다는 공통점이 있습니다. 그리고 두 사람은 자유로운 환경에서 생활하며 아이들 각자의 잠재력을 일깨우는 진보적인 발도르프 교육(아이를 미리 확정된 교육목표로 유도하지 않고, 아이 안에 내재되어 있는 잠재력을 일깨우려는 교육)을 받았습니다.

러시아의 반유대인 정책으로 고통받았던 세르게이 브린의 가족은 미국으로 이민을 옵니다. 러시아 출신 유대인들의 도움을 받기는 했지만 경제적 형편은 어려웠습니다. 메릴랜드 대학 인근의 교외에 노동자 계층들이 모여 사는 콘크리트 블록으로 된 집에서 살면서도 브린의 부모는 아들을 공립 초등학교 대신 학비가 비싼 몬테소리 사립 초등학교에 보냈습니다. 아이가 스스로 공부하는 방향과 방법, 속도를 찾게 하는 몬테소리의 교육을 받은 브린은 스스로 자신의 길을 개척하는 법을 배웠습니다. 그곳에서는 누구도 무엇을 해야만 한다고 말하지 않았습니다. 비록 영어는 잘하지 못했지만 수학 퍼즐과 과학 프로젝트에 열중했던 그는 대학에서 수학과 컴퓨터공학을 전공했고 국립과학재단의 장학금을 받아 스탠퍼드 대학에서 컴퓨터공학 박사과정에 진학할 수 있었습니다.

한편, 래리 페이지 역시 몬테소리 교육을 받은 스트리트 스마트 보이였습니다. 미시건 주립대학 컴퓨터과학 교수였던 부모 밑에서 자란 페이지는 어릴 때부터 〈파퓰러 사이언스〉 같은 과학 잡지가 가득한 분위기에서 자랐습니다. 이런 환경 덕분에 페이지는 6세 때부터 컴퓨터를 시작했고, 초등학교에서는 워드프로세서로 숙제를 제출한 최초의 학생이었다고 하네요. 어려서부터 발명에 관심이 많았고, 교류전기 등을 개발한 발명가 니콜라 테슬라를 우상으로 여겼습니다. 미시건 주립대학에서 컴퓨터공학을 전공할 때는 레고 블록으로 잉크젯 프린터를 만들기도 했습니다. 길거리를 관찰하는 것을 좋아했던 래리 페이지는 새롭고 더 나은 교통 체계에 관심이 많았습니다.

교통이 혼잡한 디트로이트 근처에서 자란 그는 어려서부터 사람과 상품이 이동하는 방식에 대해 창의적인 방법을 떠올려 보곤 했는데, 특히 교통사고, 물류비용, 대기오염과 교통 체증 등 각종 문제를 없앨 구체적 방안을 고민했습니다. 이것은 전형적인 도시 지리학의 주제입니다. 그 시절에 일찍이 목적지까지 자동으로 데려다주는 자율주행 시스템을 상상한 것입니다. 운전자 없는 택시와 같은 자동 운송시스템을 통해 사람과 화물을 더 많이 실어 비용을 낮추고 고속도로의 효율을 높일 수 있다고 믿었죠.[05]

페이지와 브린은 1995년 스탠퍼드 대학에서 만납니다. 컴퓨터과학 박사과정을 밟고 있을 때였습니다. 당시에도 여러 가지 검색엔진이 나와 있었지만, 수많은 정보 중 원하는 것을 정확히 찾아내 주는 검색엔진은 없었기에 페이지는 월드와이드웹의 대표적 특징 중 하나인 '하이퍼링크'의 가능성에 주목했습니다. 넓은 화면 한가운데 큼직하게 박힌 로고, 극단적으로 단순한 검색창 하나, 그리고 '검색'이란 버튼 옆에 놓인 '운이 좋을 것 같아(I'm feeling lucky)'라는 문구, 검색엔진 구글은 이렇게 인터넷 세상에 모습을 드러냈습니다. 그 흔한 배너광고도 하나 없는 검색엔진의 이름은 10의 100제곱을 뜻하는 구골googol에서 따왔습니다.

검색엔진 구글은 공학도이자 수학도였던 래리 페이지와 세르게이 브린이 개발한 알고리즘이 핵심입니다. '검색' 대신 '운이 좋을 것 같아'를 클릭한 후 구글이 찾아주는 검색 결과는 믿을 수 없을 만큼 빠르고 정확했습니다. 이전까지만 해도 인터넷 사이트를 돌아다니는 관문(포털)은 '야후'였지만, 이제 원하는 사이트를 찾기 위해 포털사이트에서 한참 헤매고 다닐 필요가 없게 되었죠. 결국 구글은 1998년, 창업한 지 2년 만에 검색 건수가 하루에만 1,800만 건에 달하는 미국 최대 검색 사이트로 급성장했습니다. 그리고 '구글'은 곧 '검색하다'라는 뜻의 동사로 쓰이게 되었습니다.

빅 브라더보다는 자유로운 세계를 꿈꾸는 히피들

새로운 발상의 광고로 구글의 수익이 급증하던 2004년, 구글의 주가는 나스닥 상장 후 수직으로 상승했습니다. 주당 100달러(약 11만 2,800원)에 첫 거래가 이루어진 이후, 구글의 주가는 2007년에 무려 700달러(약 78만 9,900원)를 돌파한 적도 있습니다. 20대인 두 창업자의 회사 경영은 파격적이었고, 자유롭고 쾌적한 근무환경은 구글이란 회사에 대한 환상을 키웠습니다. MS의 독점에 대해 빌 게이츠를 열렬히 비난하던 네티즌마저 검색 시장을 장악한 구글에 대해서는 호의적이었습니다.

광고 수익이 전체 매출의 97%를 차지하는 구글은 다른 모든 서비스를 소비자들에게 무료 공개하며 MS의 아성에 하나하나 도전해 나갔죠. 2004년에는 무료로 1GB의 대용량 메일함을 제공하는 지메일Gmail 서비스를 시작해, MS의 핫메일을 순식간에 압도했습니다. 특히 2005년 도입된 구글 지도는 구글이 압도적인 검색엔진이 되는 데 결정적인 기여를 했습니다.

게이츠나 잡스 모두 마케팅과 비즈니스 감각이 뛰어났고, 독점과 폐쇄성 등으로 사회적 비판을 받기도 했습니다. 그러나 구글의 창업자들은 회사를 성장시켜 나가는 데 있어서 선배들과 다른 길을 걷고자 했습니다. 이들에게는 '비즈니스 마인드' 대신 '엔지니어 마인드'가 우선이었습니다. 구글의 유명한 모토인 '사악해지지 말자(Don't be evil)'에는 이렇게 앞서 성공한 IT 거물들과는 다른 방법으로, 철면피가 되지 않고서도 돈을 벌어보겠다는 페이지와 브린의 의지가 담겨 있습니다. 21세기 새로운 지도력을 펼친 구글 창업주들은 빅 브라더보다는 자유로운 세계를 꿈꾸는 히피에 가까웠습니다.

실리콘밸리 창업자들의 버닝맨 사랑

매년 노동절(9월 첫째 주 월요일) 주간이 되면 래리 페이지와 세르게이 브린, 일론 머스크를 비롯한 실리콘밸리의 거물들이 열광하는 축제가 사막에서 펼쳐집니다. 네바다주 라스베이거스 인근 블랙록 사막에서 9일 동안 하나의 도시를 만들어 가는데 축제의 참가자들이 마지막 날 그동안 만든 모든 것을 파괴하고 나무로 만든 거대한 사람 형상의 조형물을 태운다고 해서 '버닝맨Burning Man'이라는 이름이 붙었습니다. 7만 명에 달하는 참가자들은 프로그램과 지도만 제공받는데, 모든 것을 무에서 시작해 자유롭게 공동체를 형성하고 상상력을 발휘해 다양한 혁신을 실험합니다. 낮에는 덥고 밤에는 추워 생존이 어려운 환경인 데다 돈, 스마트폰 같은 문명의 이기를 전혀 사용할 수 없게 되니 원시시대로 돌아가 인간에게 내재된 생존 본능을 깨우는 특별한 경험을 하게 되는 겁니다. 실제로 일론 머스크는 '솔라 시티' 사업 아이디어를 버닝맨 축제를 통해 구상했다고 합니다.

바이킹 문화가 뿌리 깊은 북유럽에서는 낮이 가장 긴 날인 하지夏至에 큰 불을 피우는 전통이 있습니다. 1986년 래리 하비와 제리 제임스가 샌프란시스코 해변에서 하지를 기념해 나무로 만든 인간 형상을 태운 것이 버닝맨의 시작이었습니다. 1990년부터는 경찰의 단속을 피해 사막으로 무대를 옮겨 자신을 표현하고 다양성을 추구하며 자유와 해방감 만끽하는 장으로 발전했습니다. 버닝맨 축제는 1999년 8월 말 구글 홈페이지의 '두들'에 버닝맨 로고가 등장하며 세계적으로 유명해졌는데, 버닝맨 축제에 푹 빠진 래리 페이지와 세르게이 브린이 자신들이 축제를 위해 사막에 머무는 동안 연락이 안 될 거라고 알리기 위한 조치였습니다. 그들이 2001년 에릭 슈미트를 구글 CEO로 전격 영입한 배경도 그가 버닝맨 축제 참여자였기 때문이라고 하니, 실리콘밸리의 도전 정신과 버닝맨 축제의 히피 정신은 맞닿아 있는 것 같습니다.

26
구글맵 혁명과
포켓몬고

당신이 어디를 가든 그곳은 당신의 일부가 된다.
모든 여행은 사랑의 탐험이다.
_ 잭 캔필드, 미국의 작가

2차 세계대전이 끝나고 하버드를 비롯해 동부 명문대학에서 지리학과가 폐지되면서 미국 엘리트들의 지도력이 급격히 쇠퇴합니다. 초·중등 학교 현장에서도 지리교육이 부실해지며 지리 문맹이 늘어나고 국가 경쟁력도 하락하고 있다는 우려가 높아집니다. 역사를 전공한 부시 대통령을 비롯해 지리를 모르는 외교관들의 실수가 반복되며 미국의 국가 안보를 심각하게 저해하고 있다는 비판도 제기됩니다.[06] 하지만 구글맵이 개발되고 지도 혁명이 일어나며 미국의 국운은 다시 상승세를 타기 시작하죠.

구글맵은 지리 문맹 천지인 미국에 혁명을 일으켰습니다. 구글맵은 목적지까지 최단 경로를 안내하고, 구글어스는 가본 적 없는 곳의 풍경을 방 안에서 감상하게 해주며, 증강현실 게임 포켓몬고는 실제와 가상의 경계를 없애고 있습니다. 이제 사람들은 더 이상 종이 지도를 꺼내 들지 않습니다. 세계 어디서든 스마트폰 지도 앱을 켜고 목적지를 설정한 후 화살표를 따라 이동합니다. 버스나 지하철 등 대중교통의 출발과 도착 시간을 실시간으로 확인하고, 방 안에서 그랜드캐니언을 입체적으로 감상합니다. 지도 앱을 통해 미세먼지 농도가 높은 지역이나 감염병 환자가 다녀갔던 장소를 피하기도 합니다. 온라인 부동산 매매, 승객과 운전사의 연결, 택배 추적 등 새로운 서비스가 계속 등장하며 모빌리티 사업은 진화를 거듭하고 있습니다.

이 모든 변화는 구글의 위치 기반 서비스 '구글맵'에서 비롯되었습니다. 사람들이 구글에 입력하는 검색어의 4개 중 1개가 공간 정보, 지명과 관련된 것이라는 것을 간파한 구글은 '키홀'과 같은 디지털 지도 제작 기업을 재빨리 인수해 야후나 익스플로러 등 다른 검색엔진을 압도하기 시작했습니다. 미국뿐만 아니라 전 세계를 바꾼 거대한 변화가 시작된 것입니다.

텍사스 보이의 꿈이 담긴 지도회사, 키홀

구글 지도 이야기를 하려면 먼저 스타트업 키홀에 대해 설명해야 합니다. 대담한 아이디어와 혁신은 1999년 봄 텍사스 대학 동창인 존 행키가 빌 킬데이가 만나면서 시작되었죠. 존이 서버를 모니터에 연결해 빌의 주소를 입력하자, 우주에서 지상으로, 지상에서 빌의 지붕으로 순식간에 줌인 되었습니다. 집 안에서 자신의 집 밖을 볼 수 있는 이 '경이로운' 디지털 지도에 매료된 빌 킬데이는 존 행키가 창업한 스타트업 키홀에 합류해 마케팅을 담당합니다.

하지만 그때까지만 해도 이 지도는 신기한 장난감이었을 뿐, 그 쓸모에 대해서는 많은 사람이 반신반의했죠. 키홀은 닷컴버블이 붕괴될 당시에 고사 직전까지 내몰립니다. 그러다가 CIA 프로젝트 덕분에 위기를 모면했고 미국의 1차 이라크 침공으로 결정적 기회를 얻습니다. CNN이 전쟁을 보도하면서 키홀의 기술을 사용한 후 출처를 표시한 덕분에 유명세를 얻게 되죠. 그즈음 구글은 지도와 공간정보의 잠재력을 알아보고 키홀을 인수하기로 합니다.

구글은 키홀의 서비스를 구글맵과 구글어스로 발전시켰고, 스티브 잡스를 비롯한 사용자들의 열광적인 반응을 이끌어냅니다. 그들은 '갑작스러운 성공을 이루기까지는 20년간의 노력이 필요했다'고 말합니다. 구글맵에는 텍사스 보이들의 자유로운 상상력이 담겨 있습니다. 미국에서 거의 유일하게 중·고등학교에서 지리를 배우고 주립대학에서도 지리학과가 강세인 텍사스는 인재를 많이 배출하는 주입니다.

구글맵은 2005년 미국에서 정식으로 출시된 이래 2020년 현재 200여 개 국가에서 서비스되고 있습니다. 지도에서 '내 위치'를 확인해 가고자 하는 목적지까지 길을 찾아갈 수 있도록 하는 이 서비스는 많은 것을 가능하게 만들었습니다. 전 세계의 지리 정보를 체계화하고 구글맵과 구글어스 등을 무료로 제공한다는 구글의 전략은 혁명을 일으켰고 그 혁명은 여전히 현재 진행형입니다.

2007년 구글 지도와 서비스는 스마트폰에 담겼고 곧 애플과 안드로이드 폰의 킬러 앱으로 자리매김했습니다. 리뷰 전문 사이트 옐프와 오픈 테이블, 온라인 부동산 중개업체 질로, 온라인 여행사 프라이스 라인, 차량 공유 서비스 우버 등은 모두 구글 지도 덕분에 혁신적 서비스를 제공할 수 있게 되었습니다. 구글맵과 스트리트뷰는 그라운드 트루스 프로젝트를 통해 궁극적으로 자율주행차량과 직결됩니다.

포켓몬을 GO하게 해준 구글맵

한편, 증강현실 모바일 게임 '포켓몬고' 역시 구글맵 혁명 덕분에 탄생할 수 있었습니다. 아시다시피 포켓몬고는 실제와 가상의 경계를 허문 증강현실 게임입니다. 구글 본사에서 분사한 나이언틱은 첫 작품인 위치 기반 AR 게임 '인그레스Ingress'로 급성장했죠. 인라이튼드와 레지스탕스라는 두 진영이 겨루는 인그레스 게임은 현실 세계로 나가 영토 쟁탈전을 벌이는 식으로 진행됩니다. 전쟁 후 도시로 돌아온 유저는 사람들과 만나고 디지털 세계 밖에서 친구가 된 게이머들과 커뮤니티를 형성하기도 합니다.

나이언틱은 흥미진진한 지역을 데이터베이스화하는 과정까지 게임으로 만들었습니다. 이렇게 유저가 모인 약 1,200만 개 지점은 훗날 포켓몬고의 포켓스톱이 됐습니다. 인그레스의 머신러닝(기계

학습), 데이터, 기술을 바탕으로 제작된 포켓몬고는 2016년 7월에 출시됐습니다. 다운로드 횟수와 수익에서 역대 기록을 모두 갈아치우고 가파르게 성장했습니다. 포켓몬고 이전에는 사실상 AR 활용을 가시적인 성과로 입증한 사례가 없었죠. 지금은 인기 있는 기술 트렌드로 자리 잡았지만, 당시에는 그 자체가 너무나 놀라운 사건이었습니다. 포켓몬고는 좋은 지도와 우리 주변의 모든 대상을 공간정보와 연계하는 기술을 효과적으로 접목한, 증강현실 기술의 성공사례로 가장 자주 언급됩니다.

세상은 이미 모든 것이 무선으로 연결되어 책상 위의 모니터에서 벗어나도 검색이 가능해졌습니다. 의자에 붙박이처럼 앉아서 하던 게임도 이제는 집 밖에서 즐길 수 있게 되었죠. 디지털 기술이 가상 세계와 현실 세계를 넘나들게 해주고 있습니다.

잠시 텍사스주 오스틴 웨스트 24번가와 화이티스가가 만나는 사거리에 위치한, 텍사스 대학 캠퍼스에 서 있다고 상상해보자. 스마트폰을 들고 저 조각상을 가리켜보자. 구글 스트리트뷰 데이터와 컴퓨터 비전 기반 지도를 바탕으로 스마트폰이 이를 바바라 조던 하원의원의 동상으로 인식하면, 동상의 머리 위로 즉시 엷은 색의 정보 풍선이 떠오르면서 의원의 이름과 생년월일, 그리고 주요 입법 활동이 나타난다. 바바라 의원은 파란색으로 테두리가 표시되며 동상이 살아있는 것처럼 움직인다. 그러면 바바라 조던 의원이 1976년 매디슨 스퀘어 가든에서 열렸던 민주당 전당대회에서 한 기조연설의 주요 내용을 말하기 시작한다.[07]

앞으로 계속 진화할 세상에서 사람들은 스마트폰에 집중할까요, 아니면 고개 들어 새로운 시각으로 특정 장소의 역사와 건축, 문화적 의미에 대해 더 깊이 이해하며 주변 세계를 인식하게 될까요? 풍부한 지식을 통해 현재에 더 충실해질지, 아니면 산만해질지는 당장 알기 어렵지만 어떤 사람들이 승리할지는 분명해졌습니다. 지구 어느 곳에서든 정확한 위치를 파악하고 체계적인 색인을 제공하는 최고의 지도를 가진 기업과 사람들입니다.

지도의 중요성과 지리의 힘을 잘 아는 저는 학생들이 컴퓨터게임을 하듯 호기심을 갖고 스스로 즐겁게 배우는 학교 밖 체험활동을 시도해 왔습니다. 증강현실을 활용한 지리 수업을 꿈꾸며 기술 특허까지 받아 놓았지만, 경직된 한국의 교육 현실과 행정 체계 속에서는 무용지물이 되어갑니다. 만일 제가 2008년 한국의 교육대학이 아닌 미국의 텍사스 주립대학을 선택했다면 어떠했을까요? 포켓몬고 못지않은 혁신적인 지리 교육을 자유롭게 실행할 수 있었을 것 같아 다시 한번 공간적 의사결정의 중요성을 절감하게 됩니다.

한국의 문제아, 실리콘밸리에서 날개를 펼치다

가상현실과 실제 공간을 절묘하게 결합한 포켓몬고 덕분에 당시 한물간 게임회사 취급을 받던 닌텐도의 주가도 덩달아 급등했습니다. 포켓몬고가 고향 일본에서 공식 출시되면서 세상과 담쌓고 집 안에 처박혀 무력하게 살아가던 히키코모리(은둔형 외톨이)들이 세상 밖으로 나오게 되었기 때문입니다. 보조배터리, 도시락, 운동화 등 포켓몬고 관련 상품들도 잘 팔렸고요. 일본 정부도 살리지 못한 경제 부활의 불씨를 만화 속 귀여운 괴물 캐릭터들이 살렸다는 평가를 받았습니다.

포켓몬고 대박 신화는 정부나 기업이 주도한 게 아닙니다. 어린 시절 친구들과 함께 우정을 나누던 추억, 귀여운 몬스터들이 보여주는 아기자기한 재미, 고향을 떠나 미지의 세계로 향하는 소년들의 판타지가 핵심적 성공요소입니다. 포켓몬고는 미국, 호주, 영국 등에서도 큰 인기를 끌었고, 사람들의 삶에 영향을 주기도 했습니다. 실외활동 부족으로 비만과 우울증에 시달리던 어른들은 물론이고, 어두운 방 안에서 컴퓨터 화면이나 스마트폰만 들여다보던 아이들을 세상 밖으로 끌어내는 위력을 보여주었습니다.

또한 포켓몬고는 컴퓨터 게임에 대한 부정적 편견을 완화했을 뿐 아니라 관련 기업에 새로운 비즈니스와 마케팅 기회를 주었습니다. 지리학자의 관점에서 포켓몬고는 단순한 게임을 넘어 온라인과 오프라인을 연결하는 혁신적 교육 도구로 활용될 가능성이 높아 보입니다.

그런데, 한국의 장난꾸러기(?)였던 청년이 포켓몬고의 예술적, 감성적 측면을 책임졌다는 사실을 아시나요? 데니스 황(황정목) 나이앤틱 아트 총괄이사는 5세부터 중학교 2학년까지 과천에서 살았는데, 소박한 저층 아파트 2층에 살면서 계절마다 바뀌는 자연을 체험하며 어린 시절을 보냈습니다. 어머니는 만화 낙서로 공책을 가득 채워 선생님께 꾸중을 많이 들었던 아들을 따뜻하게 품어주고 격려했습니다.

한국에서는 '평범한(?) 문제아'였던 그가 고등학교 때 미국으로 건너가 실리콘밸리 옆 스탠퍼드 대학에서 순수미술과 컴퓨터공학을 전공하면서 행운이 시작되었습니다. 당시 스탠퍼드대 컴퓨터공학과에는 훗날 구글(1998년)을 설립하게 되는 래리 페이지와 세르게이 브린이 재학 중이었죠. 데니스 황은 졸업 후 구글 초창기 멤버였던 기숙사 친구의 소개로 구글에 입사하면서 꿈의 날개를 활짝 펴게 되었습니다.

구글의 기념일 로고인 두들을 처음 그린 아티스트로 인정받고, 나이앤틱을 창업해 돈방석에 오르기도 합니다. 미국 동부 명문대를 졸업하고 변호사가 된 모범생 형보다 훨씬 더 큰 부와 성공을 거둔 말썽꾸러기 막내아들이 이제는 저택에서 부모님을 모시고 사는 효자가 되었습니다. 참고로 데니스 황의 아버지 황만익 교수는 제 은사이신 서울대 사범대학 지리 교육과의 경제지리학자였습니다.

구글맵 혁명 덕분이었을까요? 1948년 석연치 않은 이유로 폐과되었던 하버드 대학교 지리학과는 2006년 화려하게 부활했습니다.[08] 지리 공간 도서관과 하버드 지도박물관 기금으로 설립된 '지리 분석 21센터The 21 Center for Geographic Analysis'가 하버드 대학 계량 사회과학연구소 내에 개원하였고, 지리학은 '지리정보과학 Geographical Information Science'이라는 새로운 이름을 얻었습니다.

일본과 이탈리아의 국운이 쇠하는 이유는?

30년 전만 해도 세계 시가총액 50위 기업 리스트에 일본 기업이 33개나 있을 정도로 일본은 최고의 전성기를 누렸습니다. 1985년 플라자합의로 인한 엔화 강세로 일본 경제가 큰 타격을 입긴 했지만, 일본은 내부에서부터 무너지고 있었습니다. 2차 세계대전 당시 해군 장교로 복무하고 1946년 소니를 설립한 모리타 아키오는 지도력이 탁월한 기업가였습니다. 세계지도를 펼치고 활발히 활동하던 그가 1971년 미국에서 출시한 '워크맨'은 걸으면서 음악을 듣는 혁명을 일으키죠. 하지만 소니는 워크맨 이후 혁신적인 제품을 내놓지 못하며 계속 고전하는데요, 그는 보수적인 학교 교육이 일본 청년들의 패기를 꺾고 있다며 《학교 망국론》이라는 책까지 씁니다. '지의 거인'으로 불리는 언론 다치바나 다카시 역시 문부성의 관료주의가 대학 교육을 망치고 있다며 '지적 망국론'을 제기하죠. 특히 문과 지식과 이과 지식이 괴리되며, 즉 대학에서 지리의 통합적 사고를 소홀히 하며 '전문가 바보'가 양산되고 있다는 비판입니다.[09] 나카니시 히로시 교토대 교수 역시 '누에고치처럼 보호막에 둘러쌓여 있는 명문대 재학생들은 안락함의 유혹에 빠져 외국으로 나갈 패기를 잃어버렸다'며 현실에 안주하는 청년들이 늘며 일본이 몰락하고 있다고 한탄합니다.[10] 실제로 2004년 8만 명에 달했던 일본 유학생은 2014년 5만 명대로 떨어졌으니, 일본의 '잃어버린 20년'은 지도력 하락의 부작용일 수도 있겠습니다.

반면, 미국은 지도를 보며 이동하는 사람들이 주도해온 나라입니다. 미국인의 약 33%는 자신이 태어난 주를 떠나 다른 주에서 살아가죠.

특히 교육 수준이 높을 사람일수록 더 적극적으로 이동하고 실제로 소득 수준도 높다는 연구 결과입니다. 《직업의 지리학》을 쓴 모레티 교수는 원래 이탈리아 출신인데요, 반짝이는 아이디어가 넘치는 이탈리아 청년들이 패션에만 신경 쓰고 새로운 곳에서의 도전을 두려워한다고 안타까워합니다. 친구와 부모 곁을 떠나기 싫어하다 보니 경력을 쌓고 더 높은 연봉을 받을 기회를 포기해 버리는 경우가 많다는 겁니다. 르네상스 시기 이탈리아는 피렌체 은행을 중심으로 유럽 경제를 주도하는 혁신의 중심지였지만 지금은 활력을 찾기 어려운 변방으로 전락했습니다. 21세기 이탈리아는 유럽에서 지리교육이 가장 부실한 나라 중 하나인데요, 국가 수준에서 청년들의 낮은 지도력과 비이동성은 실업 문제를 악화시키고 국운을 쇠하게 합니다.

27
커넥토그래피 제국과 유니콘의 요람, 중국 선전

지형을 잘 알아서 전쟁에 활용하는 자는 반드시 이기고,
지형을 알지 못하면서 전쟁에 활용하는 자는 반드시 진다.
_ 제갈량

'커넥토그래피Connectography'란 '연결Connect'과 '지리Geography'를 합성한 신조어로 파라그 카나가 《커넥토그래피 혁명》이라는 책을 집필하며 알려졌습니다. 그는 21세기 전쟁에서 승리하려면 '지리는 운명이다'로는 부족하고 '연결이 운명이다'라는 점을 강조해야 한다고 보았습니다. 21세기는 고속도로·철도·파이프라인 등 에너지와 물품·인재 수송로, 정보·지식과 금융·기술이 광속도로 흘러가는 인터넷·통신망 등 기능적 사회기반시설의 초국적 연결이 중요하다는 것입니다. 그동안 지리적 환경이 국가와 민족의 흥망, 문명과 역사를 결정했다면 이제는 연결성이 관건이 된 것이죠. 이제 어디와 얼마나 많이 연결되어 있는가, 즉 글로벌 연결성이 개인과 기업, 국가의 흥망성쇠를 좌우하는 세상이 왔습니다.

플랫폼	1위	2위	3위
페이스북[11]	인도 (2억 8,000만 명)	미국 (1억 9,000만 명)	인도네시아 (1억 3,000만 명)
왓츠앱[12]	인도 (3억 4,000만 명)	브라질 (9,900만 명)	미국 (6,810만 명)
인스타그램[13]	미국 (1억 2,000만 명)	인도 (8,800만 명)	브라질 (8,200만 명)

미래의 지도는 플랫폼 사용자 수에 따라 다르게 그려져야 한다.

위의 표는 국가별로 페이스북, 왓츠앱, 인스타그램 사용자 수를 보여줍니다. 과거의 지도가 땅의 넓이와 국가 간의 경계를 표시했다면, 미래의 지도는 어떤 플랫폼에 얼마나 많은 사람이 모여 있느냐를 중심으로 전혀 다르게 그려져야 할 것입니다. 실제로 영국의 'Worldmapper'라는 사이트에 들어가면 다양한 주제를 표현한 지도들을 확인할 수 있습니다.

4차 산업혁명, 플랫폼 혁명이 쓰나미처럼 몰려오고 지정학적 위기가 고조될수록 커넥토그래피가 중요해집니다. 개인이나 기업을 넘어 국가의 운명까지 좌우할 수도 있으니까요. 글로벌 플랫폼을 확보해 '경쟁력 있는 연결성'을 유지해야 대기업도 생존할 수 있는 시대입니다. 구글, 아마존 등 소위 잘나가는 기업들은 공간정보와 연계된 빅데이터를 활용해 물류비를 줄이고 새로운 시장을 개척하기 위해 지리학자와 GIS 전문가를 우대합니다. 이건희 회장의 멘토로 삼성전자의 개혁을 이끌었던 요시카와 료조는 4차 산업혁명으로 인한 변화를 설명하며 "이제 마케팅 또한 선진국에서 제3세계로, 틀에 박힌 분석 보고서에서 새로운 시장을 발굴하는 지정학적 제조업으로 진화하고 있다"고 역설한 바 있습니다. IT 기술자나 빅데이터 전문가 못지않게 현장에 강한 지리학자의 전문성이 필수적인 시대가 된 것입니다. 기업뿐 아니라 개인과 도시, 국가도 상생할 수 있는 전략적 파트너를 잘 찾고 틈새를 노리는 지리적 상상력이 필수입니다.

커넥토그래피 혁명의 모범사례 BTS

한국은 커넥토그래피 사고조차 하드웨어에 갇혀 있는 것 같아 안타깝습니다. 커넥토그래피의 기본은 지리입니다. 현지의 문화와 전통을 이해하고, 사람들의 욕망과 감정을 읽어낸 후 공간적 사고를 해야 합니다. 그런 의미에서 BTS은 '커넥토그래피 혁명'이라는 환경의 변화를 간파하고 SNS를 적극적으로 활용해 세계적인 그룹으로 성장한 대표적 성공사례입니다.

BTS의 신화는 2012년 12월 17일 유튜브 채널이 개설되고 영상이 올려지면서 시작됩니다. 주요 방송국 무대에 설 기회를 잡기 어려웠던 무명의 신인들에겐 선택의 여지가 별로 없었습니다. 빌보드 차트를 석권하고 이제는 비틀스를 뛰어넘는 전설적 그룹으로 도약한 BTS는 '콘텐츠-네트워크-플랫폼-디바이스'가 결합된 완벽한 모바일 생태계를 구축했습니다. 열정적이며 결속력 강한 팬클럽, 아미ARMY는 BTS 제국의 든든한 지원군이 되었습니다.

'디지털 네이티브'로 불리는 열성적인 팬들로 구성된 아미와 BTS는 다양한 소셜 네트워크를 통해 활발하게 소통합니다. 그런데 흥미로운 것은 2018년 기준으로 아미를 가장 많이 보유한 나라는 한국이 아니라는 것입니다. 1위 필리핀을 비롯해 3위에서 6위까지는 인도네시아, 베트남, 태국, 말레이시아 등 동남아 국가가 차지했습니다. 2위인 한국에 이어 브라질(7위), 미국(8위), 멕시코(10위) 순입니다. 특이한 것은 대만(9위)이 세계 1위 인구 대국인 중국을 제치고 BTS 제국의 주요 지역이라는 점입니다. BTS의 커넥토그래피는 앞으로 우리가 연결하고 확장하기에 유리한 지역이 어디인지 알려주는 나침반이 됩니다.

커넥토그래피 시대에는 연결성이 높은 사람, 즉 친구가 많고 다양할수록 경쟁력 있는 인재입니다. 《커넥토그래피 혁명》의 저자인 파라그 카나는 160여 개국을 여행한 인도 출신 학자인데, 저에게 늘 영감과 자극을 주는 좋은 친구이기도 합니다.

'대륙의 신화' 중국과 리버스 혁신

'리버스 혁신'은 미국 다트머스 대학의 비제이 고빈다라잔Vijay Govindarajan 교수가 제창한 개념으로, 변방에서의 혁신이 중심지인 선진국 시장으로 역류하게 된다는 이론에서 출발했습니다. 신흥 시장에서 제품과 서비스 혁신을 이룬 다음 이를 선진국으로 다시 가져가는 전략입니다. 글로벌 기술 격차가 좁혀지면 신흥국 현지 기업에 의한 리버스 혁신의 폭이 더 넓어집니다. 리버스 혁신의 대표적인 국가가 바로 중국입니다. 틱톡, DJI처럼 중국 시장에서 만들어진 혁신적인 제품과 서비스가 미국, 유럽 등 서구 선진국으로 확산되는 상황이 실제로 전개되고 있습니다. 이제 중국은 단순히 소비시장이나 생산기지가 아니라, 선진국을 포함한 세계 경제를 주도하는 '리버스 혁신'의 주역으로 부상하고 있습니다.

또한 고빈다라잔 교수는 개발도상국에 진출하는 글로벌 기업은 먼저 편견을 버리고 백지상태에서 새롭게 사업을 재정의하라고 주문합니다. 새로운 비즈니스 모델과 콘텐츠를 선진국보다 신흥국에서 먼저 테스트하고 적용해나가면 혁신은 더 과감해지고 실패확률은 줄어듭니다. 신흥국이 막대한 시장 데이터를 얻을 수 있는 규모라면 금상첨화죠.

예를 들어, 전 세계 20억 명이 넘는 사용자를 보유한 모바일 메신저 플랫폼 왓츠앱이 개발한 결제 서비스도 미국이나 유럽 같은 선진국이 아닌 13억 명에 달하는 인구를 보유한 인도 시장에서 테스트되며 시작했습니다. 2018년 인도 시장을 기반으로 브라질 최대 신용카드 업체 시에로Siero와 협력해 왓츠앱 사용자가 채팅할 때 사진이나 영상을 첨부해 공유하는 것처럼 개인과 기업에 송금하는 서비스를 도입한 것입니다.

선진국보다는 개발도상국에서 모바일화, 스마트화가 더 빠르게 진행되고 비즈니스 확장속도도 빨라지면서 변방이 오히려 혁신의 중심지로 주목받고 있습니다. 특히 중국 본토에서 디지털 혁신이 빨라지고 대규모 투자가 지속되면서 중국의 디지털 경제는 실리콘 밸리를 압도하는 수준으로 성장했습니다. 알리바바, 텐센트, 화웨이, 샤오미 등 중국 기업들이 약진하고 있고 창업 생태계 조성도 활발합니다. 중국 청년들은 절대다수가 취직보다는 창업을 원합니다. 마윈, 마화텅 같은 창업자가 그들의 롤모델이고요. 중국 정부와 공산당은 인재를 채용할 때 비록 실패했을지라도 창업 경험이 있는 청년들을 우대합니다.

사실 중국의 리버스 혁신은 틱톡 이전부터 소리 없이 진행되고 있었습니다. 중국 디지털 산업 생태계를 이끌고 있는 BAT(바이두, 알리바바, 텐센트)는 구글, 아마존, 페이스북의 사업 모델을 벤치마킹해 성공했지만, 지금은 BAT가 오히려 미국 기업들보다 더 빨리 새로운 기술을 도입하고 혁신합니다. 14억 인구가 만들어내는 엄청난 빅데이터를 기반으로 새로운 비즈니스 모델을 만든 후 글로벌 시장으로 확산시키는 전략이죠.

미국 기업이 만든 비즈니스 모델을 중국 기업이 카피해서 만드는 'Copy to China(C2C)'에서 이제 미국 기업이 중국 기업의 비즈니스 모델을 벤치마킹해서 만드는 'To Copy China(2CC)'로 나아가는 분위기입니다. 중국 스타트업계의 혜성인 드론 기업 DJI는 하늘이라는 새로운 공간을 선점하며 급성장 중입니다. DJI의 혁신성은 소비자들의 다양한 니즈를 반영해 경쟁사보다 3~4배나 빠른 속도로 신

제품을 계속 출시하는 스피드 경영에 기반합니다. 또한 개인용 드론을 넘어 농업용 드론, 군사용 드론, 영화촬영용 드론 등으로 영역을 확장해 나가면서 글로벌 시장을 선도하고 있습니다. 특히 고성능 무인 항공기를 제작할 수 있는 국가가 제한적인 군사용 드론 분야는 미국과 중국, 이스라엘 3개국이 중심이었는데 최근 중국 기업들이 성능과 가격 경쟁에서 앞서 있고, 6개월마다 최신형 드론을 출시할 정도로 속도가 빨라 압도적인 우위를 보이고 있습니다.

가장 젊고 혁신이 빠른 미래 도시, 선전

알리바바, 텐센트 등 중국을 대표하는 IT 기업은 베이징이나 상하이가 아닌 변방의 도시에서 시작되었습니다. 항저우에서 영어 교사를 꿈꾸던 마윈은 작은 아파트에서 친구들과 함께 알리바바를 창업했습니다. 중국을 넘어 아시아 최대의 전자상거래 기업을 꿈꾸는 알리바바의 본사가 있는 항저우는 '전통의 관광명소'에서 '첨단 스마트 도시'로 탈바꿈하고 있습니다.

텐센트, DJI가 탄생한 선전 역시 실리콘밸리 못지않은 창업 생태계가 구축되어 있습니다. 30년이라는 짧은 기간 동안 인구가 300배 이상 증가한 선전은 작은 어촌 마을에서 1,500만 인구의 거대도시로 바뀌었죠. 단순히 인구만 늘어난 것이 아니라 중국에서 가장 혁신적인 미래도시, 세계 제조업의 수도가 되었습니다. 길거리에서 군밤을 살 때도 QR코드로만 결제할 수 있고 심지어 거지도 QR코드로 동냥을 받을 정도로요. 하드웨어와 소프트웨어를 망라한 기술 기업들이 몰려 있어 중국 유니콘 기업의 요람 역할을 톡톡히 하고 있습니다.

중국이 인구 14억 명에 육박하는 잠재력 큰 시장인 것은 분명합니다. 하지만 외국 기업에게는 넘기 힘든 장벽이 많습니다. 이베이, 우버, 구글, 아마존 같은 글로벌 대기업조차 안착하지 못하고 철수하는 중국에서 한국인이 창업해 성공하기란 정말 어려운 일입니다. 중국 투자자들과 합작한 기업이 아니면 법인 설립부터 상장까지 넘어야 할 난관이 많습니다. 사회주의 국가이다 보니 외국인 창업자에 대한 규제가 많은 데다 한국보다 법인세율도 높고 대도시 임대료는 강남 못지않습니다. 제품과 서비스의 경쟁력을 갖춘 한국의 대기업조차 정치적 영향력에서 자유롭지 않습니다. 실제로 2016년 이후 사드 배치 문제가 불거지면서 중국에 진출했던 많은 한국 기업이 폐업하거나 철수해야 했습니다.

28
지도를 그리며 혁신을
거듭한 넷플릭스

유토피아를 그려 넣지 않은 세계지도는 아무런 가치도 없다.
_ 오스카 와일드, 아일랜드의 시인이자 극작가

코로나19로 더욱 빠르게 성장해 뜨거운 관심을 받은 기업이 있습니다. 바로 넷플릭스입니다. 넷플릭스는 페이스북, 아마존, 구글과 어깨를 나란히 하며 FA'N'G으로 불릴 정도로 급성장했습니다. 넷플릭스는 CEO가 '우리의 경쟁상대는 수면시간'이라고 말할 정도로 흥미로운 콘텐츠를 무한 제공하며 세계인의 시간을 훔치고 있습니다. 이제 디지털 세계의 글로벌 인프라가 어느 정도 완성되어 가는 단계이니, 인프라를 채워갈 문화 콘텐츠가 중요해지고 있습니다. 거대 공룡기업 디즈니와 맞장 뜰 정도로 세계 콘텐츠 시장을 빠르게 장악해 나가고 있는 넷플릭스의 성공에도 '지도'가 등장합니다.

넷플릭스 창업자 헤이스팅스는 보든 칼리지에서 수학을 전공하고 스탠퍼드 대학에서 컴퓨터과학 석사학위를 받은 후에 소프트웨어 장애 처리 회사인 퓨어 소프트웨어(후에 더 큰 회사에 매각)를 창립했습니다. 첨단기술 비즈니스를 속속들이 알고 있었죠. 적극적인 소비자이기도 했던 그는 소비자가 원하는 것도 잘 이해하고 있었습니다. 그는 인터넷이라 불리는, 당시에는 다소 생소한 인프라가 영화를 선택하는 데 더 빠르고 편리한 방법이 되리라는 생각이 들었습니다. 그리고 이 단순하고도 핵심적인 통찰을 실행으로 밀어붙여 1997년에 넷플릭스를 설립했습니다.

2001년 어느 날, 리드 헤이스팅스는 소비자 만족도 조사결과를 분석하다가 번뜩이는 아이디어 하나가 떠올랐습니다. 샌프란시스코만 지역 넷플릭스 이용자의 설문응답 비율이 다른 지역에 비해 유독 높았던 것입니다. 이는 설문결과에서 유일하게 가입률의 차이를 설명하기에 충분할 만큼의 큰 격차였습니다. 사실상 샌프란시스코 지역의 모든 넷플릭스 회원만 그들이 얼마나 '빨리' 영화를 받아볼 수 있는지를 입에 침이 마르도록 칭찬했던 것입니다. 미국의 다른 지역 사람들은 아무도 그런 반응을 보이지 않았습니다.

설문결과를 본 헤이스팅스는 머리를 세게 한 대 맞은 기분이었습니다. 복잡한 통계분석을 할 필요도 없이 이유가 너무나 명확했기 때문이었습니다. 답은 바로 지리의 힘이었습니다. 넷플릭스의 모든 DVD를 발송하고 수취하는 유통센터가 샌프란시스코 지역에 밀집해 있었기 때문입니다. 예를 들어, 오클랜드나 샌 라파엘, 팰로앨토에 사는 고객이 월요일 아침에 영화 반납을 위해 우편물을 넷플릭스에 부치면, 화요일에 도착한 DVD가 해당 영화를 신청한 다른 고객에게는 수요일에 전달되는 것입니다. 모두 48시간 안에 처리

되니 만족도가 상당히 높을 수밖에 없습니다. 반면 미국 동부 뉴헤이브이나 볼티모어, 시애틀 등에 사는 고객은 영화를 받아 보기 위해 4일에서 길게는 6일까지 기다려야 했습니다. 이 정도의 지연은 넷플릭스를 잊어버리기에 충분히 긴 시간이었고, 다음 영화를 기다리며 규칙적으로 영화 감상 계획을 한 사람들을 실망시키기에 충분했습니다.

소용돌이치는 엔터테인먼트 업계에서 살아남는 법

이처럼 넷플릭스는 훌륭한 프로그래머들이 만든 상당히 뛰어난 소프트웨어를 운영 중이었지만 먼 거리와 우편배달 시스템에 의존하는 방식은 변함이 없었습니다. 넷플릭스가 첨단기술의 정수를 보여주는 기업일지라도 지리의 힘에 종속되어 있었기 때문입니다. 성공의 이면에 감춰져 있던 넷플릭스의 비밀병기가 바로 일찍이 200년 전에 벤저민 프랭클린이 기반을 세우고 미국 우편국의 공무원들이 운영해온 아날로그 매체였던 것입니다. 그들은 첨단기술과는 거리가 먼 '우편배달 시스템'을 연구하고 전략을 세웠습니다.

헤이스팅스는 특이한 진실을 발견하자마자 미국 전체가 나오는 우편 지도를 펼치고 곧바로 행동에 돌입했습니다. 그는 2002년 1월 21일, 로스앤젤레스 바로 아래에 있는 산타 애나에 두 번째 유통센터를 개설했습니다. 그다음 달에는 세 번째 유통센터를 보스턴 교외의 우스터에 열었습니다. 그 후 몇 주 동안 헤이스팅스와 직원들은 로스앤젤레스와 보스턴에서 회원 가입률이 어떻게 변하는지 관찰했습니다. 당연하게도 가입률은 꾸준히 오르기 시작하더니 급기야 샌프란시스코 지역의 2배를 웃도는 비율로 상승했지요. 그 지역의 넷플릭스 회원들은 48시간 안에 새로운 영화를 받아 볼 수 있게 되자 깜짝 놀랐고 친구와 이웃들에게 이 소식을 자발적으로 전파했습니다.

1년이 지나기 전에 아홉 곳의 유통센터가 추가로 문을 열었고, 2003년에는 열두 곳이 새로 설치되었습니다. 그 결과, 새로운 유통센터가 개설된 모든 지역에서 가입률이 즉각 2배로 뛰었습니다. 마치 한 도시에서 다른 도시로 스위치를 켜듯 전파되는 유통망은 자동차의 시동 버튼처럼 넷플릭스의 수요 붐을 일으켰습니다. 지도에 근거해 공간적 전략을 수립하고 실행함으로써 놀라운 성과가 나타난 셈이죠.

무엇보다 흥미로운 건 사업의 성격이 바뀔 때마다 적응하지 못하고 파산하는 대다수 기업과는 달리, 넷플릭스는 계속 변신을 거듭해 지난 15년 동안 소용돌이치는 엔터테인먼트 비즈니스 환경의 변화에 유연하게 대처해 왔다는 사실입니다. 먼저 우편을 이용한 DVD 대여업에서 오래된 TV 시리즈나 영화를 인터넷에서 스트리밍 서비스하는 사업으로 전환했습니다. 그리고 추억의 콘텐츠를 서비스하던 데서 벗어나, '하우스 오브 카드' 등 외주 제작한 새로운 오리지널 콘텐츠를 론칭했죠. 이후에는 외주 콘텐츠를 라이센싱하던 방식을 버리고, 직접 제작사를 설립하여 권위 있는 상을 받은

TV 프로그램과 영화를 제작하는 방식으로 전환했습니다. 덕분에 '기묘한 이야기', '종이의 집' 같은 작품이 탄생했죠. 그 후 넷플릭스는 미국 내수에 집중하던 기업에서 190여 개국 전 세계인에게 즐거움을 선사하는 글로벌 기업으로 발돋움했습니다.

규칙을 없애고, 고충 지도를 만들다

혁신기업의 등장으로 기존 산업의 파괴 속도가 엄청나게 빨라졌습니다. 이제 살아남기 위해서는 변화의 속도를 따라가거나 맞추는 것으로는 부족합니다. 모든 사람, 모든 팀이 언제든 계획은 백지화되고 변화할 수 있음을 받아들이고, 도전을 짐으로 여기지 않을 때 성공할 수 있습니다.

넷플릭스는 출장 규정, 지출 규정, 휴가 규정 등을 줄였습니다. 갈수록 조직이 커지고 인재의 밀도가 높아지더라도 피드백이 잦아지고 서로에 대해 솔직해지면 승인 절차도 복잡할 필요가 없겠지요. 때가 되면 단지 몇 가지 가이드라인만 있어도 아무 문제가 없게 될 것입니다. 넷플릭스는 매니저에게는 통제가 아닌 맥락으로 평사원을 이끌게 하고, 평사원에게는 '상사의 비위를 맞추려 하지 말 것'을 강조해 수평적 문화를 확산시켜왔습니다. 이러한 문화를 정착시키면, 선순환이 이루어집니다. 규제와 통제가 사라진 자리에 '자유와 책임(freedom and responsibility, 넷플릭스 직원들이 F&R이라고 줄여 말할 정도로 많이 쓰는 용어)'의 문화가 조성됩니다. 헤이스팅스는 모든 일을 지도에 표시해 해결하는 방식을 택했고, 이를 '자유와 책임의 문화'로 모델화했습니다. 최고의 인재를 채용한 후에는 자유를 주고 통제를 줄이는 방식입니다. 그렇게 되면 웬만한 회사들이 따라오기 힘들 정도로 조직은 민첩해지고, 혁신이 일상화된 곳으로 변모합니다. 또한 넷플릭스는 직원들의 만족도가 구글보다도 높은 꿈의 직장으로 부상했습니다.

　세계적으로 주목받는 넷플릭스 문화는 인재관리를 위한 시스템이나 매뉴얼을 통해 만들어진 것이 아닙니다. 오히려 반대로 직원들이 최선을 다하고 도전할 수 있는 분위기를 조성하는 것을 최우선으로 하고 규제와 절차를 줄이며 형성된 문화입니다. 특히 모든 구성원이 자유로운 분위기에서 솔직하게 고충을 토로하고 문제를 해결해 나갈 수 있도록 '고충 지도hassle map'를 만들고 공유하는 전략이 주효했죠. 《디맨드》의 저자 에이드리언 슬라이워츠키는 고충 지도를 다음과 같이 정의했습니다.[16] 시간, 에너지, 돈을 낭비하도록 만드는 제품, 서비스, 시스템의 특징이 무엇인지 그려낸 도표로 (고객의 관점에서) 자신이 체험한 골칫거리, 실망스러움, 혼란스러움을 장황하게 설명한 것, 그리고 (수요 창조자의 관점에서) 탐나는 기회들을 모아 놓은 것이라고 말입니다. 직원들과 고객들의 체험 속에 숨어 있는 불안감, 불편함, 복잡함, 잠재적인 위험 등을 한데 모아 놓은 지도인 셈입니다.

　고충 지도 덕분에 넷플릭스에서는 어떤 직급에 있는 누구라도 걱정거리를 혼자 짊어질 필요가 없었습니다. 무엇보다 고충 지도는 조치가 필요한 현장을 단번에 파악하고 새로운 통찰을 즉시 공유할 수 있다는 장점이 있습니다. 고충 지도는 불필요하고 복잡한 활동이 너무 많거나 그 가치나 목적이 불분명한 업무를 드러내기도 합니다. 또한 고충 지도는 고객이 겪는 고충을 시각적으로 표현하고 문제를 공간적으로 분석하게 하며, 수요를 창출하는 아이디어도 얻게 합니다. 고충 지도를 그리면서 현실이 얼마나 나쁜지, 그리고 얼마나 더 좋아질 수 있는지를 느끼고 현실의 문제를 새로운 관점에서 보게 되니까요.

넷플릭스의 틈새를 공략한 아이플릭스

뛰는 기업 넷플릭스 위에 나는 기업이 등장했습니다. 천하의 넷플릭스도 종교, 문화가 다양하고 여러 종족의 네트워크가 국경을 넘어 복잡하게 얽혀 있는 동남아에서는 고전했습니다. 특히 서구 기업으로서 무슬림이라는 문화장벽을 넘기 힘든 상황인데, 이러한 틈새를 포착해 성장하는 기업이 있습니다. 바로 '아이플릭스'입니다. '동남아의 넷플릭스'로 불리는 이 회사는 2014년 말레이시아 쿠알라룸푸르에서 시작해 아프리카, 중동 국가들을 포함한 28개국에 진출하며 사세를 확장했습니다. 호주 출신으로 동남아에서 오랫동안 생활하며 문화적 차이와 다양성을 체득한 아이플릭스 창업자 마크 브릿은 동남아에 특화된 콘텐츠, 무슬림에게 거부감 없는 영상을 제작하고 제공하는 방식으로 동남아 및 중동 지역을 집중 공략하고 있습니다.

세계 인구의 30%에 육박하는 무슬림 인구와 소비자들은 성장의 한계에 부딪힌 기업들에게 블루오션으로 떠오르고 있습니다. 마크 브릿은 2019년 〈앙트레프레너〉와의 인터뷰에서 "아이플릭스 아시아 지역 가입자의 80% 이상이 자국 영화, 웹 시리즈, 스포츠 등 지역 콘텐츠를 시청하기 위해 아이플릭스에 가입한다. 그래서 98%의 콘텐츠는 운영 국가 시청자들이 원하는 현지화된 콘텐츠를 제공하고, 나머지 2%만 디즈니, 파라마운트, 소니, BBC, 미디어 프리마 등 영어권에서 제작된 콘텐츠로 구성한다"고 밝혔습니다. "모든 시장에는 영어에 능숙하고 글로벌 서비스를 선호하는 부유한 엘리트들이 있지만, 막상 시장에 들어가면 성공과 실패를 가르는 힘은 현지의 평범한 사람들에게서 나온다. 특히 현지 젊은 층이 보고 싶어 하고 듣고 싶어 하는 이야기를 제공하는 게 중요하다"고 진단합니다. 동남아 및 아시아 각 국가의 시장 특성을 최대한 이해하고, 그에 맞는 현지화 전략을 펼치는 것이 중요하다는 깨달음을 실천해온 아이플릭스는 2020년 텐센트에 인수되었습니다.

29
현지화의 스윙비, 세계화의 아자르

이제 시장조사가 아닌 시장발굴이 중요해졌다.
미래의 마케팅은 '지정학적 제조업'이다.
_ 요시카와 료조, 일본의 기업전문가

우리는 4차 산업혁명 시대에 적응하기 위해 실리콘밸리나 영국, 독일, 일본 등 선진국의 기술 개발 동향만 주시해 왔지만 진짜 큰 사업의 기회는 저개발국에 숨겨져 있습니다. 동남아 지역은 중소기업의 왕국입니다. 중소기업 시장 점유율이 95%에 달하고 동남아의 중소기업 숫자는 한국 총인구보다 많은 7,000만 개가 넘습니다. 행정 체계와 사회 제도가 엉성하고 사회와 문화가 복잡한 동남아는 국내 중소기업에게는 블루오션이 될 수 있습니다. 문화, 종교, 종족이 다양하고 국가, 지역별 경제적 수준 차이가 큰 환경이기 때문에 대기업에게는 오히려 접근하기 어려운 시장으로 인식되니까요. 또한 동남아는 앞서 설명한 중국과 달리 영어를 잘하는 인력이 풍부하고 외국인에 대한 차별이 거의 없어 창업하기 좋은 지역입니다.

세계 HR(인사관리) 소프트웨어 시장은 급팽창 중인데, 실리콘밸리에서 시작한 스타트업 거스토, 네임리 등이 유니콘 반열에 올랐습니다. 그러나 동남아에서는 혁신적인 제품을 생산하고 서비스를 제공하는 기업조차 사내 전산 시스템이 형편없는 경우가 많았는데, 20년이 넘은 낡은 HR 소프트웨어를 사용하거나 수기로 일일이 급여를 계산하는 업체도 있었습니다. 안랩에서 동남아 지역 사업을 담당하던 최서진 대표는 동남아 시장의 잠재력이 크다고 판단해 창업을 결심합니다. 호랑이를 잡으려면 호랑이 굴에 들어가야 한다고 생각해 처음부터 철저한 현지화를 지향했습니다. 우선 '창업은 한국에서 해야 한다'는 고정관념부터 과감히 깨뜨렸습니다. 최 대표는 "스윙비의 성패는 타이밍에 달렸는데, 한국에서 창업하고 투자를 받아 동남아에 진출하기엔 시간이 너무 없었다"고 2016년 당시 상황을 설명했습니다.

진짜 큰 기회는 저개발국에 숨겨져 있다

동남아 지역 중소기업에 특화한 클라우드 기반의 HR 프로그램을 개발해 판매하는 스윙비의 핵심 시장은 말레이시아와 싱가포르입니다. 평소 사업파트너로 알고 지내던 중국계 말레이시아인 토킷 홍 텔레콤말레이시아 사업개발본부장을 어렵게 공동창업자로 영입한 것이 현지에서 사업을 안착시키는 데 큰 도움이 되었습니다. 동남아 전역에 화교 네트워크를 갖고 있고, 말레이시아 재계에 영향력을 끼칠 수 있는 핵심인사를 영입함으로써 초기 비용과 리스크를 줄인 셈입니다. 창업 후에도 현지 보험중개사 대표를 스카우트하는 등 각 분야 최고 전문가들로 팀을 채워갔습니다. 이처럼 현지시장을 잘 알고 인맥이 좋은 최고의 전문가를 영입한다는 현지화 전략을 일관되게 추진했지만 예외도 있었습니다. 동남아 개발자 수준이 기대에 못 미친다고 판단해 개발조직을 한국에 따로 꾸린 것입니다. 본사는 싱가포르에 두고 개발은 한국에서 하는 역발상 공간 전략이었습니다. 한국에 본사, 현지에 연구개발 조직을 두는 대기업들과는 정반대였죠.

오라클, SAP 등 글로벌 기업들 제품을 쓰기에는 비싼 사용료가 부담스러운 동남아 중소기업을 집중적으로 공략한 스윙비는 급성장했습니다. 2016년 6월 창업해 그해 10월, 50여 개에 불과하던 고객사를 2019년에는 4,500개로 늘려 '스타트업은 기업용 소프트웨어 시장에 진입하기 어렵다'는 업계의 편견을 보기 좋게 깨버린 것입니다. 건강보험 추천부터 근태관리, 급여계산, 세무까지 다양한 기능을 각 국가 및 지역별 노동법에 맞춰 제공함으로써 동남아에서 차별화된 경쟁력을 확보해 나갔습니다.

스윙비는 직원 정보와 출퇴근 관리, 휴가 관리 같은 기본적인 기능의 서비스는 무료로 제공하지만 고급 기능인 급여계산과 건강보험 추천은 유료로 제공합니다. 무료 서비스를 경험하게 해본 후에 유료 전환을 노리는 전략을 구사해 2019년 고객사들의 유료 상품 사용률을 17%까지 올렸습니다. 고객사를 통해 얻은 급여, 인력 관련 빅데이터를 기반으로 고용주에게 적합한 보험을 추천하고 중개하는 모델로 2018년부터는 보험중개업 영역까지 확장합니다. 동남아 기업들이 고용보험만 의무적으로 가입할 뿐 건강보험, 생명보험, 자동차보험 등은 개별 기업이 알아서 가입해야 하는 불편한 상황을 간파한 것입니다.

2017년 미국계 벤처캐피털과 영국계 보험사로부터 160만 달러(약 19억 원)를 투자받은 스윙비는 '동남아의 거스토'를 꿈꾸며 베트남, 필리핀, 인도네시아로 사세를 확장 중인데, 주로 북미와 유럽의 스타트업에 투자해온 삼성전자는 동남아 첫 벤처투자 기업으로 스윙비를 선택했습니다. 국적을 묻지 않는 중소기업이 대다수를 차지하는 동남아의 특수성, 개방적인 분위기, 현지 인력과 네트워크를 활용해 급성장한 스윙비의 사례는 창업을 꿈꾸는 한국인들에게 희망과 교훈을 줍니다.

세계지도에서 시작된 '아자르'의 우연한 성공신화

코로나19로 이성을 만날 기회를 갖지 못해 외로운 청춘들이 많은지, 유럽에서는 '스킨쉽 헝그리(살고픈)'라는 신조어까지 생겼습니다. 이처럼 여행도 못 가고 연애도 안 돼서 우울한 사람들을 위해 온라인에서 안전하게 이성 친구를 만날 수 있는 서비스가 등장했는데, 스마트폰 앱스토어에서 '아자르'를 검색해 다운받은 후, 친구를 사귀고 싶은 국가를 설정하는 순간 신세계를 경험할 수 있습니다.

'세계는 넓고 친구는 많다'는 긍정적 자세로 온라인에서 다양한 외국 친구와 대화를 나누다 보면 나의 소울메이트를 운 좋게 찾을 수도 있습니다. 외국어과 세계 지리 공부는 덤입니다.

글로벌 연애를 가능하게 하는 앱, '아자르'는 한국의 토종 스타트업에 의해 개발되었는데, 우연한 실수에서 비롯된 성공 신화의 주인공은 안상일 대표입니다. 2007년 서울대 재료공학부 학생 시절 토종 검색엔진 '레비서치'를 개발해 '구글에 도전하는 학생 벤처인'이라며 반짝 주목을 받았던 안 대표는 창업 1년도 안 되어 폭삭 망했습니다. 이후 7년간 10여 개 기업을 창업하고 폐업하는 과정을 반복해 '연쇄창업자'라는 별명을 얻게 되었죠. 김밥 장사부터 옷 가게까지 운영하며 고생이 많았지만 그는 꿈을 포기하지 않았습니다. 2014년 서울대, 포항공대 출신들과 '하이퍼커넥트'를 창업한 안 대표는 일대일 영상통화 채팅 앱 '아자르'를 출시합니다. 우선 앱 이름부터가 범상치 않습니다. 한국어가 아닌 스페인어로 '우연'을 뜻하는 '아자르'는 처음부터 글로벌 시장을 목표로 삼았습니다. 사진 위주의 단순한 데이트 앱만 있던 시절에 '런던 남성', '서울 여성' 하는 식으로 지역과 성별을 지정해 지구 반대편의 낯선 이와 동영상 대화를 나누게 하는, 나름 혁신적인 서비스였습니다.

엔지니어의 실수로 탄생한 글로벌 대박 앱

처음에는 시장규모가 작은 뉴질랜드에서 그냥 사업 가능성만 타진하려 했습니다. 자본금도 워낙 부족하고 성공할지 실패할지도 자신할 수 없었기 때문이죠. 하지만 엔지니어의 실수로 전 세계 앱 시장에 바로 출시되면서 기적이 일어납니다. 자유로운 국제 연애, 실감 나는 외국어 공부를 원했던 전 세계 누리꾼들이 열광한 것인데, 인도와 중동 지역처럼 여성에 대한 억압이 심한 나라일수록 소비자들의 반응은 폭발적이었습니다. 아무도 기대하지 않았던 대만에서도 반응이 대단해서 하루에만 20만 명 넘게 아자르 앱을 다운로드했고, 아자르는 누적 다운로드 횟수가 5억 4,000만이나 되는 글로벌 앱으로 성장했습니다. 아자르 이용자의 99%가 외국인이라 국내에서는 아직 생소하지만 중동 지역에서는 '중동의 카카오톡'으로 불리며 선풍적인 인기를 모았는데, 원하는 지역과 성별을 지정해 상대방을 검색할 수 있는 유료화 모델을 도입하면서 아자르는 수익성까지 확보합니다.

2018년 1,045억 원, 2019년 1,689억 원으로 급증한 아자르의 매출액은 2020년 상반기에만 1,235억 원에 달했습니다. 2020년 유럽에서 코로나19가 확산되며 아자르는 틱톡 같은 쟁쟁한 글로벌 소셜 미디어를 제치고 구글 앱 다운로드 순위 4위에 오르는데, 봉쇄조치와 사회적 거리 두기가 장기화되면서 유럽에서도 아자르 사용자가 급증했기 때문입니다. 2021년 현재 230개 국가에서 19가지 언어로 서비스되며 1억 명 이상이 사용 중인 아자르는 2021년 2월 미국 '매치그룹(세계 최대 데이트 앱 '틴더' 등 소셜미디어 40여 개를 운영하며, 시가총액이 47조 원에 달함)'에 인수됩니다. 17억 2,500만 달러(약 1조 9,300억 원)에 달하는 인수금액은 배달의민족에 이어 역대 2위에 해당합니다. 아자르의 성공사례는 자본이 부족한 작은 토종 스타트업이라도 세계지도를 펼치고 지리적 상상력을 발휘하면 얼마든지 글로벌 시장에서 놀라운 성과를 낼 수 있다는 희망의 증거가 됩니다.

중소기업에 더 유리한 인도네시아

전 세계 스타트업 프론티어 마켓에서 주목받고 있는 지역은 동남아입니다. 그 결과, 스타트업 투자 거래가 활발한 국가 1위로 인도네시아가 선정되고, 말레이시아가 4위, 태국이 9위를 차지해 글로벌 벤처자본 투자처로서 동남아의 높은 인기를 보여줍니다. 특히 수천 개의 섬으로 이루어진 인도네시아는 행정이 낙후되어 있고 인프라도 열악하다는 점에서 립프로그 현상이 일어나기 좋은 조건입니다. 최근 미중 무역 갈등이 격화되며 동남아는 더 주목받고 있습니다. 미국과 중국 기업이 시장을 선점하기 위해 경합을 벌이는 플랫폼 경제의 핫스팟이 되어갑니다. 최근 인도네시아에서 스타트업 생태계가 급격히 발달해 한국 IT 업계에서도 관심이 높은데, 연세대에서 통계학을 전공한 후 싱가포르 인시아드 경영대학원까지 졸업한 엄친아, 스티브 킴은 일찌감치 인도네시아에 주목했습니다. 그는 자카르타에서 플랫폼 기업 '큐레이브드Qraved'를 창업해 인도네시아 정부가 인증하는 100대 유망 스타트업으로 키워냈습니다.

동남아는 국가와 지역마다 문화와 제도가 상이해 중소기업들이 개척하기에 좋은 틈새시장이 아직 남아있고, 새롭게 시도할 수 있는 사업 아이템도 무궁무진합니다. 인도네시아의 특별한 장점은 대기업만 잘나가는 곳이 아니고 중소기업에게도 기회가 열린 상생의 생태계를 가졌다는 겁니다. 어려운 상황에서 고국을 떠나 인도네시아에서 사업을 시작한 한국인 중에는 큰 성공을 거둔 개인이 의외로 많습니다. 하지만 동남아 시장에서 성공하려면 현지의 문화, 종교, 언어를 이해하고 다양한 욕구를 가진 소비자를 만족시키는 개별화된 마케팅 전략이 필수적입니다. 특히 무슬림이 전체 인구의 85% 이상을 차지하고 종족, 언어가 다양한 인도네시아는 글로벌 대기업조차 철저한 현지 조사 없이 들어가면 고전하는 시장입니다.

30
실리콘와디,
실리콘 사바나가 뜬다

물은 갈증이 있어야 알 수 있다. 땅은 바다를 지나가야만, 황홀함은 격통에 의해서만, 평화는 전쟁을 이야기할 때만, 사랑은 기념비가 있어야만, 새들은 눈이 있어야만 알 수 있다.
_ 에밀리 디킨슨, 미국의 시인

〈이코노미스트〉 인텔리전스 유닛이 2018년 발표한 디지털 환경 보고서에 따르면 세계에서 기술혁신의 속도가 가장 빠르고 창업 생태계가 급격하게 발달하고 있는 도시는 실리콘밸리가 있는 캘리포니아의 샌프란시스코가 아니라 인도 중부 내륙의 벵갈루루입니다. 그밖에도 인도의 뭄바이·뉴델리, 중국의 북경·상하이·광저우·선전, 동남아의 자카르타·마닐라·싱가포르 등 아시아의 신흥 도시에서 디지털 혁신이 빠르게 진행되고 있습니다. 특히 인도네시아의 수도, 자카르타는 런던(9위), 뉴욕(11위), 싱가포르(14위), 서울(27위)을 제치고 8위를 기록했습니다. 특히 세부적인 지표 중 하나인 혁신 및 기업가 정신 부분에서는 8위로 중국의 대표 창업 도시 중 하나인 선전(11위)까지 제쳤습니다.

순위	전체 환경		혁신 및 기업가 정신		재정 환경	
1	벵갈루루	8.25	벵갈루루	8.2	벵갈루루	7.9
2	샌프란시스코	7.71	뭄바이	7.75	뉴델리	7.55
3	뭄바이	7.65	북경	7.53	샌프란시스코	7.48
4	뉴델리	7.59	런던	7.43	북경	7.47
5	북경	7.56	뉴델리	7.35	뉴욕	7.41
6	마닐라	7.39	뉴욕	7.32	뭄바이	7.4
7	상하이	7.26	샌프란시스코	7.29	런던	7.3
8	자카르타	7.25	자카르타	7.26	마닐라	7.29
9	런던	7.24	상하이	7.14	자카르타	7.18
10	마드리드	7.08	마닐라	7.05	코펜하겐	7.13
11	뉴욕	7.03	선전	7.05	광저우	7.09
12	바르셀로나	7.02	코펜하겐	7	시카고	7.01
13	광저우	6.93	두바이	6.93	선전	7
14	싱가포르	6.89	광저우	6.91	상하이	6.97
15	시카고	6.87	마드리드	6.87	마드리드	6.96

2018년 <이코노미스트>가 발표한 디지털 환경 보고서에 수록된 표. 서울, 판교 등 한국의 도시는 순위권에 들지 못했다.

환경이 열악할수록 더 높이 뛰는 개구리

기술적으로 낙후되었던 국가가 중간 발전 단계를 생략하고 디지털 혁명을 적극적으로 받아들여 선진국보다 더 빠르게 성장하는 것을 '립프로깅 현상'이라고 합니다. 이미 전화기를 보유하고 컴퓨터로 인터넷에 접속하던 선진국 사람들에게 스마트폰은 보조수단에 불과할지도 모릅니다. 아날로그 세대인 서구의 노년층은 새로운 기술 자체에 대한 거부감도 상당하지요. 노인 비중이 높고 한자를 많이 쓰는 일본은 여전히 팩시밀리로 예약을 받는 료칸(전통 여관)이 많습니다. 하지만 생활환경이 열악한 곳에 살아가는 사람들은 기술의 혁신을 적극적으로 받아들입니다. 불편하고 열악한 환경일수록 개구리는 더 높게 뛰어오르니, 선진국보다는 개도국에서 디지털 혁신이 더 빠르고 과감할 수 있습니다. 순간적인 '도약'을 하면 낙후한 지역에서 오히려 큰 기회가 열릴 수 있습니다. 최근 모바일폰 사용 인구가 폭발적으로 성장하는 곳은 서구 선진국이 아닌 아시아, 중남미, 아프리카의 저개발 국가들입니다.

손주은 메가스터디 회장은 "앞으로 어느 대학을 나왔는지보다는 남과 차별화되는 창의성이 중요하고, 입시 산업도 10년 내에 몰락할 것"이라고 전망합니다. 세계 최저 출산율과 고령화로 한국의 미래는 암울하다며 공부에 재능이 없는 사람은 "동남아, 아프리카로 가서 사업을 해야 한다"는 (다소 과격한) 주장을 펼칩니다. '한국은 이제 답이 없다'는 관점에 대해서는 찬반양론이 분분하지만 한국의 급격한 인구구조 변화에 대처하려면 '대전환Great Reset'이 필수라는 점에는 모두가 공감하는 듯합니다.[15] 어쩌면 손 회장은 이미 세계 인구지도, 특히 모바일 폰 사용 인구를 정확하게 표현한 세계지도를 본 것이 아닐까요?

실리콘밸리와 바로 연결되는 실리콘와디

한국 IT 기업들의 창의성과 한국 국민들의 빠른 적응력은 정말 대단합니다. 특히 1999년 국내에서 선보여 인기를 끌었던 싸이월드와 가상화폐 도토리는 지금 생각해 봐도 아주 혁신적인 서비스였습니다. 싸이월드는 페이스북, 도토리는 블록체인의 원조라고 봐도 되지 않을까요? 만일 싸이월드 창업자가 일찍이 세계지도를 펼치고 글로벌 무대에 도전했다면, 페이스북은 탄생하지 못했을 수도 있습니다. 판교에 있는 판도라 TV의 창업이 전 세계 콘텐츠 공장이된 유튜브보다 빨랐고, 한국의 네이버는 미국 구글보다 1년 앞서설립되었으니 한국은 진정한 IT 강국이 분명합니다. 2014년쯤, 제가 동남아에서 한창 현지 조사할 때 태국, 인도네시아에서 라인은아시아 최초의 메시징 앱으로 인기가 굉장했습니다. 하지만 우물쭈물하는 사이 라인은 미국에서 시작된 왓츠앱, 중국의 위챗에 빠르게 추월당했습니다. 당시 네이버의 글로벌 투자 책임자였던 박해진의장이 일본 대신 동남아 시장에 집중했다면 라인은 매력적인 한류콘텐츠를 보유한 아시아 대표 플랫폼 기업으로 성장하지 않았을까요? 2014년 당시 손정의는 오히려 일본을 떠나 인도와 동남아 현

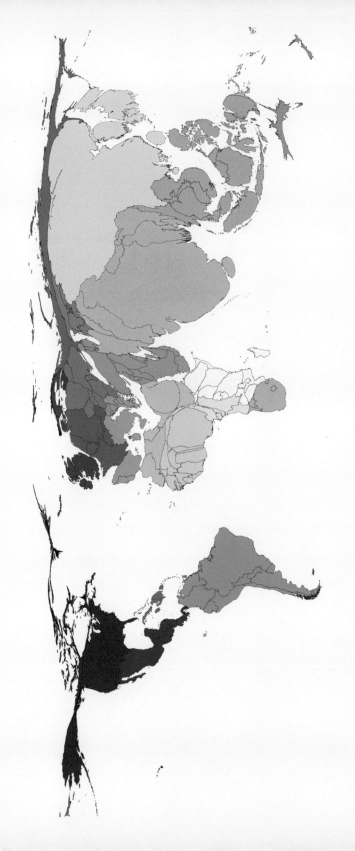

월드맵퍼 2015 모바일 사용자 지도. 모바일 사용자 수가 많은 나라의 면적을 크게 표시했다. (출처:2021 Worldmapper)

지 플랫폼 기업에 공격적으로 투자했으니까요. 물론 현재 라인은 일본, 태국에서 여전히 강세이지만 이들 국가는 아시아에서도 고령화가 심해 디지털 경제의 활력이 떨어지는 나라라는 점도 아쉽습니다.

반면, 이스라엘은 800만 명 수준의 인구, 한반도 10분의 1 수준의 면적에 불과하지만 '실리콘와디'로 불리는 이스라엘의 수도 텔아비브는 미국의 실리콘밸리, 중국의 선전과 함께 세계 3대 스타트업 중심지로 꼽힙니다. 구글의 창업자인 래리 페이지와 세르게이 브린, MS의 빌 게이츠, 페이스북의 셰릴 샌드버그과 마크 주커버그 등 빅테크 기업 창업주들이 유대인이다 보니 실리콘밸리와 실리콘와디의 연계성은 계속 높아지는 추세입니다. 이제는 보수적인 투자자로 유명한 워런 버핏까지 이스라엘을 방문해 투자할 기업을 찾고 있습니다.

좁은 국토에서 생존하기 위해 치열하게 경쟁하고 남녀 모두 군복무를 해야 하는 이스라엘 청년들의 삶은 한국 청년 못지않게 팍팍하지만 다른 점도 많습니다. 한국에서는 안정적인 공무원과 대기업 인기가 높아 청년들이 인터넷 강의를 들으며 취업을 준비하지만 이스라엘에서는 많은 청년들이 세계지도를 펼치고 창업을 준비합니다. 이스라엘 창업자들은 처음부터 해외에서 사업계획을 세우는데 내수에만 의존해서는 금방 한계에 부딪치기 때문입니다. 창업할 때부터 본사는 수도 텔아비브에 두더라도 사업을 전 세계로 확장하는 것을 당연하게 생각합니다.

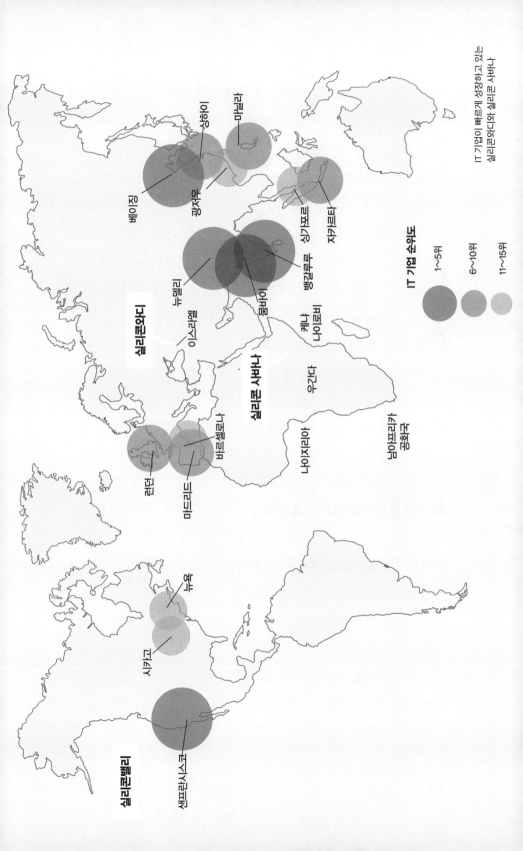

IT 기업이 빠르게 성장하고 있는
실리콘와디와 실리콘 사바나

실리콘 순위도

1~5위

6~10위

11~15위

IT 기업 순위도

실리콘와디

베이징
상하이
마닐라
광저우
뉴델리
이스라엘
싱가포르
자카르타
벵갈루루
뭄바이
케냐
나이로비

실리콘 사바나

우간다

나이지리아

남아프리카
공화국

런던
마드리드
바르셀로나

실리콘밸리

뉴욕
시카고
샌프란시스코

한국 IT 기업은 국내 시장을 우선하고 스타트업도 정부 지원에 의존하는 경우가 대부분이죠. 국내 최고의 검색엔진인 네이버조차 국내 시장 중심으로 서비스를 개발하다 보니, 탁월한 기술력과 한국의 높은 경제적 위상에 비해 한국 플랫폼 기업의 국제 경쟁력은 낮은 편입니다. 실리콘밸리에서 시작하는 글로벌 플랫폼 기업들이 워낙 공격적으로 영토를 확장하다 보니 글로벌 시장에서 국내 기업이 틈새를 찾기는 점점 더 어려워지는 상황입니다.

최근 네이버가 분발해 글로벌 웹툰 시장을 개척하고 스노우, 제페토를 통해 해외에서 인지도를 높여가고는 있지만 글로벌 연결성이 낮은 한국의 IT 생태계는 갈라파고스 섬처럼 고립되어 갑니다. 기술력, 노력, 열정을 갖춘 한국 청년들이 세계지도를 펼치고 지리적 상상력을 발휘했다면 실리콘밸리, 실리콘와디를 능가하는 '실리콘 한반도'가 조성되지 않았을까, 지리학자로서 안타깝기도 합니다.

더 이상 지구상에 '오지'는 없다

요즘 실리콘밸리 사람들은 '2030년의 세상을 미리 보고자 한다면 당신은 무조건 아프리카에 가봐야 한다'는 이야기를 많이 합니다. 아프리카에서 립프로깅 현상으로 주목받는 나라는 '실리콘 사바나'가 발달한 케냐입니다. 신기술을 쉽게 받아들일 수 있는 청년 인구가 60%에 이르는 케냐에서는 창업 열풍이 거셉니다. 케냐의 수도 나이로비로 아프리카의 젊은 창업가들과 투자자들이 몰려드는 디지털 혁신 생태계가 잘 조성되어 있습니다. 케냐 전체 인구의 90% 이상이 글을 읽고 쓸 줄 알고 특히 영어가 통용된다는 점도 유리하게 작용했겠지요. 구글이나 IBM 같은 글로벌 기업도 아프리카 진출의 교두보로 케냐를 선택했습니다. 일대일로 带一路 정책을 추진해온 중국도 아프리카에서 디지털 인프라를 확장하는 데 공을 많이 들이고 있습니다. 알리바바의 마윈은 은퇴 후 아프리카에서 교육 사업에 힘을 보탤 것이라고 선언했고, 중국 외무장관은 수십 년째 매년 1월 1일을 아프리카 국가에서 보내는 것을 전통으로 만들었습니다.

최근 아프리카에서 중요한 과제는 급증하는 유소년층에게 양질의 교육을 제공하는 일입니다. 2020~2030년에 아프리카 인구는 4억 5,000만 명쯤으로 늘어나리라 예상되는데, 전 세계 인구 증가분의 3분의 1이 아프리카에서 비롯되는 셈입니다.

2020년 2월 스페이스 X는 통신위성 300개를 지구 상공에 쏘아 올렸습니다. 일론 머스크는 향후 자체 위성 1만 2,000개를 발사하겠다는 계획입니다. 이에 뒤질세라 2020년 7월 아마존은 12조 원을 투자해 3,236개의 위성을 쏘아 올리겠다고 선언했습니다. 인공위성은 네트워크가 닿지 않던 지역에 현재보다 훨씬 더 빠른 속도로 데이터를 전송하고 사용자의 위치를 더 세밀하게 추적하게 합니다. 인공위성이 지구 전역을 1Tbps의 속도로 촘촘히 연결하게 되면 지구상에서 '오지'라는 개념은 사라질 것입니다.

짐 로저스는 왜 딸들에게
지구본을 선물했을까?

투자의 귀재, 짐 로저스는 미국 중부의 앨라배마주에서 태어났습니다. 50여 개 주로 이루어진 연방 국가 미국은 주마다 법, 정치, 교육 체제가 다양합니다. 지금까지 인터넷이 잘 안 터지는 곳이 있을 정도로 지역 격차도 큽니다. 신문을 보는 사람이 없어 신문 배달이 불가능한 미국의 깡촌에서 태어난 로저스는 어린 시절 땅콩을 팔며 경제를 배웠습니다. 미국 명문대를 졸업하고 월가에서 일했지만 늘 세계여행을 꿈꾸었습니다. 소로스와 함께 고수익 펀드를 만든 후 30대에 조기 은퇴한 원조 파이어FIRE족인 그가 오토바이 세계 일주를 감행하고 세계지도를 가까이하게 된 배경입니다.

짐 로저스는 환갑이 넘어 얻은 귀한 딸들에게 줄 선물로 세계 5개 주요 언어로 지명이 표기된 5개의 지구본과 5개의 돼지 저금통을 준비했습니다. 돼지 저금통에는 세계 여러 나라의 동전을 저금하게 하고, 지구본을 보며 세계 지리를 공부하라는 의미입니다. 금융 문맹뿐 아니라 지리 문맹을 벗어나야 자기 인생의 주인공이 되어 살아갈 수 있죠. 어쩌면 생존이 달린 지리 문맹 탈출이 금융 문맹 탈출보다 먼저일지도 모르겠습니다.

21세기에도 여전히 세계 지리교육의 중심지는 영국입니다. 짐 로저스 역시 영국 옥스퍼드 대학교에서 유학하며 세계를 보는 눈을 길렀죠. 현재도 영국의 식민지였던 싱가포르를 제2의 고향으로 삼아 가족들과 함께 생활하고 있습니다.

싱가포르 국립대학, 런던에서 연구하면서 지리의 힘을 절감하게 된 저는 2000년대 초부터 국제적으로 활동하기 시작했습니다. 세계지리학연맹IGU을 통해 제가 꿈꾸는 지리교육이 소개되며 세계 각국에서 주요 연사로 러브콜을 받았고 영국왕립지리학회에 초빙되는 영예도 누렸습니다. 2008년경 경인교대에 임용된 저는 기쁜 마음으로 귀국했는데요, 취직이 어려운 시대에 초등학교 교사로 진출하는 학생들이 많은 교대는 그 어떤 곳보다 한국 교육을 바꾸기 좋은 핫스팟이라고 생각했기 때문입니다.

하지만 정작 한국에 오니 지리를 제대로 가르칠 수 없어 교육자로서 날개가 꺾인 느낌입니다. 특히 교육부가 모든 것을 세세하게 규제하는 국립대학은 다양한 현장을 자유롭게 넘나들며 연구해야 하는 지리학자에게는 힘든 환경입니다. '사상과 표현의 자유', 특히 지리학자에게는 생명과도 같은 '이동의 자유'가 코로나19 이전부터 억압되어 왔는데요, 각종 서류와 절차가 복잡하다 보니 심지어 해외 학회에 논문을 발표하러 나갈 때조차 '보안서약서'를 써야 할 정도입니다. 비행기 타고 5~6시간 거리는 국내라고 생각하고 자유롭게 이동하는 미국 학자, 고속철로 런던에서 브뤼셀로 국경을 넘어 출·퇴근하는 유럽학자들과 어깨를 나란히 하며 계속 성장하고 싶은

데, 한국의 시대착오적인 규정들이 저의 발목을 잡을 때가 많습니다. 코로나가 종식되면 제가 동남아 정도는 국내라고 생각하고 마음껏 활동할 수 있도록 불필요한 규제들이 완화되면 좋겠습니다.

감옥 같은 학교에 갇힌 아이들을 구출하려면?

'코로나 블루'라는 신조어가 생길 정도로 우울한 사람들이 늘어나며, 공간이 우리의 몸과 마음에 얼마나 큰 영향을 끼치는지 깨닫게 됩니다. 유럽에서는 공간과 환경이 인간의 몸과 마음, 정신에 끼치는 영향에 대해 연구해온 역사가 수백 년에 달하는데요, 특히 19세기 영국 의사들은 난치병 환자들에게 여행을 처방할 정도였습니다. 실증주의가 강한 미국 학계에서도 최근 뇌과학, 신경건축학 분야가 급속히 발달하며 공간의 힘을 실증하는 연구과 책들이 쏟아져 나오고 있습니다. '공간이 마음을 살린다', '공간이 아이를 바꾼다', '자연이 마음을 살린다' 등 말입니다.

홍익대 건축학과 유현준 교수는 "한국 학교 건물의 구조는 감옥과도 같다. 심지어 학교의 평당 건축비는 교도소보다 낮다. 그러니 아이들은 난폭해지고, 한국의 학교에서는 창의적 인재가 나올 수 없는 것이다"라고 한국의 교육 현실을 비판해 많은 공감과 지지를 받았습니다. 만일 정말 그렇게 교육에서 공간의 영향력이 절대적이라면, 저는 당장 감옥 같은 학교에서 아이들을 구출해야 한다고 생각합니다. 대학이나 대학원은 얼마든지 나이가 들어서도 다닐 수 있지만 초등학교, 중고등학교를 졸업하고 다시 다니는 사람은 없습니다. 누구에게나 한 번뿐인 청소년기고 학창시절입니다. 학교 건물이 멋지게 바뀔 때까지 수십 년을 기다리게 하는 것은 어른들의 직무 유기가 아닐까요? 비록 몸은 감옥 같은 교실에 갇혀 있더라도 학생들이 지도를 보면서 마음에 드는 공간을 자유롭게 상상하고 탐색할 기회를 주면 좋겠습니다.

또한 코로나19로 인해 체험활동이나 수학여행은 물론 학교조차 제대로 갈 수 없는 불행한 세대들의 정서적·교육적 결핍을 메꿀 방법을 지금부터라도 고민하고 마련해야 할 것입니다. 그렇지 않아도 컴퓨터 게임과 스마트폰, 가상 세계에 빠져 있는 아이들을 교실에 가두고 건조한 방식으로 코딩 교육을 하거나, 국영수 중심으로 주입식 교육을 하는 건 시대의 흐름에 역행하는 교육 방식입니다. '교육 공간을 새롭게 해석하는 지리적 상상력'을 발휘해 학교 밖 멋진 공간과 자연에서 다양한 체험을 하며 즐겁게 배우는 방식으로 교육의 혁신이 이루어지면 좋겠습니다. 특히 학교 시설과 생활환경이 열악한 곳에서 사는 학생들, 경제적 여유가 없는 가정에서 자라는 어린이들에게 다양한 장소를 경험할 기회를 우선적으로 제공할 필요가 있습니다. 교육부와 각 지역 교육청은 말로만 '창의·혁신 교육'을 내세울 게 아니라, 제발 지도를 보면서 담대한 교육적 전환을 계획하고 실행하길 바랍니다.

초격차 기업, 아마존이 원하는 인재의 조건

요즘 망하는 사업도 많고 청년 실업도 심각한 문제입니다. 하지만 국가 교육과정에서 경제 단원을 늘리고 경제 이론을 많이 배운다고 경제가 잘 돌아가고 국민들이 부자가 되는 건 아닐 겁니다. 혁신적인 기업의 CEO라면 수능에서 만점을 받은 학생을 직원으로 뽑고 싶지 않을 것 같습니다. 교과서를 암기하고 수능 문제집 푸는 데만 집중하고 무엇보다 자기 생각을 포기하고 출제자의 눈치를 봐야 좋은 점수를 얻는 시험이니까요. 오히려 이 책에 등장하는 많은 기업인들이 MBA 무용론까지 언급할 정도로 대학 캠퍼스에 갇힌 인재들에 대한 불만을 격하게 토로합니다. 제가 신입사원을 뽑게 된다면 '어디에서 무슨 일을 했을 때 가장 행복하고 보람을 느끼는지, 인생의 실패와 위기를 어떻게 극복했는지' 물어볼 것 같습니다. 다양한 장소를 경험하고 여러 사람을 만나 소통해본 사람이 문제 해결도 잘하고 현장에서 추진력도 좋을 테니까요. 실제로 미국을 대표하는 초격차 기업, 아마존에서는 인력을 채용할 때 학점과 스펙보다는 '인생의 여러 문제와 어려움을 어떻게 해결해 왔는지'를 중점적으로 확인한다고 하네요.[16]

서울대 환경대학원 전상인 교수는 '국가의 통제에 길들여진 한국 교수들은 양계장에 갇혀 알만 낳는 닭처럼 논문 기계가 되어간다'고 한탄합니다.[17] 글로벌·리더를 지향하는 서울대조차 교수의 말을 그대로 받아 적고 통째로 외우는 '수용적 학습'에 능한 학생들일

수록 좋은 성적을 받는다니[18] 교육 혁신이 시급해 보입니다. 고생스러운 현장 조사를 통해 새로운 정보를 수집하고 아이디어를 얻기보다는 서구 학자의 이론을 모방하고 통계 수치와 2차 자료를 분석해 쉽게 논문 편수만 늘리는 '안락의자 학자'들이 늘어나고, 지도를 펼치고 새로운 세계를 개척하기보다는 현실에 안주하는 '우물 안 개구리'들이 주도하는 나라는 쇠퇴할 수밖에 없습니다. 이는 수천 년의 세계사에서 확인할 수 있는 교훈이기도 합니다.

"신년에 달력을 보는 사람은 시대에 뒤떨어진 사람이다"

한국 지식인 중에 지도력이 탁월한 분은 단연 이어령 교수입니다. 이화여대에서 학생들을 가르치시던 이어령 교수는 문화부 장관이 되자마자 자세한 서울시 지적도부터 구하셨다고 하네요. 대축척 지도를 보면서 버려져 있는 작은 공간을 찾고 '쌈지 공원'으로 만들어 문화가 꽃피는 공간으로 가꿔 나가셨고, '찾아가는 도서관, 미술관' 운동도 활발히 전개하셨습니다. 또한 미니버스를 활용해 전국 어디든 문화예술 체험이 필요한 곳에 달려가게 해서 소외되는 지역이 없도록 섬세하게 배려하셨는데요, 고속도로를 지날 때마다 '노견 도로'라는 표현이 눈에 많이 거슬리셨나 봅니다. '갓길'이라는 대체 단어를 제안해 바꾼 것을 문화부 장관 시절 가장 잘한 일로 꼽으실 정도이니 일상의 모든 공간을 예민하게 관찰하셨던 것 같습니다.

이어령 선생이 40대에 쓰신 《축소 지향의 일본인》은 일본인들이 인정할 만큼 일본 문화와 그들의 정신세계를 날카롭게 해부한 역작인데요, '일본은 국가의 에너지가 밖으로 향하면 사고를 치고 내부로 향해서 정밀한 작업을 할 때 빛을 발한다'는 지리적 해석이 참 날카롭습니다. 코로나19가 국내에 확산되기 전인 2020년 1월 초에는 '신년에 달력을 보는 사람은 시대에 뒤떨어진 사람이다. 지도를 펼치는 사람이 앞으로 100년을 이끌어 갈 것'이라며 '지도력의 시대'를 예견하셨으니, 시대를 앞서가는 석학의 통찰은 정말 대단합니다. 그의 80년 지적 여정을 마무리하는 《한국인 이야기: 너 어디에서 왔니?》 시리즈는 영국의 첫 여성 지리학자였던 이사벨라 비숍이 쓴 《한국과 그 이웃나라들》을 인용하며 시작됩니다.[19]

'나는 한국에 있을 때 한국인들을 세계에서 가장 열등한 민족이 아닌가 의심한 적이 있었고, 그들의 상황을 가망 없는 것으로 여겼다. 그러나 정부의 간섭을 떠나 러시아 프리모르스키 자치구로 이주한 한국인들은 달랐다. 깨끗하고 활기차고 한결같이 부유한 생활을 하고 있었다. 의심과 게으름, 쓸데없는 자부심, 노예근성은 어느새 주체성과 독립심으로 바뀌어 있었다. 고국에서 살고 있는 한국 사람들도 정직한 정부 밑에서 그들의 생계를 보호받을 수 있다면 참된 시민으로 발전할 수 있을 것이다.'[20]

이어령 선생은 〈뉴스위크〉에 기고한 '100년 뒤 비숍이 온다면'이라는 글을 통해 그녀의 생각을 이어갑니다. '권력에 의한 규제는 부패를 낳고 부패는 더욱 강력한 규제와 권력을 만들어낸다. 한국의 바둑과 반도체가 세계 최고가 된 비밀은 간단하다. 정부가 바둑과 반도체가 무엇인지 잘 몰라서 간섭이나 규제를 하지 않았기 때문이다. 만약 모든 기원을 교육부가 감독하고 기사 지망생을 입시제도로 뽑고 그 단위를 정부가 발급하고 국내외 바둑 대회를 정부가 규제했다면 한국의 바둑은 틀림없이 아시아의 바닥을 헤매고 있었을 것이다.'

이어령 선생은 '심해를 탐험하는 해녀'가 마지막 숨을 참고 깊은 바다에 들어가 전복을 따고 '보물 지도'를 그리는 심정으로《한국인 이야기》를 계속 쓰고 계시는데요, "그동안 한국은 풍요로운 밀물기를 누렸지만 곧 썰물기가 되어 갯벌이 드러날 것"이라고도 하셨습니다.[21] 원래 갯벌은 발이 푹푹 빠져 걷기도 어려운 공간이지만 '내 꿈의 날개가 되어줄 지도력地圖力'을 미리 길러 놓으면 걱정할 게 전혀 없습니다.

'동학지도운동'을 꿈꾸며

2020년 초 갑자기 전 세계로 확산된 코로나 바이러스로 우리 모두 고치처럼 답답한 공간에 갇혀 사는 신세가 되었습니다. 하지만 온 세계가 전염병과 치열한 전투를 벌이고 국제 정세가 급변하는 지금이 어쩌면 지도력을 기를 좋은 기회가 아닐까요? 17세기 네덜란드 국민들이 독립 전쟁을 치루며 집집마다 지도를 벽에 붙여 놓고 세계 각지로 뻗어 나갔던 것처럼 말이죠. 나아가 코로나19가 언제 종식될 지 모르는 상황에서는 달력이나 다이어리보다는 지도가 계획을 세울 때 더 유용할 수 있습니다. 언젠가는 날개를 펴고 자유롭게 세상을 여행할 날이 올 거라고 믿으며, 정확한 정보를 담은 지도를 벽에 붙여 놓거나 지구본을 책상에 놓고 자주 보면 어떨까요? 모든 전염병 전문가들은 '코로나보다 더 치사율이 높은 전염병이 언제든 다시 창궐할 수 있다'고 경고하니 주식이나 비트코인뿐 아니라 '지도력'이 미래를 위한 최고의 투자일 수 있습니다.

청나라 미술교과서 《개자원서보》에는 '만권의 책을 읽고 가슴에 만감을 품고 만 리의 길을 간 다음 붓을 들라'는 말이 나옵니다. 세상을 바꾼 최고의 인재들은 만감과 함께 '꿈의 지도'를 가슴에 품고 미지의 세계로 용감하게 나아갔는지도 모르겠습니다. 어린 시절 차멀미가 심해 먼 곳 가기가 두려웠던 소녀였던 저도 지도력을 기르며 인생의 방향이 조금씩 달라졌습니다. 한국 사회에서 여러 분야의 퍼스트 펭귄으로 살아오면서 힘든 일, 억울한 일도 많이 겪었지만 포기하지 않고 계속 도전했습니다.[22] 한계에 부딪칠 때마다 세계지도를 보며 계속 새로운 길을 찾다 보니 해외에서 많은 성과를 거두기도 했습니다. 하지만 학창 시절 저는 지도만 보면 머리가 아팠던 평범한 한국의 모범생에 불과했습니다.

1945년 태평양 전쟁(2차 세계대전)이 끝난 후 맥락에 맞지 않는 미국식 사회과 교육이 도입되며 한국과 일본의 경제·지리교육이 약화되었습니다. 최근 연구 결과에 의하면 일본은 여전히 금융 문맹이 많은데, 유독 한국에서만 국민들의 금융 이해력 수준이 갑자기 높아졌습니다. 2014년 미국 월가에서 활약하던 존 리 대표가 귀국하며 '금융 문맹 탈출' 프로젝트에 시동을 걸었다고 하는데요, 투자 성공 여부에 상관없이 지난 70년 동안 한국의 교사들, 교대·사범대 교수들, 교육부 관료들도 이루지 못한 교육적 성과가 기적처럼 나타난 셈입니다. 동학 개미들이 국내 주식을 사들이고 '주린이'가 갑자기 늘어난 것은 버스를 갈아타고 전국 방방곡곡을 누비며 발품을 판 '존봉준'의 나비효과가 아닐까요?

하지만 부끄럽게도 한국의 지리 교육은 여전히 부실합니다. 최근 일본 공교육 현장에서 지리 교육이 다시 강화되는 추세지만, 우리나라는 7차 국가교육과정에서 '지리'가 사라지며 상황은 계속 악화되고 있습니다. 2014년 세월호 참사가 매우 충격적이었던 저는 해외 활동을 줄이고 한국의 여러 신문에 글을 싣고 국내 거의 모든 방송에 출연해 지리의 중요성을 강조해 왔지만 별 변화가 없었습니다. 지금은 제가 소속된 대학에서조차 지리를 제대로 가르치지 못해 답답한 상황이지만, 여러분들이 지도를 펼치는 순간 '동학지도운동'이 시작된다고 생각합니다. 한 장의 정확한 지도가 나의 운명을 바꾸고 한국 사회를 변화시키는 강력한 태풍이 될 수도 있으니까요. 이 책을 읽은 여러분들 모두가 '꿈의 지도'를 가슴에 품고 넓은 세계로 나가서 행복한 성공의 주인공이 되시길 기대하고 또 응원합니다.

◎ 주석

PART 1 권력의 지도_호모 지오그래피쿠스의 승리

01 이정재, '[이정재의 시시각각] 왜 지금 지도전쟁인가', 〈중앙일보〉, 2016년 8월 4일

02 양상훈, '세계사 교육은 아예 없어지고 있다', 〈조선일보〉, 2015년 10월 22일.
     유용태, '자기민족사관으로는 역사 교육할 수 없다', 〈주간 경향〉, 2017년 1월 10일.

03 김이재, '지도자의 지리적 상상력이 국가의 운명을 결정한다', 〈주간 조선〉, 2017년
     4월 10일.

04 아놀드 조셉 토인비 지음, 홍사중 옮김, 《역사의 연구》, 동서문화사, 2016.

05 페르낭 브로델 지음, 주경철, 조준희 옮김, 《펠리페 2세 시대의 지중해와 지중해
     세계》, 까치, 2017.

06 윌리엄 더건 지음, 남경태 옮김, 《나폴레옹의 직관》, 예지, 2006, 106쪽.

07 위의 책, 118~119쪽.

08 아서 제이 클링호퍼 지음, 이용주 옮김, 《지도와 권력》, 알마, 2007, 170쪽.

09 김이재, '멸종위기에 처한 해외지역연구자', 〈경향신문〉, 2016년 10월 12일.

10 인발 아리엘리 지음, 김한슬기 옮김, 《후츠파》, 안드로메디안, 2020.

11 자크 아탈리 지음, 김수진 옮김, 《언제나 당신이 옳다》, 와이즈베리, 2016.

12 김연하, '[창간기획] 자크 아탈리 "노동환경 변화로 '빈곤층 노마드' 양산…질 높은
     교육이 해법"', 〈서울경제〉, 2019년 7월 31일.

PART 2 부의 지도_그들은 돈이 흐르는 길목을 선점했다

01 짐 로저스 지음, 전경아 옮김, 《위기의 시대, 돈의 미래》, 리더스북, 2020.

02 자크 아탈리 지음, 김수진 옮김, 《언제나 당신이 옳다》, 와이즈베리, 2016.

03 레이 크록 지음, 이영래 옮김, 《로켓 CEO》, 오씨이오, 2016, 324쪽.

04 위의 책, 144쪽.

05 위의 책, 324쪽.

06 위의 책, 288쪽.

07 샘 월튼 지음, 김남주 옮김, 《샘 월튼》, 우리시대사, 1992, 29쪽.

08 로버트 슬레이터 지음, 남문희 옮김, 《월마트 슈퍼마켓 하나로 세계유통을 지배하기까지》, 해냄, 2003, 37쪽.

09 위의 책, 44쪽.

10 위의 책, 74쪽.

11 위의 책, 214~215쪽.

12 피터 린치, 존 로스차일드 지음, 이건 옮김, 《전설로 떠나는 월가의 영웅》, 국일증권경제연구소, 2017, 103쪽.

13 위의 책, 96쪽.

14 신수정, '스타트업 육성 눈뜬 印尼-말레이… 벤처 투자 격전지 부상', <동아일보>, 2017년 10월 26일.

15 정주영 지음, 《시련은 있어도 실패는 없다》, 제삼기획, 2001.

16 한국경제신문 특별취재팀 지음, 《김우중 비사》, 한국경제신문, 2005, 245쪽.

17 조동성 외 8명 지음, 《김우중》, 이지북, 2005, 88~90쪽.

PART 3 미래의 지도_세상에 없던 여러 겹의 지도로 완성된 지구

01 김이재, '[김이재의 이코노믹스] 잘 나가던 한인 기업 '포에버21'도 한 방에 훅 갔다', 〈중앙일보〉, 2020년 3월 10일.

02 엔리코 모레티 지음, 송철복 옮김, 《직업의 지리학》, 김영사, 2014, 270~272쪽.

03 위의 책, 383쪽.

04 빌 킬데이 지음, 김현정 옮김, 《구글맵 혁명》, 김영사, 2020.

05 데이비드 A. 바이스, 마크 맬시드 지음, 우병현 옮김, 《구글 스토리》, 인플루엔셜, 2019, 76쪽.

06 하름 데 블레이 지음, 유나영 옮김, 《왜 지금 지리학인가: 슈퍼바이러스의 확산, 거대

유럽의 위기, IS의 출현까지 혼돈의 세계정세를 꿰뚫는 공간적 사유의 힘》, 사회평론, 2015.

07 빌 킬데이 지음, 김현정 옮김, 《구글맵 혁명》, 김영사, 2020.

08 팀 크레스웰 지음, 박경환 외 옮김, 《지리사상사》, 시그마프레스, 2015, 109~141쪽.

09 다치바나 다카시 지음, 이정환 옮김, 《도쿄대생은 바보가 되었는가》, 청어람미디어, 2002.

10 브래드 글로서먼 지음, 김성훈 옮김, 《마지막 정점을 찍은 일본, 피크 재팬》, 김영사, 2020, 325~326쪽.

11 'We are social and Hootsuite' 2020년 4월 통계.

12 'eMarketer' 2019년 9월 통계.

13 'We are social and Hootsuite' 2020년 4월 통계.

14 에이드리언 J. 슬라이워츠키, 칼 웨버 지음, 유정식 옮김, 《디맨드》, 다산북스, 2012.

15 신수정, '대한민국 밖에서 희망을 찾는 사람들', 〈동아일보〉 2021년 1월 12일.

16 콜린 브라이어, 빌 카 지음, 유정식 옮김, 《순서 파괴: 지구상 가장 스마트한 기업 아마존의 유일한 성공 원칙》, 다산북스, 2021.

17 전상인, '양계장 대학과 586 민주독재', 〈조선일보〉 2020년 12월 7일.

18 이혜정 지음, 《서울대에서는 누가 A+를 받는가》, 다산에듀, 2014.

19 이어령 지음, 《너 어디에서 왔니: 한국인 이야기》, 파람북, 2020.

20 이사벨라 L. 버드 비숍 지음, 신복룡 옮김, 《조선과 그 이웃 나라들》, 집문당, 2000.

21 김민희, 이어령 지음, 《80년 생각: '창조적 생각'의 탄생을 묻는 100시간의 인터뷰》, 위즈덤하우스, 2021.

22 김이재, '퍼스트펭귄의 생존비밀', 〈경향신문〉 2016년 1월 16일.

◎ 함께 읽으면 좋은 책

- 피터 린치, 존 로스차일드 지음, 이건 옮김, 《전설로 떠나는 월가의 영웅》, 국일증권경제연구소, 2017.
- 권오영 지음, 《삼국시대, 진실과 반전의 역사》, 21세기북스, 2020.
- 김동호 지음, 《대통령 경제사》, 하다, 2019.
- 김성준 지음, 《유럽의 대항해시대》, 문현, 2019.
- 김학희, '세계지리에서 여행의 교육적 의미 탐색', 한국지리환경교육학회지, 2006, 231~250쪽.
- 노병천 지음, 《도해 손자병법》, 연경문화사, 2001.
- 다마키 도시아키 지음, 노경아 옮김, 《물류는 세계사를 어떻게 바꾸었는가》, 시그마북스, 2020.
- 대런 애쓰모글루, 제임스 A. 로빈슨 지음, 장경덕 옮김, 《국가는 왜 실패하는가》, 시공사, 2012.
- 존 리 지음, 《엄마, 주식 사주세요》, 한국경제신문, 2020.
- 데이비드 A. 바이스, 마크 맬시드 지음, 우병현 옮김, 《구글 스토리: 상상할 수 없던 세계의 탄생》, 인플루엔셜, 2019.
- 데이비드 드 로스차일드 지음, 우진하 옮김, 《플라스티키, 바다를 구해줘》, 북로드, 2013.
- 데이비드 리빙스턴 지음, 이재열 외 옮김, 《장소가 만들어낸 과학》, 시그마프레스, 2019.
- 로버트 D. 카플란 지음. 이순호 옮김, 《지리의 복수: 지리는 세계 각국에 어떤 운명을 부여하는가?》, 미지북스, 2017.
- 로버트 미첨 지음, 이중순 옮김, 《처칠과 루스벨트: 그들은 세계 역사를 어떻게 바꾸었는가》, 조선일보사, 2004.

- 론다 개어릭 지음, 성소희 옮김, 《코코 샤넬: 세기의 아이콘》, 을유문화사, 2020.
- 리드 헤이스팅스, 에린 메이어 지음, 이경남 옮김, 《규칙 없음: 넷플릭스, 지구상 가장 빠르고 유연한 기업의 비밀》, 알에이치코리아(RHK), 2020.
- 리드 호프먼, 크리스 예 지음, 이영래 옮김, 《블리츠 스케일링: 단숨에, 거침없이 시장을 제패한 거대 기업들의 비밀》, 쌤앤파커스, 2020.
- 리롱쉬 지음, 원녕경 옮김, 《세계금융의 지배자 로스차일드 신화》, 시그마북스, 2009.
- 리처드 플로리다 지음, 박기복, 신지희 옮김, 《후즈유어시티》, 브렌즈, 2010.
- 모토무라 료지 지음, 김효진 옮김, 《말의 세계사》, AK, 2021.
- 미국 국가연구위원회 지리학재발견위원회 지음, 안영진 외 옮김, 《지리학의 재발견: 과학과 사회와의 새로운 관련성》, 푸른길, 2021.
- 미야 노리코 지음, 김유영 옮김, 《조선이 그린 세계지도: 몽골 제국의 유산과 동아시아》, 소와당, 2010.
- 박재선 지음, 《100명의 특별한 유대인》, 메디치미디어, 2013.
- 벤 코츠 지음, 임소연 옮김, 《시시콜콜 네덜란드 이야기》, 미래의창, 2016.
- 벤저민 하디 지음, 김미정 옮김, 《최고의 변화는 어디서 시작되는가: 노력만 하는 독종은 모르는 성공의 법칙》, 비즈니스북스, 2018.
- 브래드 글로서먼 지음, 김성훈 옮김, 《피크 재팬, 마지막 정점을 찍은 일본: 팽창을 향한 야망과 예정된 결말》, 김영사, 2020.
- 새뮤얼 노아 크레이머 지음, 박성식 옮김, 《역사는 수메르에서 시작되었다: 인류 역사상 최초 39가지》, 가람기획, 2018.
- 설혜심 지음, 《지도 만드는 사람》, 도서출판 길, 2007.
- 세라 W. 골드헤이건 지음, 윤제원 옮김, 《공간혁명》, 다산사이언스, 2019.
- 시몬 페레스 지음, 윤종록 옮김, 《작은 꿈을 위한 방은 없다》, 쌤앤파커스, 2018.
- 신동흔 지음, 《모스에서 잡스까지》, 뜨인돌, 2018.
- 안드레아 울프 지음, 양병찬 옮김, 《자연의 발명》, 생각의힘, 2016.
- 안종욱 지음, 《지리교육과정의 기원을 읽다》, 푸른길, 2016.
- 안희경 외 지음, 《오늘부터의 세계: 세계 석학 7인에게 코로나 이후 인류의 미래를 묻다》, 메디치미디어, 2020.
- 애슐리 반스 지음, 안기순 옮김, 《일론 머스크, 미래의 설계자》, 김영사, 2015.

- 앤드루 레이더 지음, 민청기 옮김, 《인간의 탐험》, 소소의책, 2021.

- 에릭 와이너 지음, 노승영 옮김, 《천재의 발상지를 찾아서》, 문학동네, 2018.

- 에스더 M. 스턴버그 지음, 서영조 옮김, 《공간이 마음을 살린다》, 더퀘스트, 2013.

- 윈스턴 처칠 지음, 임종원 옮김, 《윈스턴 처칠, 나의 청춘》, 행북, 2020.

- 이갈 에를리히 지음, 이원재 옮김, 《요즈마 스토리: 창업국가 이스라엘을 만든 벤처 캐피털의 원동력》, 아라크네, 2019.

- 이블린 케이 지음, 류제선 옮김, 《이사벨라 버드: 19세기 여성 여행가 세계를 향한 금지된 열정을 품다》, 바움, 2008.

- 이신영 지음, 《한국의 젊은 부자들》, 메이븐, 2017.

- 이어령 지음, 《축소지향의 일본인》, 문학사상사, 2008.

- 자크 아탈리 지음, 김수진 옮김, 《언제나 당신이 옳다: 이미 지독한, 앞으로는 더 끔찍해질 세상을 대하는 방법》, 와이즈베리, 2016.

- 재레드 다이아몬드 지음, 강주헌 옮김, 《대변동: 위기, 선택, 변화》, 김영사, 2019.

- 제프리 J. 폭스 지음, 노지양 옮김, 《왜 부자들은 모두 신문배달을 했을까: 춥고 어두운 골목에서 배운 진짜 비즈니스》, 흐름출판, 2012.

- 전상인 지음, 《헝그리 사회가 앵그리 사회로》, 기파랑, 2020.

- 정경희 지음, 《토머스 제퍼슨: 제3대 대통령》, 선인문화사, 2011.

- 정인철 지음, 《테라 오스트랄리스》, 푸른길, 2020.

- 제러미 하우드 지음, 이상일 옮김, 《지구 끝까지: 세상을 바꾼 100장의 지도》, 푸른길, 2014.

- 제임스 C. 스콧 지음, 전경훈 옮김, 《농경의 배신: 길들이기, 정착생활, 국가의 기원에 관한 대항서사》, 책과함께, 2019.

- 제프 베조스 지음, 이영래 옮김, 《발명과 방황: 어린 시절부터 아마존을 거쳐 블루 오리진까지》, 위즈덤하우스, 2021.

- 조시 맥짐시 지음, 정미나 옮김, 《위대한 정치의 조건: 미국 유일 4선 대통령 프랭클린 루스벨트에게서 배우는》, 21세기북스, 2010.

- 주홍식 지음, 《스타벅스, 공간을 팝니다: 하워드 슐츠가 감탄한 스타벅스커피 코리아 1조 매출의 비밀》, 알에이치코리아(RHK), 2017.

- 짐 로저스 지음, 박정태 옮김, 《짐 로저스의 어드벤처 캐피털리스트》, 굿모닝북스, 2004.

- 짐 로저스 지음, 이건 옮김, 《짐 로저스의 스트리트 스마트》, 이레미디어, 2019.
- 짐 로저스 지음, 전경아 옮김, 《위기의 시대, 돈의 미래》, 리더스북, 2020.
- 짐 로저스 지음, 최성환, 김치완 옮김, 《백만장자 아빠가 딸에게 보내는 편지》, 한국경제매거진, 2013.
- 최형욱 지음, 《버닝맨, 혁신을 실험하다: 일론 머스크가 사막으로 간 이유》, 스리체어스, 2018.
- 크리스천 데이븐포트 지음, 한정훈 옮김, 《타이탄: 실리콘밸리 거물들은 왜 우주에서 미래를 찾는가》, 리더스북, 2019.
- 토드 부크홀츠 지음, 최지아 옮김, 《죽은 CEO의 살아있는 아이디어》, 김영사, 2009.
- 티모시 브룩 지음, 박인균 옮김, 《베르메르의 모자》, 추수밭(청림출판), 2008.
- 파라그 카나 지음, 고영태 옮김, 《커넥토그래피 혁명: 글로벌 연결 혁명은 어떻게 새로운 미래를 만들고 있는가?》, 사회평론, 2017.
- 파시 살베리 지음, 이은진 옮김, 《핀란드의 끝없는 도전: 그들은 왜 교육개혁을 멈추지 않는가》, 푸른숲, 2016.
- 펠리페 페르난데스 아르메스토 외 지음, 이재만 옮김, 《옥스퍼드 세계사》, 교유서가, 2020.
- 프랭크 매클린 지음, 조행복 옮김, 《나폴레옹: 야망과 운명》, 교양인, 2016.
- 프레더릭 모턴 지음, 이은종 옮김, 《250년 금융재벌 로스차일드 가문》, 주영사, 2008.
- 피터 피스크 지음, 장진영 역, 《게임 체인저》, 인사이트앤뷰, 2015.
- 피트 런 지음, 전소영 옮김, 《경제학이 숨겨온 6가지 거짓말》, 흐름출판, 2009.
- 하름 데 블레이 지음, 유나영 옮김, 《왜 지금 지리학인가: 수퍼바이러스의 확산, 거대 유럽의 위기, IS의 출현까지 혼돈의 세계정세를 꿰뚫는 공간적 사유의 힘》, 사회평론, 2015.
- 하워드 슐츠, 조앤 고든 지음, 안기순 옮김, 《그라운드 업: 스타벅스 하워드 슐츠의 원칙과 도전》, 행복한북클럽, 2020.
- 한스-에르하르트 레싱 지음, 장혜경 옮김, 《자전거, 인간의 삶을 바꾸다: 교통 혁신,사회 평등,여성 해방을 선사한 200년간의 자전거 문화사》, 아날로그(글담), 2019.
- 홍성태 지음, 《배민다움》, 북스톤, 2016.

◎ 저자소개　　김이재 지리학자, 경인교육대학교 사회교육과 교수

서울대에서 지역연구 석사, 지리학 박사학위를 받았고, 런던대 교육연구대학원IOE, 싱가포르대 아시아연구소ARI, 국립교육원NIE에서 연구했다. 영어·일어·독일어·베트남어·말레이시아 및 인도네시아어를 구사하며, 삼성전자 반도체 수출팀, 스탠퍼드연구소SRI에서 일했다. 세계 100여 개 나라를 답사한 지리학자로 세계지리학연맹IGU 대표위원을 역임했고, 영국왕립지리학회 RGS, 지리협회GA 등에서 초청 강연을 했다. 〈동아일보〉에 '지도 읽어주는 여자', 〈경향신문〉에 '김이재의 지리적 상상력', 〈중앙일보〉에 '김이재의 이코노믹스'를 연재했고, 〈한겨레〉, 〈문화일보〉, 〈주간조선〉에 칼럼을 썼다.

　〈론리플래닛〉 가이드북에도 안 나오는 오지를 탐험하며 생생한 사진을 찍어와 다큐사진작가들도 감탄하는 현장형 학자다. KBS '이슈 픽! 쌤과 함께', jtbc '차이나는 클라스', tvN '요즘책방', EBS '지식의 기쁨', KNN '최강1교시' 등에서 강연하며 대중에게 지리의 힘과 중요성을 쉽고 재미있게 전달해 왔다. EBS에서 '세계지리 수능특강'을 담당했고, '세계테마기행' 유럽·아시아·아프리카 큐레이터로 활약했다. 한국교육과정평가원 부연구위원으로 국가교육과정을 개발했고, '지리적상상력연구소장'으로 음식·패션·여행·탱고·스포츠·현대미술·컴퓨터게임·후각의 지리학 등 새로운 연구 영역을 개척해 왔다.

　저서로는 《내가 행복한 곳으로 가라》, 《치열하게 그리고 우아하게》, 《펑키 동남아》, 《Happy Yummy Journey》, 《Geography of Dream》 등이 있다.

부와 권력의 비밀, 지도력

2021년 5월 25일 초판 1쇄 | 2024년 11월 15일 9쇄 발행

지은이 김이재
펴낸이 이원주

디자인 윤민지
기획개발실 강소라, 김유경, 강동욱, 박인애, 류지혜, 이채은, 조아라, 최연서, 고정용
마케팅실 양근모, 권금숙, 양봉호, 이도경 **온라인홍보팀** 신하은, 현나래, 최혜빈
디자인실 진미나, 정은예 **디지털콘텐츠팀** 최은정 **해외기획팀** 우정민, 배혜림, 정혜인
경영지원실 홍성택, 강신우, 김현우, 이윤재 **제작팀** 이진영
펴낸곳 (주)쌤앤파커스 **출판신고** 2006년 9월 25일 제406-2006-000210호
주소 서울시 마포구 월드컵북로 396 누리꿈스퀘어 비즈니스타워 18층
전화 02-6712-9800 **팩스** 02-6712-9810 **이메일** info@smpk.kr

ⓒ 김이재 (저작권자와 맺은 특약에 따라 검인을 생략합니다)
ISBN 979-11-6534-347-7 (03320)

쌤앤파커스(Sam&Parkers)는 독자 여러분의 책에 관한 아이디어와 원고 투고를 설레는 마음으로 기다리고 있습니다. 책으로 엮기를 원하는 아이디어가 있으신 분은 이메일 book@smpk.kr로 간단한 개요와 취지, 연락처 등을 보내주세요. 머뭇거리지 말고 문을 두드리세요. 길이 열립니다.